OPIc
출제자가 원하고 내가 원하는
문장 조합
답변 공식

OPIc 문장 조합 답변 공식

저자 | LTS 영어연구소
초판 1쇄 인쇄 | 2013년 5월 13일
초판 4쇄 발행 | 2022년 3월 4일

발행인 | 박효상
편집장 | 김현
편집 | 장경희, 하나래
디자인 | 임정현
영업 | 이태호, 이전희
관리 | 김태옥

출판등록 | 제10-1835호
발행처 | 사람in
주소 | 04034 서울시 마포구 양화로11길 14-10(서교동) 3F
전화 | 02) 338-3555(代)   팩스 | 02) 338-3545
E-mail | saramin@netsgo.com
Website | www.saramin.com

:: 책값은 뒤표지에 있습니다.
:: 파본은 바꾸어 드립니다.

ⓒ LTS 영어연구소 2013
ISBN 978-89-6049-346-9 18740

우아한 실사구시 기민한 지적만보 사람in

OPIc

출제자가 원하고 내가 원하는

문장 조합 답변 공식

LTS 영어연구소 지음

사람in

OPIc를 준비하는 우리의 자세

OPIc를 준비하는 사람들 중에 영어를 잘 구사한다고 생각하시는 분, 어디 없으시죠? 그렇게 영어에 아무 문제 없다 해도 무릇 시험에 앞서 긴장하기 마련입니다. 어떤 형식으로 나오는지, 어떤 문제가 나오는지, 좀 더 좋은 점수를 받으려면 미리 알고 가야 할 것은 없는지 찾아보게 되죠. 그럼 영어를 못하는 사람은요? 영어 실력을 먼저 쌓으려는 '기본기 탄탄'이 곧 실력이라고 생각하고 기초부터 시작하는 사람들도 있지만 시간이 없어서, 또는 등급이 필요할 뿐이어서 요령을 찾는 사람들도 있습니다. 이렇게 선택한 길은 저마다 달라도 목적지는 하나, OPIc에서 더 높은 등급을 받는 것이겠죠.

왜 그렇게 어렵다고 난리야, 무엇을 물어보나?

OPIc는 배경 설문조사를 한다는 것 알고 계실 거예요. 설문 조사에서 내가 선택한 항목에 대한 질문이 출제됩니다. 그런데 왜 어려운 거냐고요? 선택 항목이 무려 16개나 되거든요. 게다가 선택 항목 이외에 학생이면 학교 생활, 직장인이면 직장 생활, 가정과 이웃에 대한 비선택 사항에서도 문제가 출제될 수 있기 때문입니다. 이렇게 출제 가능성이 있는 주제에서 유형별 문제를 모두 준비해야 하는 것이므로 학습량이 엄청나게 들어납니다. 여기서 끝이 아닙니다. 소위 돌발 주제라는 것이 출제될 수 있는데, 그야말로 대비하기 힘든, 돌발적인 문제들입니다. 예를 들면 나와는 상관 없는 사항인 경찰에 대해 묘사해보라고 한다든지, 병원에 대한 기억에 대해 설명하라는 등의 문제입니다. 어려울 수밖에요. 최소한 16개의 선택 주제가 있고 거기에 학생/직장인 관련 주제, 또 거기에 돌발 주제까지, 어떤 걸 물어볼지 모르니 유형별 답변을 모두 준비해야 한다고요? 그러면 100개 넘는 답변을 준비하셔야 하는데, 그 모든 답변을 준비하고 또 암기해서 시험장에서 말할 자신이 있으시면 아마 당신은 잠재적 영어의 달인입니다.

그럼, 준비해봐야 말짱 헛일? 어떻게 공부해야 하나?

기껏해야 짧은 질문에 짧게 답하는 정도의 영어 실력이 대부분인 우리들이 짧은 시간에 영어를 유창하게 구사하는 것은 불가능합니다! 여러분의 의지를 꺾으려고 하는 말이 아닙니다. 현실을 인정하고 방법을 찾자는 것이죠. 어떻게 공부해야 할까요? 먼저 효과적인 학습법, 나에게 맞는 학습법을 찾아야 합니다. 당장 한 달 후에 면접이 있어 OPIc 등급이 필요한데 기본기를 외칠 수 있을까요? 두드리면 길이 있듯이 급한 여러분에게도 길이 있습니다. 먼저 OPIc의 기본, 배경 설문조사를 작성해서 나에게 필요한 주제 항목을 먼저 결정합니다. 이때, 전략적으로 접근합니다. 내가 즐겨 하는 취미 활동이 뜨개질이어도 영어로 표현할 수 없거나 답변을 준비해준 친절한 교재가 없다면 포기하고 쉽고 일반적인 것을 선택하는 것이 좋습니다. 그리고 주제가 유사하거나 연계해서 답변이 가능한 항목을 묶습니다. 예를 들면 걷기나 조깅과 같이 유사한 것을 묶어서 선택하고, 걷기나 조깅을 할 수 있는 장소로 좋은 공원 가기 같은 항목도 전략적으로 묶어서 준비를 합니다.

문장 블록과 스피킹 프레임, OPIc 학습의 대전환

이 책에서 제시하는 학습법은 효율성을 강조합니다. 언어라는 것이 그렇습니다. 오늘 이런 상황에서 이런 문맥으로 쓴 문장을 내일은 다른 상황에서 쓸 수 있듯이 하나의 답변 프레임을 이용해 시제나 화법에 변화를 주면 완전히 다른 질문에 대한 답변이 될 수 있습니다. 중요한 건 문맥을 이해하는 센스 정도이겠죠. OPIc를 처음 시작하는 사람들이 우선순위로 공략해야 하는 1단계: 기본 유형별 필수 문장과 2단계: IM 상위 등급을 목표로 하는 사람들이 공략해야 하는 심화 유형별 답변 프레임으로 공부하실 수 있게 준비해두었습니다. 당장 영어 실력이 많이 모자라지만 시험을 봐야 하는 분들은 1단계만 먼저 보시고 시험을 보시면 됩니다. 기본 실력이 된다고 생각하시거나 시간이 좀 더 있으신 분들은 1단계부터 2단계를 차근차근 공부하십시오. 문장을 쌓고 조립해서 답변을 만드는 원리를 적용했기 때문에 답변이 많아도 절대 부담스럽지 않게 보실 수 있습니다. 정규 교육을 빠짐 없이 받아오신 대한민국 성인이라면 누구나 쉽게 적용할 수 있는 학습법이라고 자부하면서 OPIc 학습에 난감하셨던 분들이라면 한번 시도해보시라고 권해드립니다.

LTS 영어 연구소

구성과 활용법

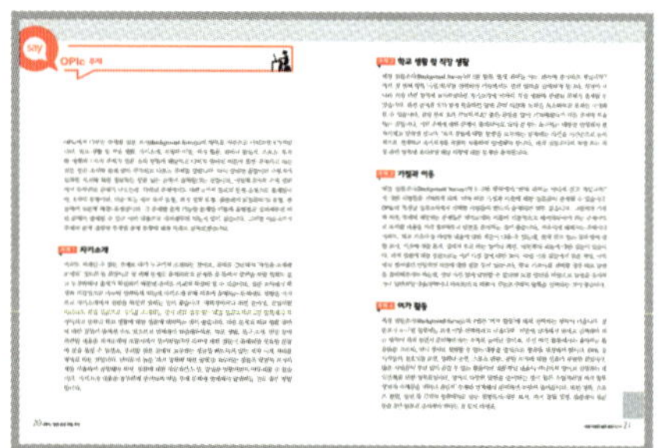

OPIc 이론편

OPIc 말하기를 학습하기 전에 실전에서 출제되는 9가지 주제와 4가지 문제 유형을 살펴본 후, 한 세트(15문제)의 실전 문제를 통해 OPIc의 출제 원리인 콤보 형식의 시리즈 문제가 어떻게 출제되는지 알아본다.

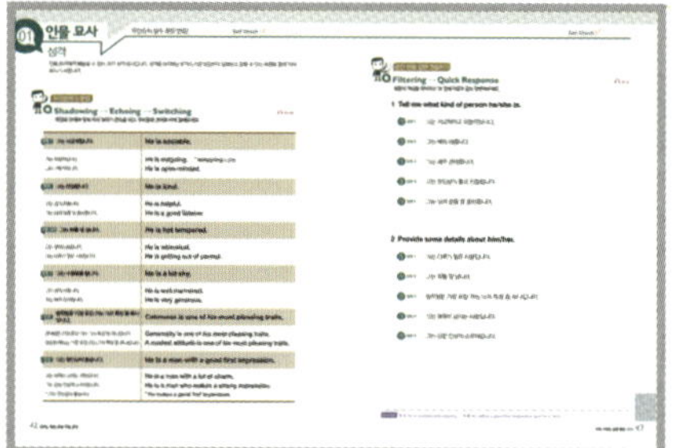

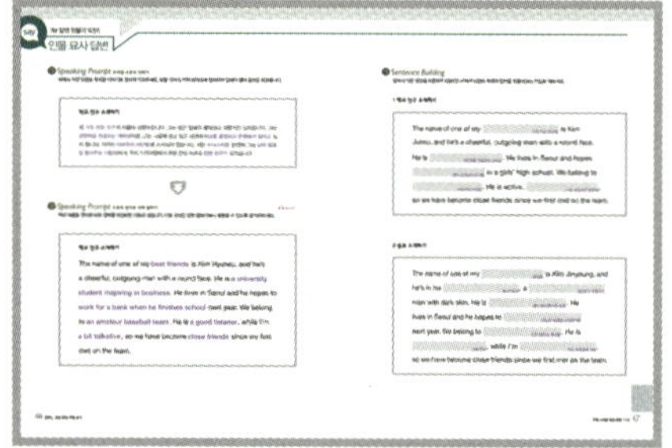

Step 1 기본 유형별 필수 문장

OPIc에 출제되는 주제 중에서 비교적 쉬운 주제들만 모아서 우선 순위로 학습한다. 답변에 반드시 포함되어야 할 핵심 문장들을 암기해서 답변을 구성하는 연습을 한다. 순간 반응 훈련을 통해 질문을 듣고 앞서 배운 문장으로 빠르게 답변할 수 있도록 한다. 또한 하나의 답변을 암기해서 힌트만 보고도 유사한 주제에 바로바로 활용해 답변하는 방법을 익힌다. 쉽지만 가장 기본적인 주제들만 모아서 말하기의 기본기를 익히기 때문에 Step 1만 열심히 해도 IM 기본 점수는 받을 수 있다.

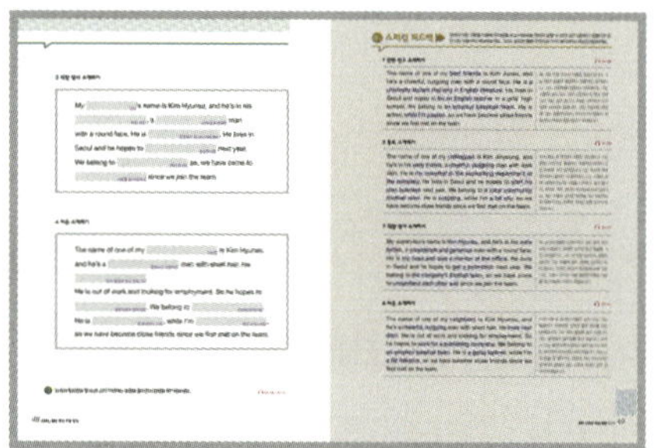

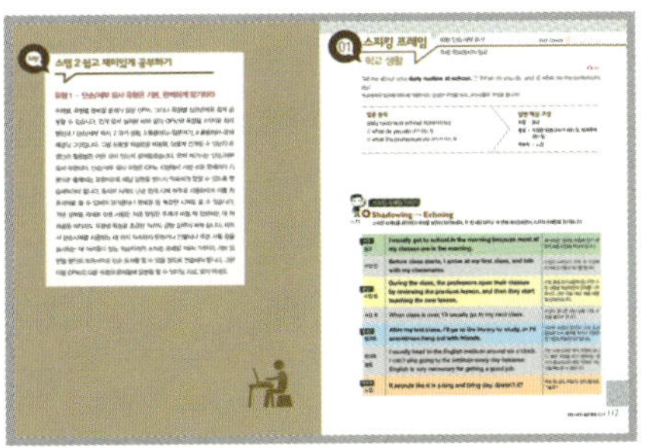

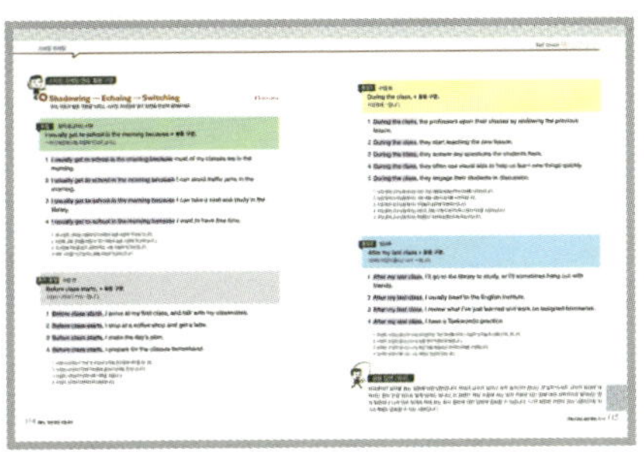

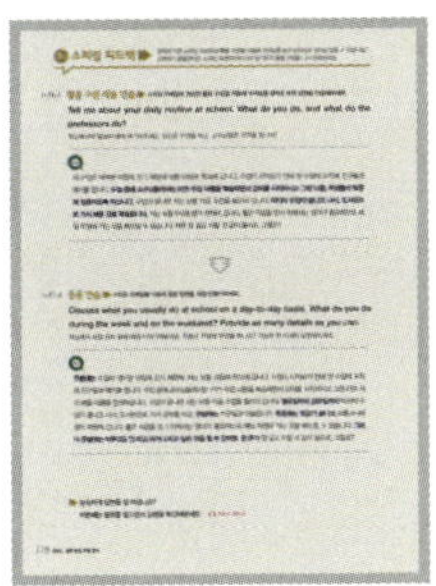

Step 2 심화 유형별 스피킹 프레임

OPIc에 출제되는 핵심 주제별 질문의 답변을 위한 스피킹 프레임을 익힌다. 스피킹 프레임을 익히면 문제에서 묻는 주제가 달라지고 수행 과제(유형)가 달라져도 답변틀을 변형해 자유자재로 말할 수 있다. 제시된 질문의 핵심을 파악하고 질문에서 요구하는 답변 내용을 짜임새 있게 구성한 기본 스피킹 프레임을 35개 익힌 후, 활용 구문을 이용해 조금씩만 바꿔서 2배, 3배의 질문에 대비하는 방법을 배운다. 1/3의 노력과 시간만 들여 총 170여 개의 답변을 내것으로 만들 수 있다. 이러한 스피킹 프레임을 활용한 문장 블록 연습은 수험자의 시간을 아껴줄 뿐만 아니라 '응용 원리'를 익히게 하여 내가 말할 수 있는 주제를 무한대로 넓힐 수 있어 어떤 주제에도 대비할 수 있으므로 IM 상위 등급 및 IH 등급도 문제 없다.

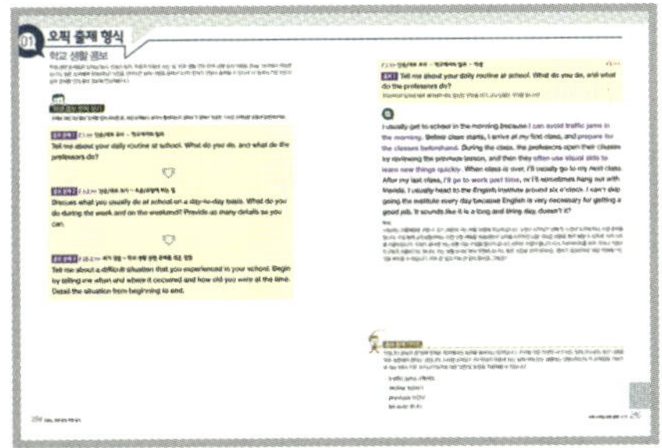

Step 3 콤보 형식 바로 알기

OPIc의 출제 형식인 콤보 문제의 원리를 익히고 답변을 구성하는 연습을 한다. 콤보 형식, 즉 같은 주제에 대한 문제가 연속해서 두세 문제씩 출제되는 원리를 알면 시험에 완벽하게 대비할 수 있다.

CONTENTS

OPIc 이론편

Step 1 기본 유형별 필수 문장

Step 2 심화 유형별 스피킹 프레임

유형 1 – 단순/세부 묘사

유형 2 – 과거 경험

OPIc 스피킹 실전 공식 – 한눈에 보는 연관 주제

이 책에서 준비한 OPIc 답변입니다. 나에게 필요한 답변과 연계해서 준비할 수 있는 주제의 답변에는
어떤 것이 있는지 확인해보세요.

Step 1 기본 유형별 필수 문장

01 인물 묘사	1 친한 친구 소개 2 동료 소개 3 직장 상사 소개 4 이웃 소개
02 장소 묘사 – 넓은 장소	1 학교 묘사 2 동네 묘사 3 회사 건물 및 주변 묘사 4 공원 묘사
03 장소 묘사 – 실내 공간	1 사무실 묘사 2 집안 묘사 3 강의실 묘사 4 헬스클럽 묘사
04 비교/대조 – 대상 비교	1 두 공원 비교/대조 2 도시와 시골 비교/대조 3 두 개의 웹사이트 비교/대조
05 비교/대조 – 과거와 현재	1 가전제품의 변화 2 학우의 변화 3 사는 곳의 변화
06 스포츠 – 행위 묘사	1 농구 2 축구 3 골프 4 자전거
07 스포츠 – 경험 묘사 I	1 등산 2 걷기 3 수영 4 헬스
08 스포츠 – 경험 묘사 II	1 축구 2 농구 3 자전거
09 전후 과정	1 영화 2 클럽 3 조깅
10 일과 묘사	1 직장에서의 일과 2 교수의 일과 3 상사의 일과

Step 3 콤보 형식 바로 알기

01 학교 생활 콤보	1 학교에서의 일과 – 2 주중/주말에 하는 일 – 3 학교 생활 관련 문제를 겪은 경험
02 직장 생활 콤보	1 직장인의 회사 소개 – 2 업무 관련 약속에 늦을 상황 – 3 업무 관련 어려움이 있었던 경험
03 가정과 이웃 콤보	1 지금 사는 곳 – 2 처음 이사했을 때의 동네와 집 – 3 이웃 사람과의 대화
04 여가 활동 콤보	1 온라인 티켓 주문 관련 질문 – 2 약속에 못 가는 상황 해결하기 – 3 영화를 보기 전후에 하는 일
05 취미/관심사 콤보	1 좋아하는 음악 감상 – 2 음악을 듣는 기기 – 3 기억에 남는 공연
06 스포츠 콤보	1 헬스클럽에 전화해 정보 요청 – 3 헬스클럽이 폐쇄된 상황 – 3 헬스클럽 내부 묘사
07 휴가/출장 콤보	1 여행 갈 때 가방 챙기기 – 2 가장 좋아하는 도시 – 여행 중 어려움을 겪은 경험
08 돌발 주제 콤보 I – 쇼핑	1 쇼핑에 대한 기본 정보 – 2 상점에 전화해서 세일에 관한 정보 얻기 – 3 구입한 옷에 하자 발견
09 돌발 주제 콤보 II – 병원	1 자주 가는 병원 소개 – 2 어렸을 때 병원에 간 경험 – 3 병원 예약 변경

유형 1 – 단순/세부 묘사

F1 학교 생활 – 학교에서의 일과	**F1-1** 학교 생활 – 학교에서의 일과	**F1-2** 학교 생활 – 주중/주말에 하는 일
F2 직장 생활 – 직장인의 회사 소개	**F2-1** 직장 생활 – 직장인의 회사 소개	**F2-2** 직장 생활 – 회사에 대해 단순 질문하기
F3 가정과 이웃 – 사는 동네 및 거주지	**F3-1** 가정과 이웃 – 사는 동네 및 거주지	**F3-2** 가정과 이웃 – 처음 이사했을 때의 거주지
F4 여가 활동 – 좋아하는 영화	**F4-1** 여가 활동– 좋아하는 영화	**F4-2** 여가 활동 – 좋아하는 공연
F5 취미/관심사 – 좋아하는 음악	**F5-1** 취미/관심사 – 좋아하는 음악	**F5-2** 취미/관심사 – 음악을 듣는 기기
F6 휴가/출장 – 출장 준비	**F6-1** 휴가/출장 – 출장 준비	**F6-2** 휴가/출장 – 여행 준비
F7 돌발 주제 – 신분증 발급 절차	**F7-1** 돌발 주제 – 신분증 발급 절차	**F7-2** 돌발 주제 – 신용카드 발급 절차

유형 2 – 과거 경험

F8 학교 생활 – 처음 학교 방문	**F8-1** 학교 생활 – 처음 학교 방문	**F8-2** 학교 생활 – 기억에 남는 학교에서의 경험
F9 직장 생활 – 기억에 남는 프로젝트	**F9-1** 직장 생활 – 기억에 남는 프로젝트	**F9-2** 직장 생활 – 회사에서 참여하는 프로젝트
F10 가정과 이웃 – 집안 개선	**F10-1** 가정과 이웃 – 집안 개선	**F10-2** 가정과 이웃 – 어렸을 때 맡은 집안일
F11 여가 활동 – 기억에 남는 스포츠 관람	**F11-1** 여가 활동 – 기억에 남는 스포츠 관람	**F11-2** 여가 활동 – 기억에 남는 스포츠 관람
F12 여가 활동 – 처음 가본 공연	**F12-1** 여가 활동 – 처음 가본 공연	**F12-2** 여가 활동 – 최근 가본 공연
F13 취미/관심사 – 최근에 한 요리	**F13-1** 취미/관심사 – 최근에 한 요리	**F13-2** 취미/관심사 – 좋아하고 잘 하는 요리
F14 스포츠 – 기억에 남는 경기	**F14-1** 스포츠 – 기억에 남는 경기	**F14-2** 스포츠 – 기억에 남는 축구 경기
F15 휴가/출장 – 기억에 남는 여행	**F15-1** 휴가/출장 – 기억에 남는 여행	**F15-2** 휴가/출장 – 기억에 남는 출장
F16 돌발 주제 – 교통 수단 비교	**F16-1** 돌발 주제 – 교통 수단 비교	**F16-2** 돌발 주제 – 거주 지역의 교통수단

유형 3 – 롤플레이 – 질문하기

F17 학교 생활 – 학교에 대해 질문하기	**F17-1** 학교 생활 – 학교에 대해 질문하기	**F17-2** 학교 생활 – 학교 친구들에 대해 질문하기
F18 직장 생활 – 프로젝트에 대해 질문하기	**F18-1** 직장 생활 – 프로젝트에 대해 질문하기	**F18-2** 학교 생활 – 학교 프로젝트에 대해 질문하기
F19 가정과 이웃 – 사는 곳 질문하기	**F19-1** 가정과 이웃 – 사는 곳 질문하기	**F19-2** 가정과 이웃 – 부동산에 질문하기
F20 가정과 이웃 – 파티 준비 관련 질문하기	**F20-1** 가정과 이웃 – 파티 준비 관련 질문하기	**F20-2** 가정과 이웃 – 최근 이웃과의 대화
F21 여가 활동 – 영화에 대해 질문하기	**F21-1** 여가 활동 – 영화에 대한 질문하기	**F21-2** 취미/관심사 – 좋아하는 음악에 대해 질문하기
F22 여가 활동 – 온라인 티켓 주문 관련 질문하기	**F22-1** 여가 활동 – 온라인 티켓 주문 관련 질문하기	**F22-2** 돌발 주제 – 식당 예약 관련 질문하기
F23 취미/관심사 – 개에 대해 질문하기	**F23-1** 취미/관심사 – 고양이에 대해 질문하기	**F23-2** 취미/관심사 – 기르는 애완동물에 대해 묘사하기
F24 취미/관심사 – 음식 재료 구입하기	**F24-1** 취미/관심사 – 음식 재료 구입하기	**F24-2** 돌발 주제 – 쇼핑가면서 물건 구입하기
F25 스포츠 – 축구에 대해 질문하기	**F25-1** 스포츠 – 야구에 대해 질문하기	**F25-2** 스포츠 – 농구에 대해 질문하기
F26 스포츠 – 헬스장 가입하기	**F26-1** 스포츠 – 헬스장 가입하기	**F26-2** 스포츠 – 헬스장에 대해 질문하기
F27 돌발 주제 – 노트북에 대해 질문하기	**F27-1** 돌발 주제 – 노트북에 대해 질문하기	**F27-2** 돌발 주제 – 노트북 구입 문의하기

유형 4 – 롤플레이 – 문제 해결

F28 학교 생활 – 결석하게 된 상황 해결	**F28-1** 학교 생활 – 결석하게 된 상황 해결	**F28-2** 학교 생활 – 학교에서 겪은 어려움
F29 직장 생활 – 업무 관련 약속에 늦을 상황	**F29-1** 직장 생활 – 업무 관련 약속에 늦을 상황	**F29-2** 직장 생활 – 회사에서 겪은 기억에 남는 경험
F30 가정과 이웃 – 집안 수리 요청	**F30-1** 가정과 이웃 – 집안 수리 요청	**F30-2** 돌발 주제 – 가전제품 수리 요청
F31 여가 활동 – 공연 약속 취소	**F31-1** 여가 활동 – 공연 약속 취소	**F31-2** 여가 활동 – 공연 관련 경험
F32 취미/관심사 – 잘못 구입한 물건 환불 요청	**F32-1** 취미/관심사 – 잘못 구입한 물건 환불 요청	**F32-2** 돌발 주제 – 쇼핑 후 상품 환불 요청
F33 스포츠 – 경기장이 폐쇄된 상황	**F33-1** 스포츠 – 경기장이 폐쇄된 상황	**F33-2** 스포츠 – 축구 관련 기억에 남는 경험
F34 휴가/출장 – 항공편 취소 상황	**F34-1** 휴가/출장 – 항공편 연착 상황	**F34-2** 휴가/출장 – 기억에 남는 여행 경험
F35 돌발 주제 – 구입한 옷에 하자 발견	**F35-1** 돌발 주제 – 구입한 옷에 하자 발견	**F35-2** 스포츠 – 구입한 자전거에 하자 발견

OPIc 소개

OPIc은 Oral Proficiency Interview-computer의 약자로, 컴퓨터를 통해 진행되는 말하기 능력 평가입니다. OPIc은 외국어로 당면 과제를 잘 수행하는가에 대한 측정을 하게 됩니다. 특정 장소, 사람, 사물에 대한 묘사, 평소에 하는 일이나 활동에 대한 묘사, 과거 경험 설명, 질문하기와 질문에 대답하기 등으로 실생활에서 영어를 얼마나 효과적이고 적절하게 구사할 수 있는지, 실생활의 다양한 상황과 목적에 맞게 언어를 사용할 수 있는지에 대한 언어 활용 능력(Proficiency)을 총체적으로 평가하는 시험입니다. 국내에서는 2007년 시작되어 현재 약 1,000여 개 기업 및 기관에서 OPIc을 채용과 인사 고과 등에 활발하게 활용하고 있습니다.

수험자별로 12~15문제를 40분 동안 풀게 되는데, 시험 진행에 앞서 수험자의 관심도와 개별 사항을 조사해 기본적으로 수험자에게 '익숙한' 분야의 문제를 냅니다. 또한 사전 조사에 제시된 항목 이외에 돌발 상황의 문제와 Role-playing 형태의 문제도 출제됩니다. 다른 말하기 시험과는 달리 문항별 답변시간에 제한이 없고, 문제를 절반 풀고 나서 쉬운 질문, 비슷한 질문, 어려운 질문으로 수험자가 난이도를 조절할 수 있는 것이 특징입니다.

시험 시간	• 40분	문항수	• 12~15문항 (개인별 차등)
문항 유형	• Background Survey를 통한 개인 맞춤형 문제 출제 • 직업, 여가 생활, 취미, 관심사 스포츠, 여행 등에 대한 주제	시험 특징	• 개인 맞춤형 평가 • 실제 인터뷰와 근접하여 응시자 긴장 완화 • 문항별 성취도 측정이 아닌 종합적 • 회화 능숙도 평가 • 신속한 성적 처리
평가 기준	• ACTFL OPIc기준 (Holistic) • OPIc level 1~7 (Novice Low ~Advanced)	평가 영역	• Function/Global Tasks • Text Type • Contents/Context • Comprehensibility • Language Control

OPIc의 특징

총체적 평가 방식: OPIc은 수험자의 말하기 능력을 총체적으로 평가합니다. 언어적 요소(Accent, Grammar, Vocabulary, Fluency)뿐만 아니라 기능적 측면(Language Control, Global Tasks and Functions, Text type, Context/Contents, Comprehensibility)을 모두 평가합니다. 그렇기 때문에 단순히 문법과 발음만 중요한 것이 아니라 실생활에서의 실제 발화 능력, 말의 논리성, 문장성이 중요하므로 꾸준히 말하는 연습과 준비가 요구되는 시험입니다.

개인 맞춤형 평가: OPIc은 시험 전에 배경 설문 조사(Background Survey)를 통해 수험자 개개인의 관심사에 맞춘 문제가 출제됩니다. 따라서 나와 관련된 주제에 대해서 준비할 수 있지만 문제 형식이 일정하게 정해진 것은 아니기 때문에 자신의 관심사와 관련된 문제에 대해서 다양하게 준비해야 합니다.

문항별 답변 시간 조절 가능: OPIc 시험에는 문항별 답변의 제한 시간이 없습니다. 40분 동안 12~15문제 정도를 풀게 되지만 한 문제당 정해진 답변 시간은 없기 때문에 스스로 시간 조절을 하면서 더 자신 있는 문제는 길게 답변하고, 자신이 없는 문제는 조금 짧게 답변할 수도 있습니다. 하지만 한 문항당 30초 이하로 너무 짧은 답변이 되지 않도록 주의하는 것이 좋고, 전체 문항에 걸쳐 주어진 40분이라는 시간을 최대한 활용하는 것이 중요합니다.

OPIc의 시험 방식

오리엔테이션 (약 20분)	**01** Background Survey	: 시험 문항 출제를 위한 사전 설문
	02 Self Assessment	: 시험의 난이도 결정을 위한 자가 평가
	03 Overview of OPIc	: 화면 구성, 문항 청취 및 답변 방법 안내
	04 Sample Question	: 실제 답변 방법 연습

본 시험 (약 40분)	**1** 1st Session ▶ 개인별 맞춤형 문항 (질문 청취 2회 가능)	**2** 난이도 재조정 ▶ 2차 Self Assessment (쉬운 질문, 비슷한 질문 어려운 질문 중 택1)	**3** 2nd Session ▶ 1st와 동일 ▶ 언어의 정확성

평가 및 결과 통보	**1** 답변 전송 ▶ 인터넷을 통한 실시간 답변 전송	**2** 평가 ▶ ACTFL 공인 Rater ▶ 신뢰도, 객관성 유지	**3** 시험 결과 ▶ 근무일 기준 5일 내외의 신속한 평가 결과 통보

Background Survey, Self Assessment란?

Background Survey		– 평가 문항에 일부 반영 – 응시자와 유관한 문항을 통해 시험에 대한 안정감을 제공하고 최소한의 발화량을 확보하는 기능
Self Assessment	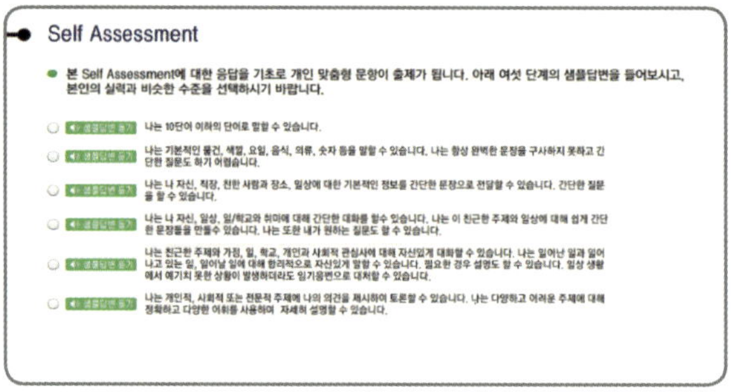	– 말하기 수준에 대한 내용 보기와 샘플 답변 듣기를 통해 본인의 문항수준 결정
Overview of OPIc	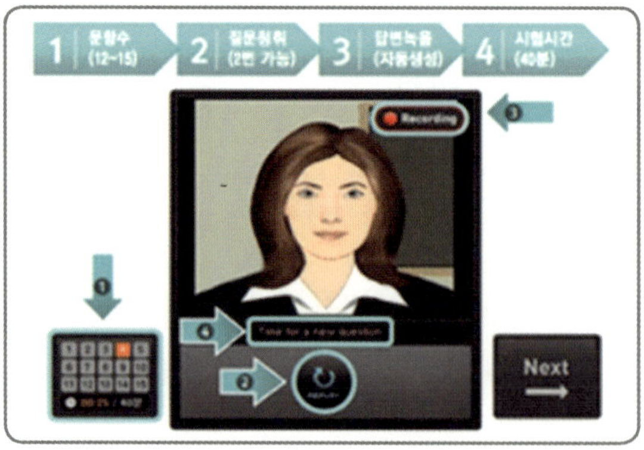	– 시험 절차 체험

OPIc 평가 등급 체계

레벨		레벨별 요약 설명
Advanced	AL (Advanced Low)	사건을 서술할 때 일관적으로 동사 시제를 관리하고 사람과 사물을 묘사할 때 다양한 형용사를 사용한다. 적절한 위치에서 접속사를 사용하기 때문에 문장 간의 결속력도 높고 문단의 구조를 능숙하게 구성할 수 있다. 익숙하지 않은 복잡한 상황에서도 문제를 설명하고 해결할 수 있다.
Intermediate	IH (Intermediate High)	개인에게 익숙하지 않거나 예측하지 못한 복잡한 상황을 만날 때, 대부분의 상황에서 사건을 설명하고 문제를 효과적으로 해결할 수 있다. 발화량이 많은 편이고 다양한 어휘를 사용한다.
	IM (Intermediate Mid)	일상적인 소재뿐만 아니라 개인적으로 익숙한 상황에서 문장을 나열하며 자연스럽게 말할 수 있다. 다양한 문장 형식이나 어휘를 실험적으로 사용하려고 하며 상대방이 조금만 배려해 주면 오랜 시간 대화가 가능하다.
	IL (Intermediate Low)	일상적인 소재에서는 문장으로 말할 수 있다. 대화에 참여하고 선호하는 소재에서는 자신감을 가지고 말할 수 있다.
Novice	NH (Novice High)	일상적인 대부분의 소재에 대해서 문장으로 말할 수 있다. 개인 정보라면 질문을 하고 응답을 할 수 있다.
	NM (Novice Mid)	이미 암기한 단어나 문장으로 말하기를 할 수 있다.
	NL (Novice Low)	제한적인 수준이지만 외국어 단어를 나열하면 말할 수 있다.

▶ Intermediate Mid의 경우 Fluency, Delivery, Production을 기준으로 Mid3(상), Mid2(중), Mid1(하)로 세분화하여 제공됩니다.

Background Survey

● 이 Background Survey 응답을 기초로 개인 맞춤형 문항이 출제됩니다.
  질문을 자세히 읽고 답변해주시기 바랍니다.

1. 현재 귀하는 어느 분야에 종사하고 계십니까?

   ◯ 사업/회사　　　　　　　　◯ 재택근무/재택사업
   ◯ 교사/교육자　　　　　　　◯ 군복무

(사업/회사, 가사를 선택할 경우)

1.1　현재 귀하는 직업이 있으십니까?

　　　◯ 네　　　　　◯ 아니오

1.1.1　귀하의 근무 기간은 얼마나 되십니까? (위 질문에 '네'를 선택할 경우)

　　　◯ 첫직장 – 2개월 미만
　　　◯ 첫직장 – 2개월 이상
　　　◯ 첫직장 아님 – 경험 많음

1.1.1.1　귀하는 부하직원을 관리하는 관리직을 맡고 있습니까?

(위 질문에 2번과 3번을 선택할 경우)　◯ 네　　　　◯ 아니오

(교사/교육자를 선택할 경우)

1.1　현재 귀하는 어디에서 학생을 가르치십니까?

　　　◯ 고등학교/대학교　　　◯ 초등학교/중학교
　　　◯ 평생교육

1.1.1　현재 귀하는 직업이 있으십니까?

　　　◯ 네　　　　　◯ 아니오

1.1.1.1　귀하의 근무 기간은 얼마나 되십니까? (위 질문에 '네'를 선택할 경우)

　　　◯ 2개월 미만 – 첫직장
　　　◯ 2개월 이상 – 첫직장이지만 다른 직업을 가진 적 있음
　　　◯ 2개월 이상

2. 현재 귀하는 학생이십니까?

   ◯ 네　　　　　◯ 아니오

2.1 현재 귀하가 강의를 듣는 목적은 무엇입니까? (위 질문에 '네'를 선택할 경우)

   ◯ 학위 취득　　　◯ 전문 기술을 향상시키기 위한 평생 학습
   ◯ 어학 수업

3. 현재 귀하는 어디에 살고 계십니까?

   ◯ 독신자로서 개인 주택이나 아파트에 거주
   ◯ 친구나 룸메이트와 함께 주택이나 아파트에 거주
   ◯ 가족(배우자/자녀/기타 가속 일원)과 함께 주택이나 아파트에 거주)
   ◯ 학교 기숙사
   ◯ 군대 막사

4. 귀하는 여가 활동으로 주로 무엇을 하십니까? (두 개 이상 선택)

- 영화 보기
- 클럽/나이트클럽 가기
- 공연 보기
- 콘서트 보기
- 박물관 가기
- 공원 가기
- 캠핑하기
- 해변 가기
- 주거개선
- 스포츠 관람
- 자녀들의 운동 시합 관람
- 술집/바 가기
- 카페/커피 전문점 가기
- 운동 지도하기
- 혼자 게임 하기 (카드, 비디오 게임, 휴대폰 등)
- 어른들끼리 게임하기 (카드, 당구, 보드게임 등)
- 아이들과 게임하기 (카드, 보드게임 등)
- 자녀들의 숙제 돕기
- 집안일 거들기
- 승용차 정비하기
- 당구치기
- 체스하기
- SNS에 글 올리기
- 친구들에게 문자 보내기
- 뉴스 보거나 듣기
- 요리 프로 시청하기
- 차로 드라이브하기
- 자원봉사
- 시험 대비 과정 수강하기

5. 귀하의 취미나 관심사는 무엇입니까? (한 개 이상 선택)

- 아이에게 책 읽어 주기
- 음악 감상하기
- 악기 연주하기
- 혼자 노래 부르거나 합창하기
- 그룹으로 노래 부르기
- 댄스 교습하기
- 춤추기
- 글쓰기(편지, 단편, 시 등)
- 그림 그리기
- 바느질, 자수 놓기
- 뜨개질하기
- 요리하기
- 정원 가꾸기
- 애완동물 기르기
- 주식 투자하기
- 신문 읽기
- 사진 촬영하기

6. 귀하는 주로 어떤 운동을 즐기십니까? (한 개 이상 선택)

- 농구
- 야구/소프트 볼
- 축구
- 미식축구
- 럭비
- 아이스하키
- 하키
- 크리켓
- 골프
- 배구
- 테니스
- 배드민턴
- 탁구
- 수영
- 자전거
- 오토바이
- 스쿠버 다이빙/스노클
- 스키/스노보드
- 수상스키
- 아이스 스케이트
- 인라인 스케이트
- 승마
- 조깅
- 걷기
- 격투기
- 요가
- 하이킹/트레킹
- 낚시
- 운동수업 수강하기
- 헬스
- 체조
- 운동을 전혀 하지 않음

7. 귀하는 어떤 휴가나 출장을 다녀온 경험이 있습니까? (한 개 이상 선택)

- 국내출장
- 해외출장
- 집에서 보내는 휴가
- 국내여행
- 해외여행

OPIc

이론편

OPIc 주제

OPIc에서 다루는 주제를 설문 조사(Background Survey)의 항목을 기준으로 나눠보면 8가지입니다. 학교 생활 및 직장 생활, 자기소개, 가정과 이웃, 여가 활동, 취미나 관심사, 스포츠, 휴가와 여행의 7가지 주제가 설문 조사 항목에 해당하고 나머지 하나인 이른바 돌발 주제라고 하는 것은 설문 조사와 관계 없이 무작위로 나오는 주제를 말합니다. 다시 말하면 돌발이란 수험자가 입력한 자신에 대한 정보와는 상관 없는 문제가 출제된다는 것입니다. 이렇게 8가지 주제 범위에서 무작위로 문제가 나오는데, 각각의 주제에서도 대략 4가지 정도의 문제 유형으로 출제됩니다. 4가지 유형이란, 단순 또는 세부 묘사 유형, 과거 경험 유형, 롤플레이 1(질문하기) 유형, 롤플레이 2(문제 해결) 유형입니다. 각 주제별 출제 가능한 문제를 이렇게 유형별로 정리해두면 어떤 문제가 출제될 수 있고 어떤 내용으로 대비해두면 되는지 알기 쉽습니다. 그러면 이들 8가지 주제의 출제 경향과 주제별 출제 유형에 대해 차례로 살펴보겠습니다.

주제 1 자기소개

아무도 피해갈 수 없는 주제로 내가 누구인지 소개하는 것이죠. 문제도 간단해서 '자신을 소개해 보세요' 정도의 한 문장이고 첫 번째 문제로 출제되므로 문제를 못 들어서 답변을 못할 위험도 없고 누구한테나 출제가 확실하기 때문에 준비도 비교적 확실히 할 수 있습니다. 설문 조사에서 학생과 직장인으로 나누어 선택하게 되는데 자기소개 문제 이후에 출제되는 문제에도 영향을 미치므로 자기소개에서 신분을 확실히 밝히는 것이 좋습니다. 재학생이거나 취업 준비생, 신입사원이더라도 학생 신분으로 자기를 소개하는 것이 편한 경우에는 배경 설문조사의 2번 항목에서 학생이라고 답하고 학교 생활에 대한 질문에 대비하는 것이 좋습니다. 다음 문제로 학교 생활 전반에 대한 질문이 출제될 수도 있으므로 연계해서 학습해두세요. 학교 생활, 친구 소개, 전공 등에 관련된 내용을 자기소개에 포함시켜서 준비하셨다가 각각에 대한 질문이 출제되면 필요한 문장에 살을 붙일 수 있겠죠. 주의할 점은 문제가 요구하는 정보를 빠뜨리지 않는 것과 시제 처리를 제대로 하는 것입니다. 난이도가 높은 '과거 경험에 대한 설명'을 요구하는 질문은 당연히 과거시제를 사용하여 설명해야 하며, 경험에 대한 개인적인 느낌, 감상을 덧붙이면서 마무리할 수 있습니다. 자기소개 내용을 풍부하게 준비하여 다른 주제 문제에 연계해서 답변하는 것도 좋은 방법입니다.

배경 설문조사(Background Survey)의 1번 항목 '현재 귀하는 어느 분야에 종사하고 계십니까?'
에서 첫 번째 항목 '사업/회사'를 선택하면 이하에서도 관련 항목을 선택하게 됩니다. 학생이 아
니라 직장 관련 항목에 표시하셨다면 자기소개에 이어서 직장 생활에 관련된 문제가 출제될 수
있습니다. 관련 문제를 모아 함께 학습하면 답변 준비 시간과 노력은 최소화하고 효과는 극대화
할 수 있습니다. 문장 블록 효과 기억하시죠? 좋은 문장을 많이 기억해뒀다가 다른 주제에 사용
하는 것입니다. 어떤 주제에 대한 문제가 출제되어도 묘사 문제는 요구하는 내용만 반영해서 현
재시제로 답하면 됩니다. '과거 경험에 대한 설명'을 요구하는 문제에는 사건을 시간순으로 논리
적으로 전개하고 과거시제를 적절히 사용하여 답변해야 합니다. 배경 설문조사의 학생 또는 직
장 관련 항목에 표시하면 해당 사항에 대한 문제만 출제됩니다.

주제 3 **가정과 이웃**

배경 설문조사(Background Survey)의 1~3번 항목에서 '현재 귀하는 어디에 살고 계십니까?'
에 대한 사항들을 선택하게 되며, 이에 따라 가정과 이웃에 대한 질문들이 출제될 수 있습니다.
OPIc의 특성상 설문조사에서 선택한 사항들이 반드시 출제되란 법은 없습니다. 그렇지만 가정
과 이웃 주제에 해당하는 문제들은 자기소개와 더불어 기본적으로 대비해두어야 하는 주제이므
로 표시할 내용을 미리 생각해두고 답변을 준비하는 것이 좋습니다. 거주지에 대해서는 주택이나
아파트, 학교 기숙사 등 다양한 내용에 대한 질문이 나올 수 있는데, 현재 살고 있는 집과 방에 대
한 묘사, 이웃에 대한 묘사, 집에서 주로 하는 일이나 책임, 이웃과의 교류에 대한 질문이 있습니
다. 과거 경험에 대한 질문으로는 어린 시절 집에 대한 묘사, 어린 시절 집안에서 맡은 책임, 이웃
에서 벌어졌던 인상적인 사건에 대한 질문 등이 있습니다. 학교 기숙사를 선택할 경우 따로 답변
을 준비해주셔야 하는데, 만약 자신 있게 답변할 수 없다면 모범 답안을 바탕으로 답변을 준비하
거나 일반적인 내용(주택이나 아파트)으로 바꿔서 설문조사에서 항목을 선택하는 것이 좋습니다.

주제 4 **여가 활동**

배경 설문조사(Background Survey)의 4번은 '여가 활동'에 대해 선택하는 항목이 나옵니다. 설
문조사 4~7번 문항에는 16개 이상 선택하라고 나옵니다. 기존에 12개에서 16개로 선택해야 하
는 항목이 대폭 늘면서 준비해야 하는 주제도 늘어난 것이죠. 우선 여가 활동에서는 좋아하는 활
동들을 고르되, 역시 영어로 설명할 수 있는 내용을 중심으로 항목을 결정해야 합니다. OPIc 응
시자들의 선호도를 보면, 영화나 공연, 스포츠 관람, 공원 가기에 대한 선호가 뚜렷한 편입니다.
많은 사람들이 부담 없이 즐길 수 있는 활동이며 전문적인 내용이 아니어서 영어로 설명하는 데
도전해볼 만한 항목들입니다. 영어로 다양한 답변을 준비하는 것이 힘든 수험자라면 여가 활동
영역의 주제들을 '취미나 관심사' 주제와 연계해서 준비하면 부담이 줄어듭니다. 또한 영화, 스포
츠 관람, 공연 등 각각의 항목에서도 단순 설명하기/세부 묘사, 과거 경험 설명, 롤플레이 질문
등을 3단 콤보로 준비해야 한다는 것 잊지 마세요.

배경 설문조사(Background Survey)의 5번은 '취미나 관심사'로 총 14개의 항목이 나옵니다. 주의할 것은 선택한 사항들은 질문으로 출제될 가능성이 있으므로 높은 등급을 목표로 할수록 가능한 답변을 모두 준비해두어야 합니다. 따라서 답변을 염두에 두고 항목을 선택하는 것이 중요합니다. 평상시에 즐겨 하거나 관심 있는 취미나 관심사에 관련된 항목 중에서도 영어로 충분히 설명할 수 있는 것을 골라야 하죠. 다소 자신이 없는 분야라고 하더라도 미리 답변 준비를 철저히 해두면 안심할 수 있습니다. OPIc을 준비하실 때는 반드시 먼저 설문조사 항목을 숙지하고 전략적으로 선택해 예상 질문에 따라 답변을 미리 만들어두셔야 합니다. 예상 외의 질문이 나온다 하더라도 준비해둔 답변을 응용해서 답변할 수 있어야 합니다. 이 교재에서는 스피킹 프레임을 학습하여 주제가 바뀌더라도 문장 블록을 조합하거나 답변의 핵심어만 바꿔 답변할 수 있도록 준비해 부담이 없습니다.

주제 6 **스포츠**

배경 설문조사(Background Survey)의 6번 문제는 자신이 좋아하는 '스포츠'에 대해 총 32개의 항목이 제시됩니다. 답변을 준비하기 편하게 서너 가지를 선택하면 되는데, 미리 답변을 준비할 여력이 된다면 그 이상을 선택해도 상관없습니다. 배경 설문조사에서 항목이 가장 많기 때문에 이것저것 많이 선택하면 안 됩니다! 영어로 답변할 수 있는지, 답변을 준비하고 학습할 수 있는지를 따져서 선택해야 합니다. 미식축구, 아이스하키, 하키, 보트 타기 등의 항목은 즐겨 한다고 하더라도 영어로 준비하기 힘들다면 일반적인 축구나 야구 등을 고르는 것이 좋습니다. 축구나 야구, 농구를 제외하고 특이한 스포츠의 경우에는 시중에 나온 교재에서는 참고할 만한 답변이나 유용한 표현을 제시하는 경우가 거의 없으므로 답변을 준비하기 힘듭니다. 이 교재에서는 가장 일반적인 스포츠인 축구, 야구, 농구에 대한 답변을 준비했고 여가 활동이나 취미나 관심사 항목과도 연계할 수 있는 걷기/조깅, 헬스를 준비했습니다. 예를 들어, 여가 활동의 공원 가기 항목과 연계해서, 공원에 가서 주로 하는 활동으로 걷기/조깅을 선택해서 답변을 준비할 수 있습니다. 이렇게 하면 공원에 가기에 대한 문제와 걷기/조깅하기에 대한 문제를 한꺼번에 대비할 수 있습니다.

주제 7 **휴가와 여행**

배경 설문조사(Background Survey)의 마지막 7번에서는 '휴가와 출장'에 대해 총 5개의 항목 가운데 최소한 한 가지 이상을 선택하도록 제시되어 있습니다. 일반적으로는 2~3가지를 선택하는 것이 좋고 답변에 대한 부담이 없다면 그 이상을 선택해도 상관없습니다. 5가지 항목으로는 국내 출장, 해외 출장, 집에서 보내는 휴가, 국내 여행, 해외여행이 있습니다. 이 중에서 집에서 보내는 휴가를 제외하고는 크게 휴가와 출장 두 가지로 분류할 수 있는데, 답변을 준비할 때는 국내외 여행지에 대해서만 잘 구분하고, 이후 휴가와 출장의 차이만 구분해두면 가장 손쉽게 답변을 준비할 수 있는 주제이기도 합니다. 다른 영역에 비해 항목 간 차이가 크지 않기 때문이죠. 집에서 보내는 휴가의 경우는 답변 내용이 다른 항목과 차이가 많기 때문에 선택하실 경우 답변을 따로 준비하셔야 합니다. 그러나 집에서 휴가를 보내면서 하는 일이나 기억에 남는 일로 영화 보기, 공연 가기, 공원 가기, 스포츠 관람 등의 다른 주제에서 사용한 내용을 응용하여 답변할 수 있기도 하므로 그렇게 부담스러워 하실 필요는 없습니다. 여행이냐 출장이냐에 따라 표현을 바꿔서 말할 수 있도록 연습해두시기 바랍니다.

주제 8 돌발 주제

OPIc 시험에는 응시자가 배경 설문조사에서 선택하는 항목에 따라 출제되는 질문 이외의 문제가 출제됩니다. 이를 돌발 문제라고 하죠. 돌발 주제들은 개인적인 선호와는 특별히 상관이 없는 내용들입니다. 예를 들면, 병원, 명절, 은행, 경찰, 식당, 호텔, 가구 구입, 날씨, 교통 수단, 가전 제품 등에 대한 질문이죠. 보통 사람들은 경찰이나 은행에 대해 특별한 관심이 없으니 그것을 주제로 말해볼 기회도 드물 것입니다. 당연히 이런 돌발 주제가 나오면 당황하게 되겠죠. 이렇게 OPIc에서는 돌발 상황에 대한 대응력을 평가합니다. 경우에 따라서는 돌발 문제가 상당 부분 출제되기도 하므로 결코 무시할 수 없는 영역입니다. 일반적으로 많이 다루는 내용을 중심으로 준비해두시기 바랍니다. IM 등급을 넘어, IH 등급을 노리고 있다면, 배경 설문조사에서 선택한 사항들 이외에 돌발 주제도 철저히 대비를 해두어야 합니다. 물론, 앞에서 준비한 주제 영역과 연계해서 준비할 수 있는 주제가 있는지 먼저 살펴보거나 돌발 주제끼리 묶을 수 있는 것이 있는지 정리해보세요. 예를 들어, 취미나 관심사의 요리하기와 돌발 주제인 식당/외식을 연계해서 답변을 준비하거나 학교 생활 또는 직장 생활과 돌발 주제인 (학교나 직장에서 사용하는) 기술/전자 제품을 연계할 수 있습니다.

OPIc 유형

OPIc의 문제 유형은 다음과 같이 4~5가지로 나눌 수 있습니다. ① 단순/세부 묘사 유형, ② 과거 경험 유형, ③ 롤플레이 – 질문하기 유형, ④ 롤플레이 – 문제 해결 유형입니다. 유형이라고 해서 어렵게 생각할 것 없어요. 각 주제별로 4~5가지 유형으로 문제가 출제될 수 있다는 의미입니다. 예를 들어서, 내가 여가 활동에서 영화 보기를 선택했는데 그 주제에서 문제가 출제된다면 4가지 유형의 문제 중에서 출제된다는 얘기입니다. 예상 문제를 보면, 단순/세부 묘사 유형으로는 '좋아하는 영화에 대한 묘사' 또는 '영화 보기 전후에 하는 일 설명' 등을 요구하는 문제가 출제될 수 있고, 과거 경험 유형으로는 '최근에 영화를 본 경험 설명' 또는 '인상적인 영화를 보았던 경험 설명'을 요구하는 문제가 출제될 수 있다는 것이죠. 또한 롤플레이 문제로 '상대방이 좋아하는 영화에 대해 질문'하는 문제나 '영화 티켓 예매 문의 상황'에 대한 연기를 요구하는 문제 등을 예상하고 대비할 수 있습니다. 따라서 각각의 주제에 대해 유형별로 준비하면 출제 예상 문제에 대해 좀 더 완벽하게 대비할 수 있습니다! OPIc 문제 유형에 대해 숙지하고 주제별로 전략적으로 대비해두시기 바랍니다.

유형 1 단순/세부 묘사

OPIc의 첫 번째 유형이자 가장 쉬운 유형이기도 한 것이 바로 단순/세부 묘사 유형입니다. 말 그대로 어떠한 대상, 주제 등에 대해 묘사하는 것입니다. 단순 묘사와 세부 묘사의 차이는 별 것 없습니다. 이런 경우가 있죠. 첫 번째 문제로 '좋아하는 어떤 것에 대해 묘사하시오.'라고 요구해서 열심히 설명했는데 두 번째 문제로 '앞에서 설명한 것에 대해 좀 더 자세히 설명하시오. ~는 어떻고 ~는 어떻습니까? 가능한 자세히 설명하시오.'와 같은 문제가 연속해서 나오는 것입니다. 그러면 첫 번째 문제는 단순 묘사를 요구하는 문제가 되는 것이고 두 번째 문제가 같은 대상/주제에 대해 세부 묘사를 요구하는 것이 되죠. 이런 문제는 OPIc이 콤보라는 형태로 출제되기 때문에 가능한 일입니다. 같은 주제에 대해 두세 문제가 연속해서 출제되는 것입니다. 이런 난감한 문제를 피하기 위해 전략적으로 대비를 해두어야 합니다. 첫 번째 단순 묘사 문제에서 대략적이고 전반적인 내용을 설명하고, 다음에 세부 묘사 문제에서 구체적인 설명으로 들어가는 것이죠. 답변을 준비할 때는 하나의 답변으로 준비해서 연습해두고 문제 유형에 따라 필요한 설명만 사용하면 됩니다. 예시 문제를 확인해보세요.

> **Tell me about your daily routine at school. What do you do, and what do the professors do?**
>
> 학교에서의 일과에 대해 얘기해주세요. 당신은 무엇을 하고, 교수님들은 무엇을 합니까?

I'm curious about where you live. Please tell me as much information about it as you can. How long have you lived there? Where is it located and what does it look like? Give me all the details.

당신이 지금 사는 곳에 대해 궁금합니다. 가능한 많은 정보를 얘기해주세요. 그곳에서 얼마나 오래 살았나요? 어디에 있고 어떻게 생겼나요? 모든 세부사항에 대해 얘기해주세요.

유형 2 과거 경험

과거 경험을 묻는 문제 유형으로 각 주제별로 처음 어떤 것을 시작한 계기를 묻는 문제, 단순히 과거 경험을 묻는 문제, 최근 경험을 묻는 문제, 인상적인 경험을 묻는 문제가 출제됩니다. 이 모든 문제를 주제별로 준비해두기란 쉽지 않습니다. 모범 답변을 만들기도 어렵지만 모두 외우기도 불가능합니다. 생각해보세요. 여가 활동만 해도 설문 조사에서 적어도 세 항목 이상 선택한다고 하면 세 항목(ex. 영화 보기, 공연 보기, 스포츠 관람)에 대한 처음 경험, 최근 경험, 인상적인 경험을 묻는 문제를 각각 준비해야 하므로 총 9개의 답변을 준비해야 한다는 얘기가 됩니다. 뿐만 아니죠. 이건 과거 경험에 대한 답변일 뿐이므로 단순/세부 묘사, 롤플레이까지 준비한다고 하면 준비해야 하는 답변 수는 기하급수로 늘어납니다. 따라서 하나의 과거 경험 답변을 준비해서 응용할 수 있도록 하는 방법을 권합니다. 바로 Step 2에서 제시하는 스피킹 프레임이 이 문제를 해결해드립니다. 그럼 예시 문제를 확인해보세요.

Tell me about a difficult situation that you experienced in your school. Begin by telling me when and where it occurred and how old you were at the time. Detail the situation from beginning to end.

학교에서 겪었던 어려움에 대해 말해주세요. 언제, 어디에서 일어났고 당시에 몇 살이었는지 설명하는 것으로 시작하세요. 처음부터 끝까지 자세히 말해주세요.

Sometimes an extraordinary event happens while one is working at the office. I am interested to see if you have ever experienced anything surprising or embarrassing. Please tell me the details of that experience. Begin by describing to me when and where it happened. Then, explain to me all the particular details of that memory, especially exactly what happened that made the event so memorable.

가끔 사람들이 회사에서 일하는 중에 특별한 일이 생깁니다. 저는 당신이 놀랄 만했거나 황당했던 일을 경험했는지 알고 싶습니다. 그 경험을 제게 자세하게 이야기해주세요. 언제, 그리고 어디서 일어난 일인지 설명하는 것으로 시작하세요. 그 다음에, 특히 정확하게 어떤 일이 그 일을 그렇게 기억에 남도록 만들었는지 그 기억의 특별한 사항을 구체적으로 제게 설명하세요.

Describe how your house looked when you first moved in. How has it changed from then? Give me all the details.

처음 이사했을 때 여러분의 집이 어땠는지 설명해주세요. 그때로부터 어떻게 변했나요? 자세히 설명해주세요.

유형 3 롤플레이 – 질문하기

롤플레이 문제 중 첫 번째 유형이 질문하기입니다. 롤플레이란 문제에서 상황을 주면서 그에 맞춰 연기를 하라고 요구하는 것입니다. 예를 들어 '친구와 영화를 보러 가기로 했다고 가정하고 표를 예매하기 위해 매표소에 전화해 필요한 질문을 하시오.'와 같은 것이죠. 문제에서 제시한 조건에 맞춰서 상대방이 있다고 가정하고 질문을 해야 합니다. 질문하기 문제는 좀 더 자세히 들여다 보면 다시 두 가지로 나눌 수 있습니다. 앞에서와 같이 상황에 맞춰 질문을 하는 경우와 상대방에게 단순히 질문만 하면 되는 경우입니다. 단순 질문하기란 '저도 영화를 자주 봅니다. 저에게 영화 보기에 대해 질문하세요.'와 같이 특별한 조건이 주어지지 않는 문제로, 롤플레이 유형이지만 OPIc 문제 유형 중에서도 가장 쉬운 유형에 속합니다. 예시 문제를 확인해보세요.

I go to school, too. Now please ask me several questions about my school.

저도 학교에 다닙니다. 제가 다니는 학교에 대해 몇 가지 질문을 해보세요.

Pretend that you want to order some movie tickets online, but you don't know how to order them. Make some inquiries about ordering online tickets.

온라인으로 영화 티켓 몇 장을 주문하기를 원하는데 어떻게 주문을 하는지 모른다고 가정해보세요. 온라인 티켓 주문에 대한 몇 가지 문의를 하세요.

유형 4 롤플레이 – 문제 상황 해결하기

롤플레이 유형이자 OPIc 유형 가운데 가장 어려운 문제가 바로 문제 상황 해결하기 유형입니다. 롤플레이이므로 역시 구체적인 상황이 주어지는데 대부분 문제가 발생한 상황입니다. 예를 들어, '친구와 영화를 보러 가기로 했는데 급한 일이 생겨서 약속을 지키지 못하게 되었습니다. 친구에게 전화해서 상황을 설명하고 대안을 제시하시오.'와 같은 문제가 출제됩니다. 각 주제마다 이러한 유사한 문제 상황과 해결에 대한 문제가 등장하므로 답변에서 '문제 상황 설명 → 대안 제시'의 큰 틀을 잘 익혀두면 어렵지 않습니다. 단, 롤플레이 문제에 답변을 할 때는 마치 그 상황에 있는 것처럼 연기를 해야 좋은 점수를 받을 수 있다는 점을 기억하셔야 합니다. 그럼 예시 문제를 확인해보세요.

It seems that you will be late for a meeting you had arranged with your business partner. Make a telephone call so that you can explain what has happened. Suggest a few alternative ways of fixing the problem.

당신의 업무 파트너와의 약속에 늦을 것 같습니다. 전화를 해서 상황을 설명하세요. 그리고 이 문제를 해결하기 위해 몇 가지 대안을 제시하세요.

You have just discovered that the gym you are going to is under construction. Contact your friends to explain this situation and discuss some alternatives with them.

당신이 가려고 계획했던 헬스클럽이 공사 중이라는 사실을 막 알게 되었습니다. 친구들에게 연락을 해서 이 상황을 설명하고 다른 방법들에 대한 논의를 하세요.

Step 1 학습법

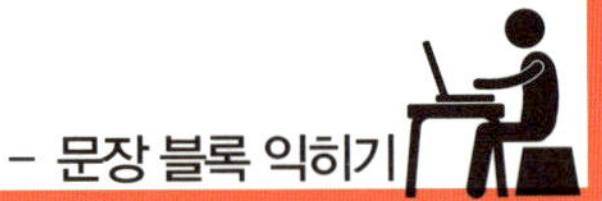

Step 1에서는 주제별 핵심 문장을 암기한 후 다양한 단어나 짧은 구를 익혀 뼈대 문장에 적용해 바꿔 말해보는 연습을 합니다. 이때 중요한 것은 다양한 주제에 활용할 수 있는 활용도 높은 기본문장을 익히는 것입니다. 이런 문장이 하나의 블록이 되는 것입니다. 여기에 주제별 어휘를 적용하면 적은 문장을 가지고도 다양한 주제에 대해 말할 수 있는 능력을 기를 수 있습니다.

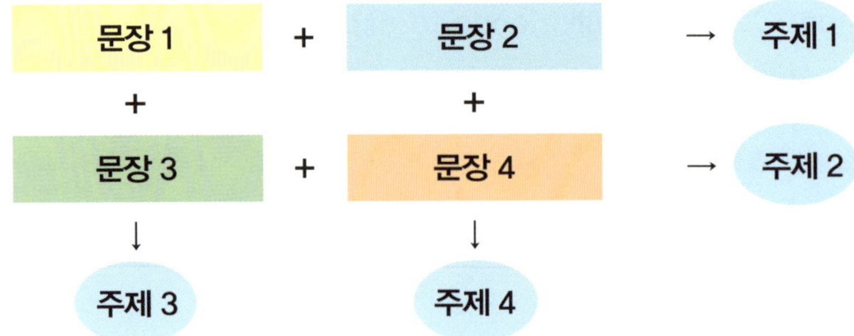

그렇게 문장과 어휘에 대한 기본기를 익힌 다음에 할 일은 문장 블록을 이리저리 끼워 맞춰 하나의 주제에 대해 말할 수 있도록 하는 것입니다. 낱낱의 문장을 어릴 때 블록 쌓기 놀이를 하던 블록이라고 생각해 보세요. 그 블록을 어떻게 쌓느냐에 따라서 코끼리도 만들고 자동차나 집도 만들 수 있습니다. 이때 똑같은 블록을 어떤 방식으로 조합했느냐에 따라 달라지는 것이지 완전히 다른 블록을 사용하는 것은 아니잖아요? 스피킹에서도 마찬가지입니다. 말할 때마다 다른 문장, 다른 표현을 사용한다면 우리는 계속해서 새로운 문장, 새로운 표현을 자꾸자꾸 배워야 할 거예요. 그럼 말을 배우다 지쳐서 포기해야겠죠. 그런데 그렇지 않습니다. 우리가 알고 있는 문장들을 잘만 연결하는 법을 배우면 Step 1에서 배우는 것만으로도 충분히 많은 주제에 대해 말할 수 있습니다.

문장 블록 6개를 외워서 다양한 주변 사람들을 소개하는 답변을 만들어보겠습니다. 다음을 한번 볼까요? Step 1에서 인물 묘사 기본 문장을 암기해 먼저 학교 친구를 소개하는 답변을 만듭니다. 여기에 핵심 어휘만 바꿔서 동료를 소개할 수 있습니다.

학교 친구 소개하기

> The name of one of my ______(가장 친한 친구들) is Kim Junsu,
> and he's a cheerful, outgoing man with a round face. He is
> ______(영문학을 전공하는 대학생). He lives in Seoul and he hopes
> ______(영어 선생님이 되기를) in a girls' high school. We belong to
> ______(아마추어 야구팀). He is active, ______(나는 수동적인 반면에),
> so we have become close friends since we first met on the team.

동료 소개하기

> The name of one of my ______(동료들) is Kim Jinyoung, and
> he's in his ______(30대 초반), a ______(활달하고 외향적인)
> man with dark skin. He is ______(회사 회계부서의 동료). He
> lives in Seoul and he hopes to ______(자신의 사업을 시작하기를)
> next year. We belong to ______(지역 센터의 축구팀). He is
> ______(외향적인), while I'm ______(약간 수줍음을 타는),
> so we have become close friends since we first met on the team.

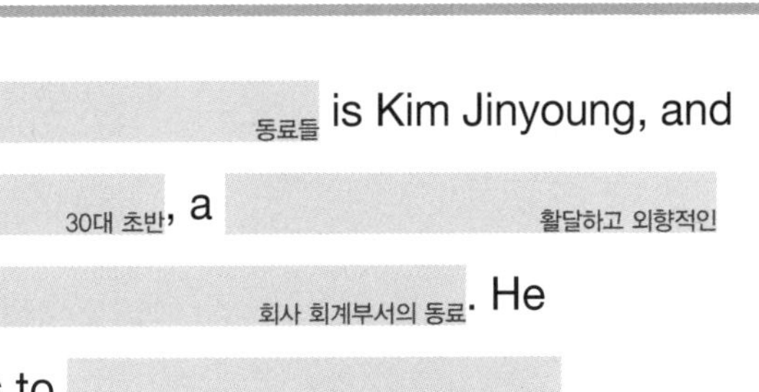

Step 1에서는 이렇게 문장 블록을 조합하기만 해도 답변이 가능한 10가지 주제를 학습합니다. 대부분 단순 묘사를 요구하는 질문에 대한 답변으로 난이도가 상대적으로 낮다고 볼 수 있습니다. 비교적 쉬운 문제들인데 주요 주제들을 거의 다루었으므로 잘 대비해두시면 IM 등급도 어렵지 않습니다.

Step 2 학습법

35개의 답변을 암기해서 두 배인 70개의 답변을 할 수 있다면 어떻게 하시겠습니까? 사기라고요? 아닙니다. 가능할 뿐만 아니라 2배, 3배 이상의 답변으로 활용할 수 있습니다. Step 1에서는 문장을 중심으로 외워 어휘를 바꿔서 말해보고, 문장 조합을 바꿔서 다양한 주제에 대해 말해보았습니다. Step 2에서는 보다 고급 화법을 구사할 수 있도록 도와드립니다. 먼저 프레임이란 말에서 알수 있듯이, 전체 내용의 **뼈대**가 되는 부분을 먼저 학습합니다. 〈도입 문장 – 중심 – 마무리〉가 **뼈대**입니다. 여기에 추가 문장을 채워 넣어 답변을 완성한다고 생각하면 쉽습니다. 전체적인 대략의 아웃라인을 스케치한 다음 그림의 세부를 완성하는 것과 같습니다.

도입
추가 문장
중심 1
추가 문장
중심 2
추가 문장
마무리

프레임은 전체 내용의 흐름을 보여주는 것이므로 이 부분만 말해도 대략의 내용을 알 수 있습니다. 따라서 프레임만 외워서 먼저 활용하고, 시간이 날 때마다 조금씩 살을 붙이는 식으로 학습하면 부담도 훨씬 줄어듭니다. 이 스피킹 프레임은 꼭 정해져 있는 것은 아닙니다. 내가 어떤 내용을 주제로 선택하느냐에 따라, 내 맘대로 정할 수도 있죠. Step 2에서는 총 35개의 스피킹 프레임이 준비되어 있습니다. 주제와 유형에 따라 분류한 필수 프레임이므로 이들 프레임만 잘 익혀서 활용해도 연계 주제 및 유사 유형에 대한 답변도 문제 없이 대비할 수 있습니다. 실제 주제를 적용하여 만든 스피킹 프레임을 살펴봅시다.

주제: 학교에서의 일과
문제 유형: 단순/세부묘사

도입 등교	I usually get to school in the morning because most of my classes are in the morning.	제 수업은 대부분 아침에 있기 때문에 보통 아침에 학교에 갑니다.
수업 전	Before class starts, I arrive at my first class, and talk with my classmates.	수업이 시작되기 전에 첫 수업에 도착해 친구들과 얘기를 합니다.
중심1 수업 중	During the class, the professors open their classes by reviewing the previous lesson, and then they start teaching the new lesson.	수업 중에 교수님들께서는 이전 수업 내용을 복습하면서 강의를 시작하시고 그런 다음 새로 배울 내용을 강의하십니다.
수업 후	When class is over, I'll usually go to my next class.	수업이 끝나면 저는 보통 다음 수업을 들으러 갑니다.
중심2 방과후	After my last class, I'll go to the library to study, or I'll sometimes hang out with friends.	마지막 수업이 끝나고 나서, 도서관으로 가서 공부를 하거나 가끔은 친구들과 어울리기도 합니다.
방과후 활동	I usually head to the English institute around six o'clock. I can't skip going to the institute every day because English is very necessary for getting a good job.	저는 보통 6시에 영어 학원에 갑니다. 좋은 직업을 얻기 위해서는 영어가 중요하므로 매일 학원에 가는 것을 빠뜨릴 수 없습니다.
마무리 느낌	It sounds like it is a long and tiring day, doesn't it?	하루 참 길고 지칠 것 같이 들리죠, 그렇죠?

주제: 주중/주말에 하는 일
문제 유형: 단순/세부묘사

>> F1-2 **Discuss what you usually do at school on a day-to-day basis. What do you do during the week and on the weekend? Provide as many details as you can.**

During the week, I usually get to school in the morning because most of my classes are in the morning. Before class starts, I arrive at my first class, and talk with my classmates. During the class, the professors open their classes by reviewing the previous lesson, and then they start teaching the new lesson. When class is over, I'll usually go to my next class. After my last class, I'll go to the library to study from Monday to Friday. On the weekend, I'll hang out with friends. During the week, I usually head to the English institute around six o'clock after school. I can't skip going to the institute every day because English is very necessary for getting a good job. But I can do nothing but relax or do whatever I want to during the weekend. It sounds like it is a long and tiring week, doesn't it?

첫 번째 프레임은 '학교에서의 일과'에 대한 답변 프레임입니다. 이 프레임을 그대로 적용해서 다른 문제에 대한 답변을 만들 수 있는 것이죠. 두 번째 프레임은 '주중/주말에 하는 일'에 대한 답변입니다. 〈도입 – 중심 – 마무리〉의 프레임을 유지하면서 핵심 어휘를 바꾸고 추가 문장 정도를 바꿔서 새로운 답변을 완성했습니다. 이와 같은 원리로 하나를 공부해서 두 배로 효과를 보는 학습이 가능한 것입니다.

Step 3 학습법

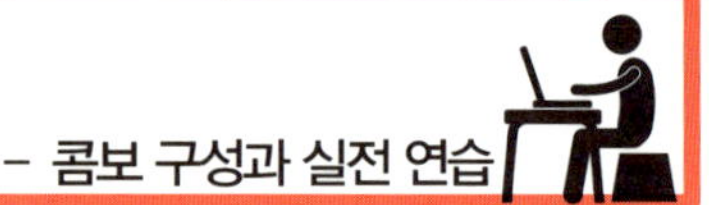

– 콤보 구성과 실전 연습

OPIc에서 문제는 유기적으로 출제됩니다. 그냥 마구잡이로 문제가 출제되는 것이 아닙니다. 설문 조사(Background Survey)를 통해 수집한 개인 정보를 바탕으로 문제가 선별될 뿐 아니라 문제간에 도 유기적으로 연관되어 하나의 주제에서 두세 문제가 연속해서 출제됩니다. 이렇게 연속해서 같은 주제의 문제가 출제되는 것을 콤보 또는 시리즈 문제라고 합니다. 예를 들어 첫 번째 문제인 자기소 개 이후에 출제되는 문제 중에서, 학교에서의 일과에 대해 설명하라고 요구하는 문제가 나오면 이 어서 학교 생활과 관련된 문제가 두 문제 더 나올 것임을 예상할 수 있습니다. 학교 생활 중 겪은 어 려웠던 점을 묻는 과거 경험 유형이 나올 수도 있고, 또 이어서 수업에 갈 수 없는 상황에 대해 교수 님에게 전화해 문제점을 설명하고 대안을 제시해야 하는 롤플레이 문제가 나올 수도 있는 것이죠. 따라서 이렇게 볼 수 있습니다. OPIc은 난이도 3−4를 기준으로 15문제가 이어서 나오는데, 1번 문 제로 나오는 자기소개를 제외하고 나머지 14문제는 모두 콤보 형태로 출제된다는 것입니다. 두세 문제가 연속해서 같은 주제에 대해 물어보는 것이죠. 아래는 학교 생활에 대한 콤보의 예입니다. 문 제 조합은 달라질 수 있습니다. 〈롤플레이 → 롤플레이 → 과거 경험〉 이렇게 나올 수도 있고 〈단순 묘사 → 과거 경험 → 롤플레이〉 형태일 수도 있죠. 다음 EXAMPLE TEST를 통해서 한 세트의 문 제가 실제로 어떻게 출제되는지 경험해보시기 바랍니다.

학교 생활 콤보의 예

콤보 문제 1 _ 단순/세부 묘사 – 학교에서의 일과

Tell me about your daily routine at school. What do you do, and what do the professors do?

학교에서의 일과에 대해 얘기해주세요. 당신은 무엇을 하고, 교수님들은 무엇을 합니까?

콤보 문제 2 _ 단순/세부 묘사 – 주중/주말에 하는 일

Discuss what you usually do at school on a day-to-day basis. What do you do during the week and on the weekend? Provide as many details as you can.

학교에서 매일 하는 일에 대해 이야기해보세요. 주중과 주말에 무엇을 하나요? 가능한 한 자세히 설명해보세요.

콤보 문제 3 과거 경험 – 학교 생활 관련 문제를 겪은 경험

Tell me about a difficult situation that you experienced in your school. Begin by telling me when and where it occurred and how old you were at the time. Detail the situation from beginning to end.

학교에서 겪었던 어려움에 대해 말해주세요. 언제, 어디에서 일어났고 당시에 몇 살이었습니까? 처음부터 끝까지 자세히 말해주세요.

EXAMPLE TEST

다음과 같은 조건을 기준으로 설문 조사를 작성했다고 가정하고 OPIc 실전 모의고사 한 세트를 준비했습니다. 직접 답변을 해야 한다는 부담을 갖기보다는 15문제가 어떻게 콤보 형태로 구성되는지 살펴보는 기회로 삼으시기 바랍니다.

● 인물 설정

대학생, 경영 전공

● 배경 설문조사 체크 사항 (16개 선택)

- □ **학생**
- □ **거주지:** 독신자로서 개인 주택이나 아파트에 거주
- □ **여가 활동:** 영화 보기, 공연 보기, 콘서트 보기, 공원 가기, 집안일 거들기
- □ **취미나 관심사:** 음악 감상하기, 악기 연주하기, 요리하기, 애완동물 기르기
- □ **운동:** 수영, 조깅, 걷기, 헬스
- □ **휴가나 출장:** 국내여행, 해외여행, 집에서 보내는 휴가

● 테스트 가이드

- ✔ 자신이 선택한 주제와 난이도의 문제가 약 7문제 나옵니다.
- ✔ 질문을 2회까지 들을 수 있습니다.
- ✔ 한 문제당 답변 제한 시간은 없지만 전체 시험 시간은 40분입니다.
- ✔ 중간에 난이도 재조정 구간이 있습니다. 두 번째 세션 문제들의 난이도를 선택합니다.
- ✔ 두 번째 세션이 시작되면 5~8문제가 출제되며 시험 방식은 첫 번째 세션과 동일합니다.

01 Please tell me a little bit about yourself.

| 질문내용: 자기소개하기

02 You indicated that you go to school. How many classes are you taking? What kind of classes are you taking? Please tell me the classes you are taking this semester.

| 질문내용: 듣고 있는 수업 | 문제유형: 단순/세부 묘사

03 Recall the most difficult exam you took. Tell me what the exam was and why it was so difficult. And also describe how you prepared for it from start to finish.

| 질문내용: 가장 어려웠던 시험 | 문제유형: 단순/세부 묘사

04 Tell me about the last exam you took in detail. What exam did you take? How did you prepare it and what was the result?

| 질문내용: 최근 본 시험 | 문제유형: 과거 경험

05 You indicated that you like to watch movies. What kind of movies do you like to watch?

| 질문내용: 좋아하는 영화 소개 | 문제유형: 단순/세부 묘사

06 What do you usually do when you go to a movie? Discuss what you do before and after the movie.

| 질문내용: 영화 보기 전후 하는 일 | 문제유형: 단순/세부 묘사

07 Tell me in detail about the last movie you watched. What was the genre of the movie? Who was in the movie? Did you like the movie?

| 질문내용: 최근에 본 영화 | 문제유형: 과거 경험

08 You indicated that you like to travel. Is there any city or country that you want to visit? Please tell me about that place. Where is it? Is there any particular reason you want to go there?

| 질문내용: 가보고 싶은 나라 | 문제유형: 단순/세부 묘사

09 I'd like to know one of the places you traveled when you were a kid. Tell me where you went and what you did there from start to finish.

| 질문내용: 어렸을 때 방문한 곳 | 문제유형: 과거 경험

10 You indicated in the survey that you travel overseas. Describe everything you pack in your suitcase for the trip and how you prepare for it.

| 질문내용: 해외여행 준비 과정 | 문제유형: 단순/세부 묘사

조깅 3콤보

11 Your friend wants to go jogging with you. Call her and ask five to six questions about it.

| 질문내용: 조깅에 대해 5~6가지 질문하기 | 문제유형: 롤플레이 – 질문하기

12 You made an appointment with your friend to go jogging. But something came up and you don't think you can make it. Call your friend and tell her about the situation and suggest other options.

| 질문내용: 조깅 약속 취소하기 | 문제유형: 롤플레이 – 문제 해결

13 Tell me about a memorable experience you had when you went jogging, something unexpected or interesting. Start with the background information, where and when happened and who you were with. And tell me what happened in as much detail as possible.

| 질문내용: 기억에 남는 조깅 경험 | 문제유형: 과거 경험

악기 연주하기 2콤보

14 You indicated you play musical instruments. What kind of instrument do you play? When and where do you usually play? Whose music do you like to play?

| 질문내용: 악기연주에 대한 기본 정보 | 문제유형: 단순/세부 묘사

15 I play violin in an orchestra. Ask me three to four questions about it.

| 질문내용: 바이올린에 대해 질문하기 | 문제유형: 롤플레이 – 질문하기

오픽 스피킹 학습에 도움이 되는 자기소개 준비
Tell me a little bit about yourself please.

자기를 소개할 때 배경 설문조사에서 체크한 내용을 넣어서 내용을 준비하는 것이 좋습니다. 예를 들어, 설문조사 중 여가활동 영역에서 영화 보기, 스포츠 관람, 공연 관람 등의 내용을 선택했다면 이러한 내용을 몇 가지 넣어서 자기소개를 만들면, 예상 문제에 대해 확인하고 준비할 수 있는 기회를 가질 수 있는 것이죠. 선택 항목 중에서 문제가 출제되기 때문입니다. 자기소개를 하면서 내가 어떤 내용을 선택했는지 정리하고, 자기소개 이후의 문제에 대해 대비할 수 있으므로 당황하지 않을 수 있습니다. 설문조사에서 영역별로 다음과 같은 항목을 선택했을 때 어떻게 자기소개를 준비할 수 있는지 살펴보고 자기소개 답변을 암기해두시기 바랍니다. 자기소개 답변은 첫 번째 문제로 항상 출제되기 때문에 완벽하게 암기해두시는 것이 좋습니다.

총 16개 선택

여가 활동:
영화 보기, 공연 보기, 클럽/나이트클럽 가기, 공원 가기, 스포츠 관람, 집안일 거들기

취미나 관심사:
요리하기, 애완동물 기르기

스포츠:
축구, 농구, 걷기, 조깅, 헬스, 자전거

여행과 출장:
국내 출장, 국내 여행

● 위의 16개 선택 항목 중 자기소개 1에 다음 항목을 포함할 경우:

영화 보기, 스포츠 관람, 공원 가기, 요리하기, 애완동물 기르기, 헬스　🎧 **자기소개 1**

My name is Kim Suyoung. I'm twenty two years old and of course, I'm not married. I am still a student. I am used to single life. I usually cook my meal by myself and clean my house everyday. Believe me; I am a good cook and really enjoy trying new recipes. I was born in Busan and grew up there. When I entered the university, I moved to Seoul. Since then, I have lived in Seoul for two years. I live with my dog, and he's like my baby brother. Seoul seems my hometown now and my life here is so comfortable that I am very satisfied. I like to watch movie, so on the weekend, I usually go to a movie theater with my girlfriend. We always pick action movie and never regret it. We sometimes watch sports on TV, and when we need some fresh air, we go to the park nearby and take a walk to release stress. Oh, going to a health club is very important to me. The reason is that I have to stand a lot of stress at work, so I need to keep myself healthy. That's it.

제 이름은 김수영입니다. 저는 스물 두 살이고요, 물론 미혼이고 아직 학생입니다. 저는 혼자 생활에 익숙합니다. 주로 식사를 혼자 요리하고 매일 집안 청소를 하죠. 믿어주세요; 저는 요리를 잘하고 새로운 요리법을 시도해보는 것을 정말 즐깁니다. 저는 부산에서 태어나 자랐습니다. 대학에 입학하면서 서울로 이사 왔죠. 그때 이후로 서울에서 2년 동안 살았습니다. 제 개와 함께 살고 있는데 제 남동생 같습니다. 서울은 이제 제 고향 같고 이곳에서의 생활은 매우 편해서 저는 만족합니다. 저는 영화 보는 것을 매우 좋아해서 주말에는 주로 여자친구와 함께 극장에 갑니다. 우리는 항상 액션 영화를 고르고 절대 후회하는 일이 없죠. 우리는 가끔 텔레비전으로 스포츠 경기를 축구를 보고 신선한 공기를 쐬고 싶으면 가까운 공원에 가서 산책을 하면서 스트레스를 풉니다. 아, 헬스클럽에 가는 것은 제게 매우 중요한 일인데요. 저는 직장에서 많은 스트레스를 견뎌야 하기 때문에 건강을 유지할 필요가 있기 때문입니다. 이상입니다.

● 위의 16개 선택 항목 중 자기소개 2에 다음 항목을 포함할 경우:

클럽/나이트클럽 가기, 집안일 거들기, 요리하기, 축구하기, 국내 출장　　　🎧 자기소개 2

My name is Kim Suyoung. I'm thirty years old and I'm not married, so I am used to single life. I usually cook my meal by myself and clean my house everyday. Believe me; I am a good cook and really enjoy trying new recipes. I was born in Busan and grew up there. When I entered the university, I moved to Seoul. Since then, I have lived in Seoul for ten years. Seoul seems my hometown now and my life here is so comfortable that I am very satisfied.So on the weekend, I usually go to a club to enjoy live music. I also like soccer and belong to a local soccer team. My friends and I sometimes watch soccer games on TV. I work for ABC Tech and my official job title is manager of program. Keeping the programs in my clients' system operating properly is part and parcel of my job, so I often go on a business trip throughout the country.

제 이름은 김수영입니다. 저는 서른 살이고 미혼이라서 혼자 생활에 익숙합니다. 저는 주로 식사를 혼자 요리하고 매일 집안 청소를 합니다. 믿어주세요; 저는 요리를 잘하고 새로운 요리법을 시도해보는 것을 정말 즐깁니다. 저는 부산에서 태어나 자랐습니다. 대학에 입학하면서 서울로 이사 왔죠. 그때 이후로 서울에서 10년 동안 살았습니다. 서울은 이제 제 고향 같고 이곳에서의 생활은 매우 편해서 저는 만족합니다. 그래서 주말에는 주로 라이브 음악을 즐기러 클럽에 갑니다. 저는 또한 축구를 좋아하고 지역 축구팀에 소속되어 있습니다. 제 친구들과 저는 가끔 텔레비전으로 축구를 경기를 봅니다. 저는 ABC 테크에서 일하는데 제 공식적인 직함은 프로그램 매니저에요. 고객사의 시스템에서 프로그램이 적절히 작동하도록 하는 것이 중요한 임무입니다. 그래서 저는 종종 전국으로 출장을 갑니다.

Step 1

오픽 스피킹

실전 훈련 1단계

오픽을 처음 시작하는 사람들이 **우선순위로**
공략해야 하는 **기본 유형별 필수 문장**

01 인물 묘사

외모

인물 묘사에서 빼놓을 수 없는 것이 외모 묘사입니다. 외모를 묘사하는 6가지 기본 문장부터 살펴보고 말할 수 있는 표현을 함께 익혀 보시기 바랍니다.

우선순위 6 문장

Q Shadowing → Echoing → Switching

🎧 01-01

문장을 단계에 맞춰 따라 말하기 연습을 하고, 우리말을 영어로 바꿔 말해보세요.

체격	**그는 근육질입니다.**	**He is muscular.**
	그는 건장한 체격입니다.	He is well-built.
	그는 덩치가 큰 사람입니다.	He is a big man.
헤어스타일	**그는 머리카락이 짧습니다.**	**He has short hair.**
	그는 곱슬머리입니다.	He has curly hair.
	그는 머리가 벗겨졌습니다.	He has a receding hairline.
몸무게	**그는 통통합니다.**	**He is chubby.**
	그는 마른 편입니다.	He is slim.
	그는 말랐습니다.	He is skinny.
키	**그는 키가 작습니다/큽니다.**	**He is short/tall.**
	그는 키가 작습니다.	He is petite.
	그는 중간 정도의 키입니다.	He is of medium height.
생김새	**그는 피부가 검습니다.**	**He has dark skin.**
	그는 얼굴이 둥급니다.	He has a round face.
	그는 길고 각진 얼굴입니다.	He has a rectangular(-shaped) face.
나이	**그는 30대 초반입니다.**	**He is in his early thirties.**
	그는 30살입니다.	He is thirty years old.
	그는 40대입니다.	He is in his forties.

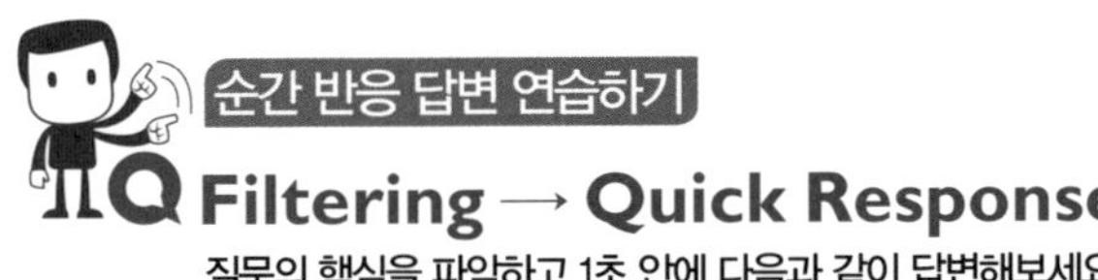

Q Filtering → Quick Response

질문의 핵심을 파악하고 1초 안에 다음과 같이 답변해보세요.

🎧 01-02

1 What does he/she look like?

답변 1   그는 말랐습니다.

답변 2   그는 덩치가 큰 사람입니다.

답변 3   그는 건장한 체격입니다.

2 Tell me what kind of person he/she is.

답변 1   그는 근육질입니다.

답변 2   그는 머리카락이 짧습니다.

답변 3   그는 피부가 검습니다.

3 Provide some details about one of your classmates/coworkers.

답변 1   그는 키가 작고 통통한 편입니다.

답변 2   그는 키가 작습니다.

답변 3   그는 얼굴이 둥근 편입니다.

Answer   3-1 He is short and chubby.

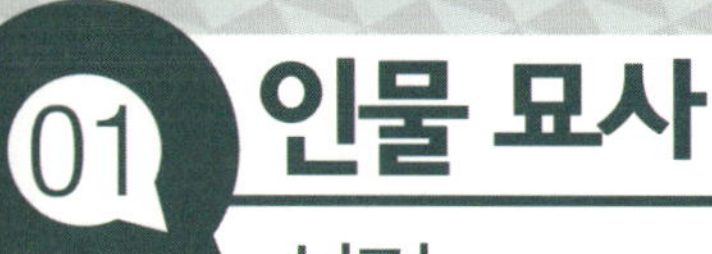 01 인물 묘사

성격

인물 묘사에서 빼놓을 수 없는 것이 성격 묘사입니다. 성격을 묘사하는 6가지 기본 문장부터 살펴보고 말할 수 있는 표현을 함께 익혀 보시기 바랍니다.

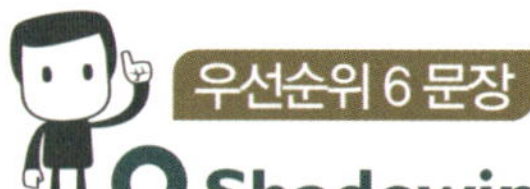 **우선순위 6 문장**

Q Shadowing → Echoing → Switching　🎧 01-03

문장을 단계에 맞춰 따라 말하기 연습을 하고, 우리말을 영어로 바꿔 말해보세요.

성향 1 그는 사교적입니다.	**He is sociable.**
그는 외향적입니다.	He is outgoing.　　* easygoing 느긋한
그는 개방적입니다.	He is open-minded.
배려 그는 친절합니다.	**He is kind.**
그는 잘 도와줍니다.	He is helpful.
그는 남의 말을 잘 들어줍니다.	He is a good listener.
나쁜 성격 그는 화를 잘 냅니다.	**He is hot tempered.**
그는 변덕스럽습니다.	He is whimsical.
그는 다루기 힘든 사람입니다.	He is getting out of control.
성향 2 그는 수줍음을 탑니다.	**He is a bit shy.**
그는 예의 바릅니다.	He is well mannered.
그는 매우 관대합니다.	He is very generous.
호감 침착함은 가장 호감 가는 그의 특징 중 하나입니다.	**Calmness is one of his most pleasing traits.**
관대함은 가장 호감 가는 그의 특징 중 하나입니다.	Generosity is one of his most pleasing traits.
겸손한 태도는 가장 호감 가는 그의 특징 중 하나입니다.	A modest attitude is one of his most pleasing traits.
인상 그는 첫인상이 좋습니다.	**He is a man with a good first impression.**
그는 매력이 넘치는 사람입니다.	He is a man with a lot of charm.
그는 강한 인상의 소유자입니다.	He is a man who makes a strong impression.
* 그는 첫인상이 좋습니다.	* He makes a good first impression.

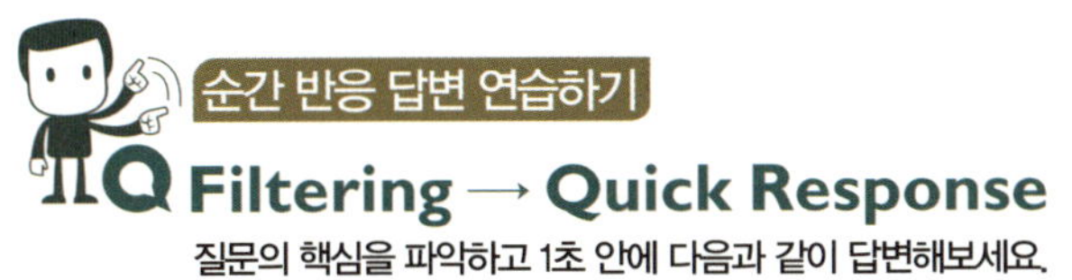

Q Filtering → Quick Response

🎧 01-04

질문의 핵심을 파악하고 1초 안에 다음과 같이 답변해보세요.

1 Tell me what kind of person he/she is.

답변 1 그는 사교적이고 외향적입니다.

답변 2 그는 예의 바릅니다.

답변 3 그는 매우 관대합니다.

답변 4 그는 첫인상이 좋고 친절합니다.

답변 5 그는 남의 말을 잘 들어줍니다.

2 Provide some details about him/her.

답변 1 그는 다루기 힘든 사람입니다.

답변 2 그는 화를 잘 냅니다.

답변 3 참착함은 가장 호감 가는 그의 특징 중 하나입니다.

답변 4 그는 매력이 넘치는 사람입니다.

답변 5 그는 강한 인상의 소유자입니다.

Answer **1-1** He is sociable and outgoing.   **1-4** He makes a good first impression and he is kind.

01 인물 묘사

관계

인물을 묘사할 때 외모나 성격뿐만이 아니라 나와의 관계를 설명할 수 있어야 합니다. 학교 친구, 직장 동료, 직장 상사 등과의 관계를 나타내는 6가지 기본 문장을 함께 익혀보시기 바랍니다.

우선순위 6 문장

Q Shadowing → Echoing → Switching

🎧 01-05

문장을 단계에 맞춰 따라 말하기 연습을 하고, 우리말을 영어로 바꿔 말해보세요.

관계 1 제 동료가 한 명 있는데 저의 가장 친한 친구이기도 합니다.	**I have a coworker who is also my best friend.**
제 직장 상사 한 분이 있는데 저의 멘토이기도 합니다.	I have a supervisor in the office who is also my mentor.
관계 2 그는 그 분야에서 저의 경쟁자입니다.	**He is my competitor in the field.**
그는 저와 협력 관계입니다. 그는 저의 3년 후배입니다.	He is in partnership with me. He is three years my junior.
활동 우리는 대개 점심을 같이 먹습니다.	**We usually have lunch together.**
우리는 대개 일주일에 두 번 바에서 만납니다. 우리는 대개 개인적인 일에 대해 이야기합니다.	We usually meet at the bar twice a week. We usually talk about personal things.
소속 우리는 아마추어 야구팀에 있습니다.	**We belong to an amateur baseball team.**
우리는 컴퓨터 동아리에 있습니다. 우리는 학생회에 있습니다.	We belong to a computer club. We belong to a student government.
발전 우리는 아주 친한 친구가 되었습니다.	**We have become quite a close group of friends.**
우리는 사이가 좋아졌습니다. 우리는 서로를 잘 이해하게 되었습니다.	We have been on good terms. We have come to understand each other well.
비교 그는 외향적인 반면에, 그녀는 수줍음을 탑니다.	**He is outgoing, while she is a bit shy.**
그는 능동적인 반면에, 그녀는 수동적입니다. 그는 사려 깊지 못한 반면에, 그녀는 관대합니다.	He is active, while she is passive. He is inconsiderate, while she is generous.

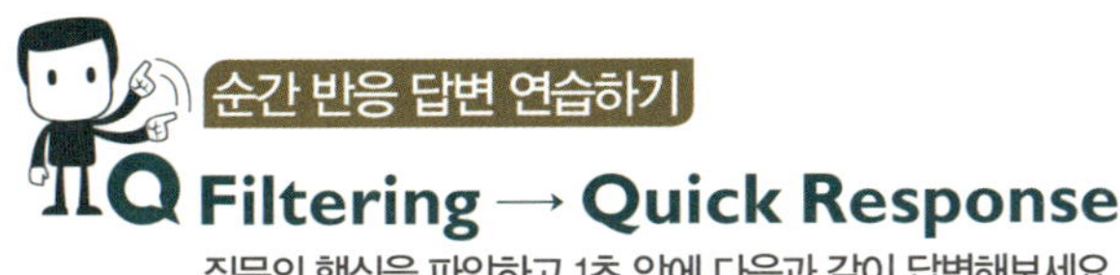

Q Filtering → Quick Response

🎧 01-06

질문의 핵심을 파악하고 1초 안에 다음과 같이 답변해보세요.

1 What types of activities do you participate in with classmates when classes are over?

답변 1 우리는 대개 점심을 같이 먹습니다.

답변 2 우리는 컴퓨터 동아리에 갑니다.

2 What types of activities do you participate in with your coworkers?

답변 1 우리는 아마추어 야구팀에서 야구를 합니다.

답변 2 우리는 대개 일주일에 두 번 바에서 만납니다.

답변 3 우리는 대개 개인적인 일에 대해 이야기합니다.

3 Tell me what kind of person he/she is.

답변 1 그는 저의 가장 친한 친구이자 저의 멘토이기도 합니다.

답변 2 그는 외향적인 반면 그녀는 수줍음을 탑니다.

답변 3 그는 능동적인 반면 그녀는 수동적입니다.

Answer   **1-2** We go to a computer club.   **2-1** We play baseball in an amateur team.   **3-1** He is my best friend who is also my mentor.

인물 묘사 답변

ⓔ *Speaking Prompt* 우리말 스토리 익히기

위에서 익힌 답변을 우리말 이야기로 정리해 익혀두세요. 말할 거리가 먼저 머리속에 정리되어 있어야 영어 표현도 떠오릅니다.

학교 친구 소개하기

제 가장 친한 친구의 이름은 김현수입니다. 그는 둥근 얼굴의 활달하고 외향적인 남자입니다. 그는 경영학을 전공하는 대학생이죠. 그는 서울에 살고 있고 내년에 학교를 졸업하고 은행에서 일하고 싶어 합니다. 우리는 아마추어 야구팀에 소속되어 있습니다. 저는 수다스러운 반면에 그는 남의 말을 잘 들어주는 사람이어서, 우리가 야구팀에서 처음 만난 이후로 친한 친구가 되었습니다.

ⓔ *Speaking Prompt* 스토리 영어로 바꿔 말하기 🎧 01-07

위의 내용을 영어로 바꿔 답변을 완성하면 다음과 같습니다. 다음 과정인 답변 말하기에서 활용할 수 있도록 잘 익혀두세요.

학교 친구 소개하기

The name of one of my **best friends** is Kim Hyunsu, and he's a cheerful, outgoing man with a round face. He is **a university student majoring in business**. He lives in Seoul and he hopes to **work for a bank when he finishes school** next year. We belong to **an amateur baseball team**. He is **a good listener**, while I'm **a bit talkative**, so we have become **close friends** since we first met on the team.

앞에서 익힌 문장을 이용하여 키워드만 바꿔서 다양한 주제의 답변을 만들어보는 연습을 해보세요.

1 학교 친구 소개하기

The name of one of my [가장 친한 친구들] is Kim Junsu, and he's a cheerful, outgoing man with a round face. He is [영문학을 전공하는 대학생]. He lives in Seoul and hopes [영어 선생님이 되기를] in a girls' high school. We belong to [아마추어 야구팀]. He is active, [나는 수동적인 반면에,] so we have become close friends since we first met on the team.

2 동료 소개하기

The name of one of my [동료들] is Kim Jinyoung, and he's in his [30대 초반], a [활달하고 외향적인] man with dark skin. He is [회사 회계부서의 동료]. He lives in Seoul and he hopes to [자신의 사업을 시작하기를] next year. We belong to [지역 센터의 축구팀]. He is [외향적인], while I'm [약간 수줍음을 타는,] so we have become close friends since we first met on the team.

3 직장 상사 소개하기

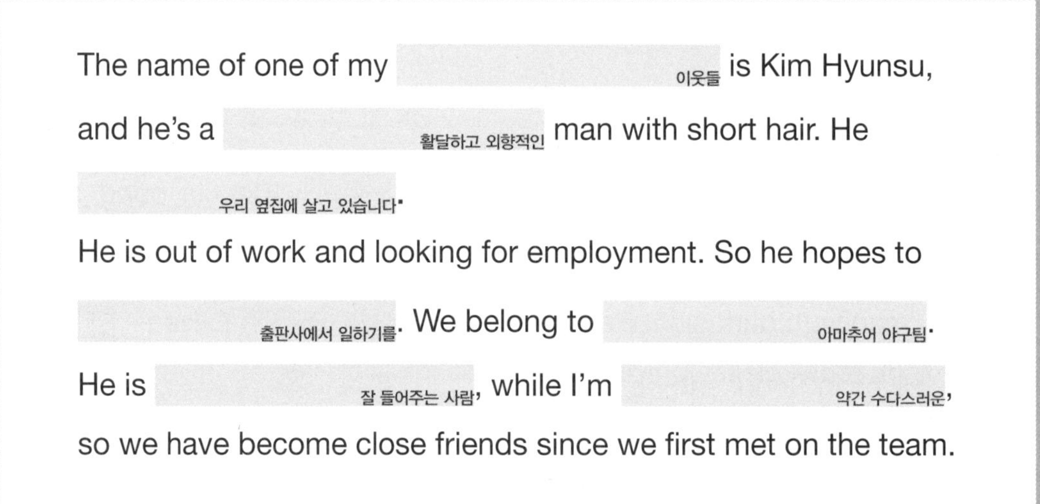

My ______ 상사 's name is Kim Hyunsu, and he's in his
______ 40대 초반, a ______ 사려깊고 관대한 man
with a round face. He is ______ 직장에서 제 상사이자 멘토. He lives in
Seoul and he hopes to ______ 승진하기를 next year.
We belong to ______ 회사 축구팀 so, we have come to
______ 서로를 잘 이해하게 since we join the team.

4 이웃 소개하기

The name of one of my ______ 이웃들 is Kim Hyunsu,
and he's a ______ 활달하고 외향적인 man with short hair. He
______ 우리 옆집에 살고 있습니다.
He is out of work and looking for employment. So he hopes to
______ 출판사에서 일하기를. We belong to ______ 아마추어 야구팀.
He is ______ 잘 들어주는 사람, while I'm ______ 약간 수다스러운,
so we have become close friends since we first met on the team.

 **스피킹 피드백** ▶▶ 앞에서 익힌 구문을 이용해 우리말을 보고 바로바로 영어로 말할 수 있었나요? 답변하기 힘들다면 잘 안 되는 부분부터 체크해보세요. 그리고 필요한 활용 구문으로 가서 섀도잉하고 에코잉 연습하세요.

1 친한 친구 소개하기
🎧 01-08

The name of one of my best friends is Kim Junsu, and he's a cheerful, outgoing man with a round face. He is a university student majoring in English literature. He lives in Seoul and hopes to be an English teacher in a girls' high school. We belong to an amateur baseball team. He is active, while I'm passive, so we have become close friends since we first met on the team.

제 가장 친한 친구의 이름은 김준수입니다. 그는 둥근 얼굴의 활달하고 외향적인 남자입니다. 그는 영문학을 전공하는 대학생이죠. 그는 서울에 살고 있고 여자 고등학교의 영어 선생님이 되고 싶어 합니다. 우리는 아마추어 야구팀에 소속되어 있습니다. 저는 수동적인 반면에 그는 능동적이어서, 우리가 야구팀에서 처음 만난 이후로 친한 친구가 되었습니다.

2 동료 소개하기
🎧 01-09

The name of one of my colleagues is Kim Jinyoung, and he's in his early thirties, a cheerful, outgoing man with dark skin. He is my coworker in the accounting department at the company. He lives in Seoul and he hopes to start his own business next year. We belong to a local community football team. He is outgoing, while I'm a bit shy, so we have become close friends since we first met on the team.

저의 동료 중 한 명의 이름은 김진영이고 그는 30대 초반으로 활달하고 외향적인 성격의 검은 피부를 가진 남자입니다. 그는 회사의 회계 부서에서 일하는 제 동료이죠. 그는 서울에 살며 내년에 자신의 사업을 시작하고 싶어 합니다. 우리는 지역 센터의 축구팀에 속해 있습니다. 저는 수줍은 성격인 반면에 그는 외향적이라 팀에서 만난 이후로 우리는 친한 친구가 되었습니다.

3 직장 상사 소개하기
🎧 01-10

My supervisor's name is Kim Hyunsu, and he's in his early forties, a considerate and generous man with a round face. He is my boss and also a mentor at the office. He lives in Seoul and he hopes to get a promotion next year. We belong to the company's football team, so we have come to understand each other well since we join the team.

제 상사의 이름은 김현수이고 그는 40대 초반으로 신중하고 관대한 성격의 둥근 얼굴을 가진 남자입니다. 그는 제 직장 상사이자 멘토이십니다. 그는 서울에 살며 내년에 승진하고 싶어 합니다. 우리는 회사의 축구팀에 속해 있습니다. 그래서 우리는 팀에 합류한 이후로 서로를 잘 이해하는 사이가 되었습니다.

4 이웃 소개하기
🎧 01-11

The name of one of my neighbors is Kim Hyunsu, and he's a cheerful, outgoing man with short hair. He lives next door. He is out of work and looking for employment. So he hopes to work for a publishing company. We belong to an amateur baseball team. He is a good listener, while I'm a bit talkative, so we have become close friends since we first met on the team.

저의 이웃 중 한 명의 이름은 김현수이고 그는 활달하고 외향적인 성격의 짧은 머리를 가진 남자입니다. 그는 우리 옆집에 살고 있습니다. 그는 실직해서 일자리를 찾고 있습니다. 그래서 그는 출판사에서 일하고 싶어 합니다. 우리는 아마추어 야구팀에 속해 있습니다. 그는 남의 말을 잘 들어주는 반면에 저는 수다스러운 성격이라 팀에서 만난 이후로 우리는 친한 친구가 되었습니다.

장소 묘사

우선순위 필수 문장 연습!   Self Check ☑ ☐ ☐ ☐ ☐

넓은 장소

OPIc에서는 묘사 문제가 많이 나옵니다. 장소 묘사 중에서 학교, 회사, 동네 등 비교적 넓은 공간의 특징을 묘사하는 6가지 기본 문장을 익혀봅시다.

우선순위 6 문장

Q Shadowing → Echoing → Switching   🎧 02-01

문장을 단계에 맞춰 따라 말하기 연습을 하고, 우리말을 영어로 바꿔 말해보세요.

전경 저희 대학교는 캠퍼스가 꽤 넓습니다.	**My university has a fairly large campus.**
저희 대학교는 아름다운 풍경을 가지고 있습니다.	My university has beautiful views.
저희 대학교에는 건물이 많습니다.	My university has many buildings.
건물 학생 센터 건물이 있습니다.	**There is a student center building.**
근처에는 공원도 있습니다.	There is also a park nearby.
많은 아파트 건물이 있습니다.	There are many apartment buildings.
많은 상점이 있습니다.	There are lots of stores.
주변 환경 이 지역에는 많은 가게가 있습니다.	**This area has many shops.**
이 지역에는 식료품점과 식당들이 있습니다.	This area has grocery stores and restaurants.
이 지역에는 많은 바와 사우나가 있습니다.	This area has many bars and saunas.
특징 캠퍼스 둘레의 길로 유명합니다.	**The trail around the campus is well known.**
학교 주변 녹지로 유명합니다.	The green area around the campus is well known.
동네 주변의 공원으로 유명합니다.	The park in the neighborhood is well known.
회사 주변의 녹지로 유명합니다.	The grassy areas around the company are well known.
건물 특징 행정관은 최근에 리모델링을 했습니다.	**The administration building is recently remodeled.**
도서관은 최근에 리모델링을 했습니다.	The library is recently remodeled.
회사 건물은 최근에 리모델링을 했습니다.	The company building is recently remodeled.
위치 저는 주거지에 위치한 한 아파트에 살고 있습니다.	**I live in an apartment located in a residential district.**
제 사무실은 상업 지구에 위치해 있습니다.	My company is located in a commercial district.
우리가 일하는 사무실은 5층에 있습니다.	The office we work in is located on the 5th floor.
* 저희 사무실은 20층입니다.	* We're on the 20th floor.

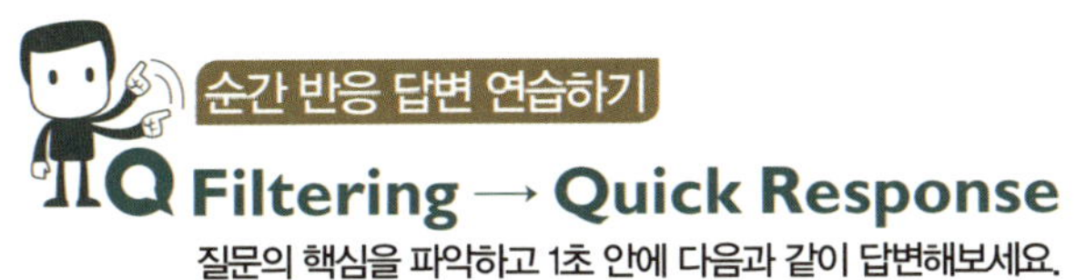

Q Filtering → Quick Response

02-02

질문의 핵심을 파악하고 1초 안에 다음과 같이 답변해보세요.

1 What's in your campus?

답변 1   저희 대학교는 아름다운 풍경을 가지고 있습니다.

답변 2   저희 대학교에는 건물이 많습니다.

답변 3   학생 센터 건물이 있습니다.

2 From your office, what can you see? What's in your neighborhood?

답변 1   많은 상점이 있습니다.

답변 2   근처에 공원도 있습니다.

답변 3   이 지역에는 많은 바와 사우나가 있습니다.

3 Where do you live? Please describe where you live.

답변 1   저는 주거지에 위치한 한 아파트에 살고 있습니다.

답변 2   이 지역에는 많은 가게가 있습니다.

답변 3   이 지역에는 식료품점과 식당들이 있습니다.

넓은 장소 묘사 답변

℮ *Speaking Prompt* 우리말 스토리 익히기

위에서 익힌 답변을 우리말 이야기로 정리해 익혀두세요. 말할 거리가 먼저 머리속에 정리되어 있어야 영어 표현도 떠오릅니다.

학교 묘사

저희 대학교는 서울 중심지에 위치해 있으며 저희 학교에는 **건물이 많습니다.** 캠퍼스 중심에는 학생 센터 건물이 있습니다. **학생 센터 반대쪽에는** 도서관과 행정관도 있습니다. 도서관은 캠퍼스에서 가장 오래된 건물이지만 최근 리모델링되었습니다. **캠퍼스 둘레의 길은 유명해서 근처에 사는 사람들이 우리 학교를 종종 찾아옵니다.**

℮ *Speaking Prompt* 스토리 영어로 바꿔 말하기 　　🎧 02-03

위의 내용을 영어로 바꿔 답변을 완성하면 다음과 같습니다. 다음 과정인 답변 말하기에서 활용할 수 있도록 잘 익혀두세요.

학교 묘사

My university is located in the center of Seoul and **has many buildings.** There is **a student center building** at the center of the **campus. On the opposite side of the student center,** there are also a library and administration building. **The library** is the oldest building **on campus,** but recently has been remodeled. **The trail that circles around the campus** is well known, and many people **who live nearby** often visit **our school.**

ⓔ *Sentence Building*

앞에서 익힌 문장을 이용하여 키워드만 바꿔서 다양한 주제의 답변을 만들어보는 연습을 해보세요.

1 학교 묘사

저희 대학교는 is located in 서울 중심지 and 캠퍼스가 꽤 큽니다 and beautiful views. There is 학생 센터 건물 at the center of the 캠퍼스. On the opposite side of 학생 센터, there are also 도서관 and 행정관. The library recently has been remodeled, so 지금은 새 건물입니다. 캠퍼스 주변 녹지가 is well known, and many people 근처에 사는 사람들이 often visit 우리 학교.

2 동네 묘사

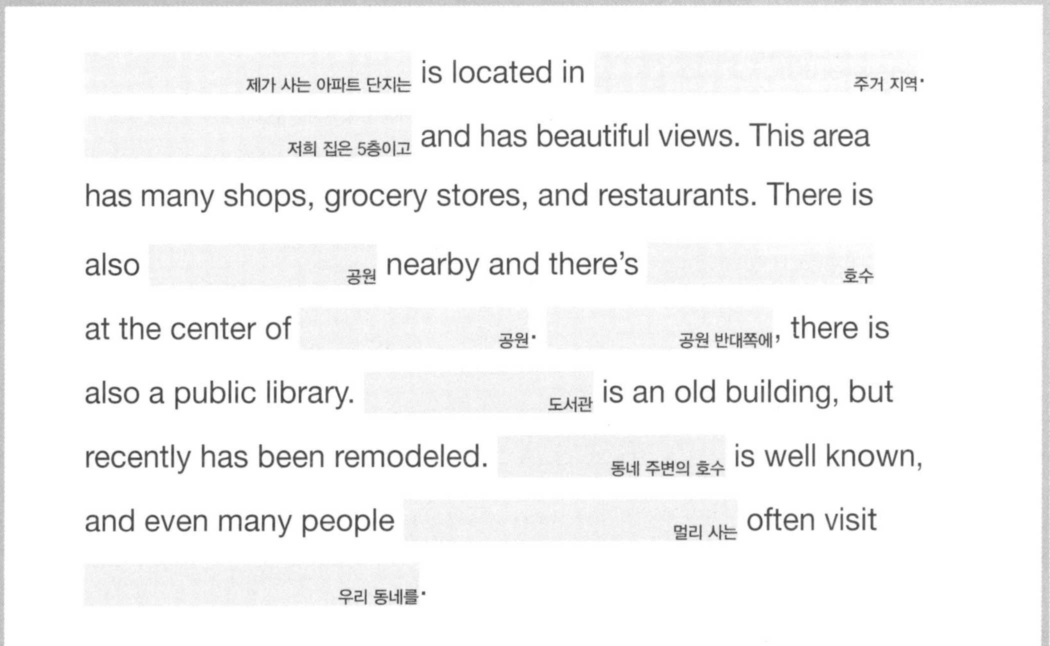

제가 사는 아파트 단지는 is located in 주거 지역. 저희 집은 5층이고 and has beautiful views. This area has many shops, grocery stores, and restaurants. There is also 공원 nearby and there's 호수 at the center of 공원. 공원 반대쪽에, there is also a public library. 도서관 is an old building, but recently has been remodeled. 동네 주변의 호수 is well known, and even many people 멀리 사는 often visit 우리 동네를.

3 회사 건물 및 주변 묘사

저희 회사는 is located in _상업 지구_ and _제가 일하는 사무실은 15층이어서_, so it has beautiful views. This area has many restaurants, bars, and saunas. There is also a park _지역의 중심에는_ · _우리 회사의 반대쪽에는_, there is _시청_ · _회사_ is an old building, but it recently has been remodeled. _회사 근처에는 녹지가 많아서_, so it is well known, and many people often visit _우리 건물을_ ·

4 공원 묘사

제가 가는 공원은 is located in _거주 지역_ · _공원은 도시의 5번 가에 있고_ and has beautiful views. It has _운동하고 휴식을 취하거나 재미있는 시간을 가질 수 있는 많은 시설들이_ There is _편의점_ at the center of the park. _편의점 반대쪽에는_, there is also _작은 공공 도서관이_ · _공원은_ is old, but it is recently redeveloped. _공원의 호수와 도서관은_ are well known, and even many people _멀리 사는_ often visit _우리 마을에 있는 이 공원을_ ·

능숙하게 답변을 잘 하셨나요? 이번에는 음원을 들으면서 답변을 확인해보세요.　02-04~02-07

1 학교 묘사   🎧 02-04

My university is located in the center of Seoul and has a fairly large campus and beautiful views. There is a student center building at the center of the campus. On the opposite side of the student center, there are also a library and administration building. The library recently has been remodeled, so it is a new building now. The green area around the campus is well known, and many people who live nearby often visit our school.

저희 학교는 서울 중심지에 위치해 있으며 꽤 큰 캠퍼스와 아름다운 풍경을 가지고 있습니다. 캠퍼스 중심에는 학생 센터 건물이 있습니다. 학생 센터 반대쪽에는 도서관과 행정관도 있습니다. 도서관은 최근 리모델링되어 이제 새 건물입니다. 캠퍼스 주변 녹지가 유명해서 근처에 사는 많은 사람들이 학교를 종종 찾아옵니다.

2 동네 묘사   🎧 02-05

The apartment complex where I live is located in a residential district. My apartment is on the 5th floor and has beautiful views. This area has many shops, grocery stores, and restaurants. There is also a park nearby and there's a lake at the center of the park. On the opposite side of the park, there is also a public library. The library is an old building, but it recently has been remodeled. The lake around the neighborhood is well known, and even many people who live far away often visit our town.

제가 사는 아파트 단지는 주거 지역에 위치해 있습니다. 저희 집은 5층이고 아름다운 풍경을 가지고 있습니다. 이 지역에는 많은 상점, 식료품점, 식당들이 있습니다. 근처에는 공원도 있는데 공원 중심에는 호수가 있습니다. 공원 반대쪽에는 공공 도서관도 있습니다. 도서관은 오래된 건물이지만 최근 리모델링되었습니다. 동네 주변의 호수는 유명해서 멀리 사는 사람들도 많이들 우리 동네를 종종 찾아옵니다.

3 회사 건물 및 주변 묘사   🎧 02-06

My company is located in a commercial district and the office I work in is on the 15th floor, so it has beautiful views. This area has many restaurants, bars, and saunas. There is also a park at the center of the area. Opposite the company, there is City Hall. The company is an old building, but it recently has been remodeled. There are a lot of grassy areas around our company, so it is well known, and many people often visit our building.

저희 회사는 상업 지구에 위치해 있으며 제가 일하는 사무실은 15층이어서 아름다운 풍경을 가지고 있습니다. 이 지역에는 많은 식당, 바, 사우나들이 있습니다. 지역의 중심에는 공원도 있습니다. 회사의 반대쪽에는 시청이 있습니다. 회사 건물은 오래되었지만 최근 리모델링되었습니다. 회사 근처에는 녹지가 많아서 유명한데, 많은 사람들이 우리 건물을 종종 찾아옵니다.

4 공원 묘사   🎧 02-07

The park I go to is located in a residential district. The park is on 5th Street and has beautiful views. It has many facilities where you can exercise, relax or have fun. There is also a convenience store at the center of the park. Opposite the convenience store, there is a small public library. The park is old, but it is recently redeveloped. The lake and library in the park are well known, and even many people who live far away often visit this park in our town.

제가 가는 공원은 거주 지역에 있습니다. 공원은 도시의 5번 가에 있고 아름다운 풍경을 가지고 있습니다. 공원에는 운동하고 휴식을 취하거나 재미있는 많은 시설들이 있습니다. 공원 중심에는 편의점도 있습니다. 편의점 반대쪽에는 작은 공공 도서관이 있습니다. 공원은 오래되었지만 최근에 리모델링되었습니다. 공원의 호수와 도서관은 유명해서 멀리 사는 사람들도 많이들 우리 마을에 있는 이 공원을 종종 찾아옵니다.

실내 공간

OPIc에서는 묘사 문제가 많이 나옵니다. 장소 묘사 중에서 사무실, 집안, 강의실 등 비교적 좁은 공간이나 실내의 특징을 묘사하는 6가지 기본 문장을 익혀봅시다.

우선순위 6 문장

Q Shadowing → Echoing → Switching　　🎧 03-01

문장을 단계에 맞춰 따라 말하기 연습을 하고, 우리말을 영어로 바꿔 말해보세요.

공간　우리 사무실에는 탁 트인 사무 공간이 있습니다.	**In our office, there is an open-air office space.**
우리 사무실에는 직원 라운지가 있습니다.	In our office, there is an employee lounge.
우리 사무실에는 회의실이 있습니다.	In our office, there is a conference room.
우리집에는 탁 트인 거실이 있습니다.	In our house, there is an open living room.
집기　사무실의 코너에는 여러 대의 사무 기기가 있습니다.	**In the corner of the office are several office machines.**
사무실의 코너에는 컴퓨터와 프린터가 있습니다.	In the corner of the office are a computer and a printer.
사무실의 코너에는 복사기와 팩스기가 있습니다.	In the corner of the office are a photocopier and a fax machine.
벽지/바닥　바닥은 화색입니다.	**The floors are gray.**
바닥에는 흰색 타일이 깔려 있습니다.	The floors are white tiled.
벽은 밝은 파란색입니다.	The walls are light blue.
바닥에는 흰색의 정사각형 대리석 타일이 깔려 있습니다.	The floor is tiled in squares of white marble.
공간 배치　반대편에는 화장실이 있습니다.	**On the opposite side, there's a bathroom.**
거실 건너편에는 화장실이 있습니다.	There is a bathroom across from the living room.
침실 옆에 화장실이 있습니다.	There is a bathroom next to a bedroom.
분위기　우리 사무실은 매우 멋지고 안락합니다.	**Our office is very nice and cozy.**
그것은 잘 정리되어 있습니다.	It is well organized.
제 방은 보통 엉망입니다.	My room is usually in a mess.
공간의 변화　그것은 바뀌지 않았습니다.	**It has never been changed.**
그것은 우리가 여기에 이사온 이후로 변화했습니다.	It has been changed since we moved here.
그것은 리모델링되었습니다.	It has been remodeled.

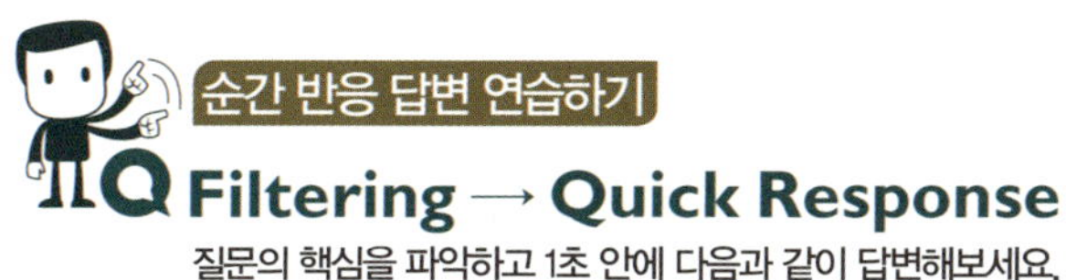

Q Filtering → Quick Response

질문의 핵심을 파악하고 1초 안에 다음과 같이 답변해보세요.

🎧 03-02

1 What kind of furniture do you have in your office?

> 답변 1 사무실의 코너에는 여러 대의 사무 기기가 있습니다.

> 답변 2 사무실의 코너에는 컴퓨터와 프린터가 있습니다.

> 답변 3 사무실의 코너에는 복사기와 팩스기가 있습니다.

2 How does your office look?

> 답변 1 우리 사무실에는 탁 트인 사무 공간이 있습니다.

> 답변 2 우리 사무실은 매우 멋지고 안락합니다.

> 답변 3 그것은 잘 정리되어 있습니다.

3 Please describe your room in detail.

> 답변 1 바닥은 회색입니다.

> 답변 2 벽은 밝은 파란색입니다.

> 답변 3 내 방은 매우 멋지고 안락합니다.

Answer 3-3 My room is very nice and cozy.

실내 묘사 답변

Speaking Prompt 우리말 스토리 익히기

위에서 익힌 답변을 우리말 이야기로 정리해 익혀두세요. 말할 거리가 먼저 머리속에 정리되어 있어야 영어 표현도 떠오릅니다.

사무실 묘사

저희 사무실은 최근에 리모델링되어서 멋지고 잘 정리되어 있습니다. 벽은 밝은 파란색이고 바닥은 회색입니다. 사무실의 코너에는 여러 대의 사무기기가 있습니다. 사무실에는 사무 공간 옆에 직원 라운지가 있습니다. 반대편에는 화장실이 있습니다. 우리는 중앙 난방이지만 사무실에 에어컨이 없어서 여름에는 매우 덥습니다. 전체적으로 매우 멋지고 아늑합니다.

Speaking Prompt 스토리 영어로 바꿔 말하기   03-03

위의 내용을 영어로 바꿔 답변을 완성하면 다음과 같습니다. 다음 과정인 답변 말하기에서 활용할 수 있도록 잘 익혀두세요.

사무실 묘사

My office has been remodeled recently and it is nice and well organized. The walls are light blue and the floors are gray. In the corner of the office are several office machines. In our office, there is an employee lounge next to the office space. On the opposite side, there is a bathroom. We have central heating, but the office doesn't have air conditioning, so it is very hot in summer. Overall, it is very nice and cozy.

ⓔ *Sentence Building*

앞에서 익힌 문장을 이용하여 키워드만 바꿔서 다양한 주제의 답변을 만들어보는 연습을 해보세요.

1 사무실 묘사

[저희 사무실은] has been remodeled recently and it is nice. [벽은 밝은 파란색] and the floors are [회색]. [사무실 코너에는] are a photocopier, printer, and a fax machine. In our office, [사무 공간 건너편에는 회의실이 있습니다]. On the opposite side, [상품 전시실(쇼룸)이 있습니다]. We have central heating, but the office doesn't have air conditioning, so it is very hot in summer. Overall, [잘 정리되어 있습니다].

2 집안 묘사

[저희 집은] has been remodeled recently and it is nice and well organized. It has an open living room. [거실에는], the walls are [베이지색] and [바닥에는 하얀색 타일이 깔려 있습니다]. In the corner [큰 TV 세트가 놓여 있습니다]. There [거실 건너편에는 부엌과 세탁실이 있습니다]. Opposite the kitchen, there is [화장실]. We don't have air conditioning, so it is very hot in summer. Overall, it is very nice and cozy.

3 강의실 묘사

제가 수업을 받는 대부분의 강의실은 have been remodeled recently and it is nice and well organized. 벽은 밝은 파란색 and the floors are 하얀색 사각형 대리석 타일이 깔린. In the corner of the classroom 앰프 시스템이 있습니다. On the opposite side, there is a door. Our classrooms 인터넷 설비가 있습니다. We have central heating, but the classroom doesn't have air conditioning, so it is very hot in summer. Overall, it is very nice and cozy.

4 헬스클럽 묘사

제가 다니는 헬스클럽은 has been remodeled recently and it is nice and well organized. 벽은 밝은 노란색 and the floors are gray. 헬스클럽의 코너에는 is an amplifier system. On the opposite side, ~가 있다/ 큰 거울과 자전거 여러 대, rowing machines, and treadmills. In the club, 우리가 휴식을 취할 수 있는 라운지가 있습니다. And they have central heating and air conditioning. Overall, it is very nice and cozy.

스피킹 피드백 ▶▶

1 사무실 묘사　　　🎧 03-04

My office has been remodeled recently and it is nice. The walls are light blue and the floors are gray. In the corner of the office are a photocopier, printer, and a fax machine. In our office, there is a conference room across from the office space. On the opposite side, there is a showroom. We have central heating, but the office doesn't have air conditioning, so it is very hot in summer. Overall, it is well organized.

저희 사무실은 최근에 리모델링되어서 멋집니다. 벽은 밝은 파란색이고 바닥은 회색입니다. 사무실의 구석에는 복사기, 프린터, 팩스기기가 있습니다. 사무실에서 사무 공간 건너편에는 회의실이 있습니다. 반대편에는 쇼룸이 있습니다. 우리는 중앙 난방이지만 사무실에 에어컨이 없어서 여름에는 매우 덥습니다. 전체적으로 매우 멋지고 아늑합니다.

2 집안 묘사　　　🎧 03-05

My house has been remodeled recently and it is nice and well organized. It has an open living room. In the living room, the walls are beige and the floors are white tiled. In the corner sits a big TV set. There is a kitchen and laundry area across from the living room. Opposite the kitchen, there is a bathroom. We don't have air conditioning, so it is very hot in summer. Overall, it is very nice and cozy.

저희 집은 최근에 리모델링되어서 멋지고 잘 정리되어 있습니다. 탁 트인 거실이 있습니다. 거실에는 벽은 베이지색이고 바닥은 하얀색 타일이 깔려 있습니다. 구석에는 큰 TV 세트가 놓여 있습니다. 거실 건너편에는 주방과 세탁실이 있습니다. 주방 반대쪽에는 화장실이 있습니다. 집에 에어컨이 없어서 여름에는 매우 덥습니다. 전체적으로 매우 멋지고 아늑합니다.

3 강의실 묘사　　　🎧 03-06

Most of the classrooms where I take lessons have been remodeled recently and it is nice and well organized. The walls are light blue and the floors are tiled in squares of white marble. In the corner of the classroom is an amplifier system. On the opposite side, there is a door. Our classrooms have Internet access. We have central heating, but the classroom doesn't have air conditioning, so it is very hot in summer. Overall, it is very nice and cozy.

제가 수업을 받는 대부분의 강의실은 최근에 리모델링되어서 멋지고 잘 정리되어 있습니다. 벽은 밝은 파란색이고 바닥에는 하얀색 사각형 대리석 타일이 깔려 있습니다. 강의실의 구석에 앰프 시스템이 있습니다. 반대편에는 문이 있습니다. 우리 강의실에는 인터넷 설비가 있습니다. 중앙 난방이지만 강의실에 에어콘이 없어서 여름에는 매우 덥습니다. 전체적으로 매우 멋지고 아늑합니다.

4 헬스클럽 묘사　　　🎧 03-07

The health club where I go has been remodeled recently and it is nice and well organized. The walls are light yellow and the floors are gray. In the corner of the health club is an amplifier system. On the opposite side, there is a huge mirror, several bikes, rowing machines, and treadmills. In the club, there is a lounge where we can take a rest. And they have central heating and air conditioning. Overall, it is very nice and cozy.

제가 다니는 헬스클럽은 최근에 리모델링되어서 멋지고 잘 정리되어 있습니다. 벽은 밝은 노란색이고 바닥은 회색입니다. 헬스클럽의 구석에는 엠프 시스템이 있습니다. 반대편에는 큰 거울과 자전거 여러 대, 노젓기 기계, 러닝머신이 있습니다. 헬스클럽에는 우리가 휴식을 취할 수 있는 라운지가 있습니다. 그리고 중앙 난방과 에어컨이 있습니다. 전체적으로 매우 멋지고 아늑합니다.

04 비교/대조

우선순위 필수 문장 연습!

대상 비교

OPIc에서는 두 가지 서로 다른 대상을 선정해서 비교/대조하는 문제도 나옵니다. 난이도 있는 문제이지만 많이 나오는 주제에 대해 6가지 기본 문장을 익혀서 활용하면 어렵지 않습니다.

우선순위 6 문장

Q Shadowing → Echoing → Switching

🎧 04-01

문장을 단계에 맞춰 따라 말하기 연습을 하고, 우리말을 영어로 바꿔 말해보세요.

대상 제가 비교하고 싶은 공원은 덕수궁과 한강 공원입니다.	**The two different parks I'd like to compare are Doeksugung Palace and Han River Park.**
제가 비교하고 싶은 장소는 도시와 시골입니다.	The two different places I'd like to compare are the city and the country.
선호 두 개를 비교하면 한강보다 덕수궁이 훨씬 더 좋습니다.	**When I compare the two, Doeksugung Palace is much better than Han River Park.**
두 개를 비교하면 도시보다 시골이 훨씬 더 좋습니다.	When I compare the two, the country is much better than the city.
특징 덕수궁은 도시 중심에 있지만 한강공원은 강가를 따라 있습니다.	**Doeksugung Palace is in the heart of the city; on the other hand, Han River Park is along the river.**
시골의 사람들은 친근한 반면에 도시의 사람들은 그렇지 않습니다.	The people in the country are friendly; on the other hand, people in the city are not.
단점 덕수궁은 조용하지만 한강 공원은 그렇게 조용하지 않습니다.	**Doeksugung Palace is quiet, but Han River Park is not as quiet.**
시골의 공기는 깨끗하지만 도시의 공기는 그렇게 깨끗하지 않습니다.	The air is clean in the country, but the air in the city is not as clean.
대조 1 덕수궁은 전통적인 반면에 한강 공원은 현대적입니다.	**Doeksugung Palace is traditional, while Han River Park is modern.**
도시에는 교통 혼잡이 크지만 시골은 차가 적습니다.	In the city there are big traffic jams, while in the country there are fewer cars.
대조 2 덕수궁은 한적한데, 반대로 한강 공원은 자주 붐빕니다.	**Doeksugung Palace is peaceful; on the contrary, the Han River Park is often crowded.**
도시에서는 스트레스를 받는데, 반대로 시골에서는 긴장을 풀 수 있습니다.	The city is stressful; on the contrary, in the country you can relax.

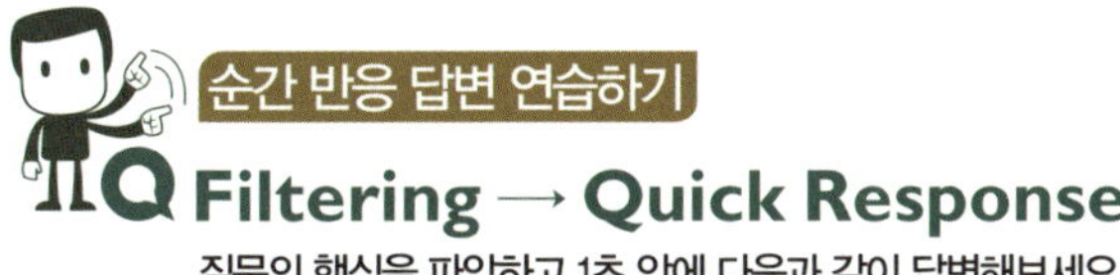

Q Filtering → Quick Response

🎧 04-02

질문의 핵심을 파악하고 1초 안에 다음과 같이 답변해보세요.

1 Think of two parks you have been to and compare them. What are the differences?

답변 1 제가 비교하고 싶은 공원은 덕수궁과 한강 공원입니다.

답변 2 두 개를 비교하면 한강보다 덕수궁이 훨씬 더 좋습니다.

답변 3 덕수궁은 도시 중심에 있지만 한강공원은 강가를 따라 있습니다.

2 Compare the city and the country. What are the differences?

답변 1 제가 비교하고 싶은 장소는 도시와 시골입니다.

답변 2 두 개를 비교하면 도시보다 시골이 훨씬 더 좋습니다.

답변 3 시골의 사람들은 친근한 반면에 도시의 사람들은 그렇지 않습니다.

3 Think of two websites you use and compare them. What are the differences?

답변 1 YTT.com은 배경이 움직이지만 Hansk.com은 깨끗하고 흰색 배경입니다.

답변 2 제가 비교하고 싶은 웹사이트는 YTT.com과 Hansk.com입니다.

답변 3 두 개를 비교하면 Hansk.com보다 YTT.com이 훨씬 더 좋습니다.

Answer **3-1** YTT.com has animated backgrounds, while Hansk.com has a clear, white background.

3-2 The two different websites I'd like to compare are YTT.com and Hansk.com.

3-3 When I compare the two, YTT.com is much better than Hansk.com.

대상 비교 답변

ⓔ *Speaking Prompt* 우리말 스토리 익히기
위에서 익힌 답변을 우리말 이야기로 정리해 익혀두세요. 말할 거리가 먼저 머리속에 정리되어 있어야 영어 표현도 떠오릅니다.

두 공원 비교/대조

제가 비교하고 싶은 다른 두 공원들은 덕수궁과 한강 공원입니다. 두 개를 비교하면 한강 공원보다 덕수궁이 훨씬 더 좋습니다. 덕수궁은 도시의 중심에 있는 반면에 한강 공원은 강가를 따라 있습니다. 덕수궁은 조용하지만 한강 공원은 그렇게 조용하지 않습니다. 덕수궁은 전통적인 반면에 한강 공원은 현대적입니다. 덕수궁은 한적한데, 반대로 한강 공원은 자주 붐빕니다.

ⓔ *Speaking Prompt* 스토리 영어로 바꿔 말하기   🎧 04-03
위의 내용을 영어로 바꿔 답변을 완성하면 다음과 같습니다. 다음 과정인 답변 말하기에서 활용할 수 있도록 잘 익혀두세요.

두 공원 비교/대조

The two different parks I'd like to compare are Doeksugung Palace and Han River Park. When I compare the two, Doedsugung Palace is much better than Han River Park. Doeksugung Palace is in the heart of the city; on the other hand, Han River Park is along the river. Doeksugung Palace is quiet, but Han River park is not as quiet. Doeksugung Palace is traditional, while Han River Park is modern. Doeksugung Palace is peaceful; on the contrary, Han River Park is often crowded.

앞에서 익힌 문장을 이용하여 키워드만 바꿔서 다양한 주제의 답변을 만들어보는 연습을 해보세요.

1 두 공원 비교/대조

제가 비교하고 싶은 다른 두 공원들은 are Doeksugung Palace and Han River Park. When I compare the two, Doeksugung Palace is much better than Han River Park. Doeksugung Palace is 빌딩들 사이에 있습니다 on the other hand, Han River Park is along the river. Doeksugung Palace is quiet, but 한강 공원은 그렇게 조용하지 않습니다. You can tour the palace in Doeksugung, while you 자전거를 탈 수 있습니다 at Han River Park. Doeksugung Palace is peaceful; 반대로 한강 공원은 붐빕니다.

2 도시와 시골 비교/대조

제가 비교하고 싶은 다른 두 장소들은 are the city and the country. When I compare the two, 도시보다 시골이 훨씬 더 좋습니다. The people in the country are friendly; 반면에 도시의 사람들은 그렇지 않습니다. The air is clean in the country, but the air in the city is not as clean. In the city there are big traffic jams, 반면에 시골은 차가 적습니다. The city is stressful; 반대로 시골에서는 긴장을 풀 수 있습니다.

능숙하게 답변을 잘 하셨나요? 이번에는 음원을 들으면서 답변을 확인해보세요.　04-04 ~ 04-06

1 두 공원 비교/대조

The two different parks I'd like to compare are Doeksugung Palace and Han River Park. When I compare the two, Doedsugung Palace is much better than Han River Park. Doeksugung Palace is between buildings; on the other hand, Han River Park is along the river. Doeksugung Palace is quiet, but Han River park is not as quiet. You can tour the palace in Doeksugung, while you can ride a bike at Han River Park. Doeksugung Palace is peaceful; on the contrary, Han River Park is often crowded.

제가 비교하고 싶은 다른 두 공원들은 덕수궁과 한강 공원입니다. 두 개를 비교하면 한강 공원보다 덕수궁이 훨씬 더 좋습니다. 덕수궁은 빌딩 사이에 있는 반면에 한강 공원은 강가를 따라 있습니다. 덕수궁은 조용하지만 한강 공원은 그렇게 조용하지 않습니다. 덕수궁에서는 궁을 둘러볼 수 있지만 한강 공원에서는 자전거를 탈 수 있습니다. 덕수궁은 한적한데, 반대로 한강 공원은 자주 붐빕니다.

2 도시와 시골 비교/대조

The two different places I'd like to compare are the city and the country. When I compare the two, the country is much better than the city. The people in the country are friendly; on the other hand, people in the city are not. The air is clean in the country, but the air in the city is not as clean. In the city there are big traffic jams, while in the country there are fewer cars. The city is stressful; on the contrary, in the country you can relax.

제가 비교하고 싶은 다른 두 장소들은 도시와 시골입니다. 두 곳을 비교하면 도시보다 시골이 훨씬 더 좋습니다. 시골의 사람들은 친근한 반면에 도시의 사람들은 그렇지 않습니다. 시골의 공기는 깨끗하지만 도시의 공기는 그렇게 깨끗하지 않습니다. 도시에는 교통 혼잡이 크지만 시골은 차가 적습니다. 도시에서는 스트레스를 받는데, 반대로 시골에서는 긴장을 풀 수 있습니다.

3 두 개의 웹사이트 비교/대조
04-06

The two different websites I'd like to compare are YTT.com and Hansk.com. When I compare the two, YTT.com is much better than Hansk.com. YTT.com features a "my comment" page; on the other hand, Hansk.com features a "guest book". YTT.com is convenient, but Hansk.com is not as convenient. YTT.com looked old-fashioned; on the contrary, Hansk.com is better designed.

제가 비교하고 싶은 다른 두 웹사이트들은 YTT.com과 Hansk.com입니다. 두 개를 비교하면 Hansk.com보다 YTT.com이 훨씬 더 좋습니다. YTT.com은 '나의 한 마디'가 특징인 반면에 Hansk.com은 '게스트북'이 특징입니다. YTT.com은 편리하지만 Hansk.com은 그렇게 편리하지 않습니다. YTT.com은 구식으로 보이는데, 반대로 Hansk.com은 디자인이 더 잘 되어 있습니다.

과거와 현재

OPIc에 나오는 비교/대조 문제 중에 과거와 현재를 비교하는 문제가 있습니다. 출제 빈도가 비교적 높은 친구와 가전제품에 대해 묘사하는 6가지 기본 문장을 익혀봅시다.

우선순위 6 문장

Q Shadowing → Echoing → Switching　　🎧 05-01

문장을 단계에 맞춰 따라 말하기 연습을 하고, 우리말을 영어로 바꿔 말해보세요.

대상 어렸을 때의 학우와 지금의 학우는 매우 다릅니다.	**The classmates I had when I was a child and the classmates I have today are very different.**
어렸을 때 가지고 있던 전자제품과 지금 가지고 있는 전자제품은 매우 다릅니다.	The appliances I had when I was a child and the appliances I have today are very different.
비교 1 제가 어렸을 때는 모두 공부를 열심히 했습니다.	**When I was a child, everybody studied hard.**
제가 어렸을 때는 전자제품들이 컸습니다.	When I was a child, some appliances used to be big.
과거 그때는 잘 해야 한다는 압박이 컸던 것이 기억납니다.	**I remember there was a lot of pressure to do well.**
TV와 전화조차도 크고 두꺼웠다는 것이 기억납니다.	I remember TVs and even telephones were big and thick.
변화 지금은 대학생이고 우리는 공부에 대해 그렇게 걱정하지 않습니다.	**Now we're in college, and we are not concerned with studying so much.**
지금은 노트북과 스마트폰이 더 작아졌습니다.	Now laptops and smartphones have become smaller.
현재 데이트하고 좋은 시간을 보내는 데 관심을 가지게 되었습니다.	**We became interested in dating and having a good time.**
어떤 전자제품들은 무선입니다.	Some appliances became wireless.
비교 2 저의 유년 시절은 힘들었지만 대학 시절은 쉽습니다.	**My early years were rough, but my college years are easy.**
초기에 전자제품은 단순하기만 했지만 지금은 더 멋있습니다.	In earlier years, the appliances were just simple, but they look nicer now.

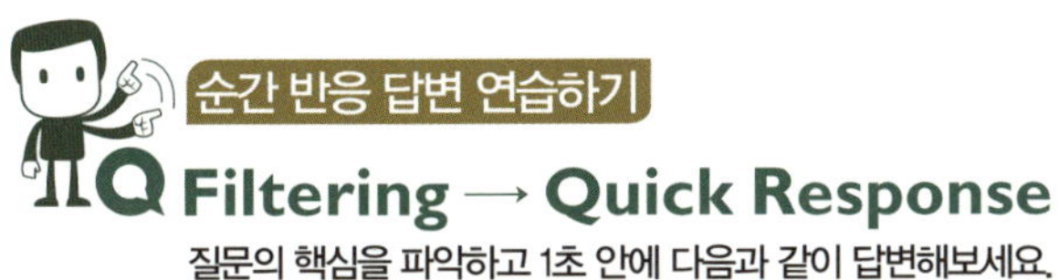

Q Filtering → Quick Response

🎧 05-02

질문의 핵심을 파악하고 1초 안에 다음과 같이 답변해보세요.

1 What are the differences between your current classmates and the classmates you met when you were a child?

답변 1 어렸을 때의 학우와 지금의 학우는 매우 다릅니다.

답변 2 제가 어렸을 때는 모두 공부를 열심히 했습니다.

답변 3 지금은 대학생이고 우리는 공부에 대해 그렇게 걱정하지 않습니다.

답변 4 데이트하고 좋은 시간을 보내는 데 관심을 가지게 되었습니다.

2 What are the differences between the electric home appliances you had when you were a child and the electric home appliances you have now?

답변 1 어렸을 때 가지고 있던 전자제품과 지금 가지고 있는 전자제품은 매우 다릅니다.

답변 2 제가 어렸을 때는 가전제품들이 컸습니다.

답변 3 지금은 노트북과 스마트폰이 작아졌습니다.

답변 4 초기에 전자제품은 단순하기만 했지만 지금은 더 멋있습니다.

답변 5 어떤 전자제품들은 무선입니다.

ⓔ *Speaking Prompt* 우리말 스토리 익히기
위에서 익힌 답변을 우리말 이야기로 정리해 익혀두세요. 말할 거리가 먼저 머리속에 정리되어 있어야 영어 표현도 떠오릅니다.

> **가전제품의 변화**
>
> 어렸을 때 가지고 있던 전자제품과 지금 가지고 있는 전자제품은 매우 다릅니다. 제가 어렸을 때는 가전제품들이 컸습니다. TV와 전화조차도 크고 두꺼웠다는 것이 기억납니다. 지금은 노트북과 스마트폰이 더 작아졌습니다. 어떤 전자제품들은 무선입니다. 초기에 전제제품은 단순하기만 했지만 지금은 더 멋있습니다.

ⓔ *Speaking Prompt* 스토리 영어로 바꿔 말하기　🎧 05-03
위의 내용을 영어로 바꿔 답변을 완성하면 다음과 같습니다. 다음 과정인 답변 말하기에서 활용할 수 있도록 잘 익혀두세요.

> **가전제품의 변화**
>
> The appliances I had when I was a child and the appliances I have today are very different. When I was a child, some appliances used to be big. I remember TVs and even telephones were big and thick. Now laptops and smartphones have become smaller. Some appliances became wireless. In earlier years, the appliances were just simple, but they look nicer now.

ⓔ *Sentence Building*

앞에서 익힌 문장을 이용하여 키워드만 바꿔서 다양한 주제의 답변을 만들어보는 연습을 해보세요.

1 가전제품의 변화

어렸을 때 가지고 있던 전자제품 and the appliances I have today are very different. When I was a child, 가전제품들이 단순하고 컸습니다. I remember TVs and even telephones were big and thick. Now TV와 스마트폰이 더 얇아지고 더 똑똑해졌습니다. Some appliances became smaller and wireless. 초기에 전제제품은 단순하기만 했지만, but they look nicer now.

2 학우의 변화

어렸을 때의 학우들과 and the classmates I have today are very different. When I was a child, 모두들 공부를 열심히 했습니다. I remember 잘 해야 한다는 압박이 컸었습니다. Now we're in college, and 우리는 공부에 대해 그렇게 걱정하지 않습니다. 우리는 데이트하는 데 관심을 가지게 되었습니다 and having a good time. 저의 어린 시절은 힘들었지만, but my college years are easy now.

어렸을 때 살았던 동네 and the neighborhood I live today are

very different. When I was a child, 저희 마을은 작은 시골 같았습니다.

I remember there was only one hospital and theater in the town.

Now I live in a big city, and 건물과 사람들이 많습니다 in this city.

There are also many convinience stores, shopping malls and

restaurants.

능숙하게 답변을 잘 하셨나요? 이번에는 음원을 들으면서 답변을 확인해보세요.　　05-04 ~ 05-06

1 가전제품의 변화　🎧 05-04

The appliances I had when I was a child and the appliances I have today are very different. When I was a child, some appliances used to be simple and big. I remember TVs and even telephones were big and thick. Now TVs and smartphones have become thiner and smarter. Some appliances became smaller and wireless. In earlier years, the appliances were just simple, but they look nicer now.

어렸을 때 가지고 있던 전자제품과 지금 가지고 있는 전자제품은 매우 다릅니다. 제가 어렸을 때는 가전제품들이 단순하고 컸습니다. TV와 전화조차도 크고 두꺼웠다는 것이 기억납니다. 지금은 TV와 스마트폰이 더 얇아지고 똑똑해졌습니다. 어떤 전자제품들은 소형화되고 무선입니다. 초기에 전제제품은 단순하기만 했지만 지금은 더 멋있습니다.

2 학우의 변화　🎧 05-05

The classmates I had when I was a child and the classmates I have today are very different. When I was a child, everybody studied hard. I remember there was a lot of pressure to do well. Now we're in college, and we are not concerned with studying so much. We became interested in dating and having a good time. My early years were rough, but my college years are easy now.

어렸을 때의 학우들과 지금의 학우들은 매우 다릅니다. 제가 어렸을 때는 모두들 공부를 열심히 했습니다. 그때는 잘 해야 한다는 압박이 컸던 것이 기억납니다. 지금은 대학생이고 우리는 공부에 대해 그렇게 걱정하지 않습니다. 우리는 데이트하고 좋은 시간을 보내는 데 관심을 가지게 되었습니다. 저의 어린 시절은 힘들었지만 대학 시절은 쉽습니다.

3 사는 곳의 변화　🎧 05-06

The neighborhood I lived in when I was a child and the neighborhood I live in today are very different. When I was a child, my town was small like a country. I remember there was only one hospital and theater in the town. Now I live in a big city, and there are many buildings and people in this city. There are also many convinience stores, shopping malls and restaurants.

어렸을 때 살았던 동네와 지금 살고 있는 동네는 매우 다릅니다. 제가 어렸을 때 저희 마을은 작은 시골 같았습니다. 마을에 병원과 극장이 딱 하나 있었던 것이 기억납니다. 지금 저는 대도시에 사는데 이 도시에는 건물과 사람들이 많습니다. 또한 편의점, 쇼핑몰, 식당이 많이 있습니다.

스포츠

행위 묘사

스포츠 관련 문제에서 단순 묘사 문제가 나오면 6하 원칙에 기준해서 행위를 묘사할 수 있습니다. 스포츠 관련 6가지 기본 문장을 익혀봅시다.

Q Shadowing → Echoing → Switching

🎧 06-01

문장을 단계에 맞춰 따라 말하기 연습을 하고, 우리말을 영어로 바꿔 말해보세요.

when 저는 골프 치는 것을 좋아하고 거의 매일 골프를 칩니다.	**I like to play golf and I play golf almost every day.**
저는 주말에 야구하는 것을 좋아합니다. 저는 저녁에 자전거를 타러 가는 것이 좋습니다.	I like to play baseball on the weekends. I like to go ride a bike at night.
where 퇴근 후에 저희 사무실 근처 골프장에서 골프를 칩니다.	**I play at a golf cafe near my office after work.**
집에서 가까운 운동장에서 경기를 많이 합니다. 집 주변에 있는 자전거 길에서 자전거를 탑니다.	We play a lot of games in the field close to my house. I ride my bicycle on the bike path near my home.
who 보통은 회사 동료들과 함께 그곳에 갑니다.	**I usually go there with my co-workers.**
어떤 팀에 속해 있는데 회원들과 경기를 합니다. 저는 보통 여자친구와 갑니다.	I belong to a league, and usually play with the members. I usually go there with my girlfriend.
what 한 시간 정도 연습합니다.	**I practice about an hour.**
저는 우/좌익수로 뜁니다. 10분간 스트레칭을 하고 워밍업을 합니다.	I play right/left field. I do 10 minutes of stretching and warm ups.
how 같이 게임을 하고 재미로 돈이나 음식을 겁니다.	**We play a game together and bet some money or food just for fun.**
저희는 이 도시에 있는 다른 팀들과 경기를 합니다.	We play games with different teams around the city.
why 그것은 스트레스를 푸는 데 도움이 됩니다.	**It helps me to relieve my stress.**
그것은 근육을 키우는 데 도움이 됩니다. 그것은 건강을 유지하는 데 도움이 됩니다. 자전거는 저희 둘에게 좋은 운동입니다.	It helps me to strengthen my muscles. It helps me to stay healthy. It is good exercise for both of us.

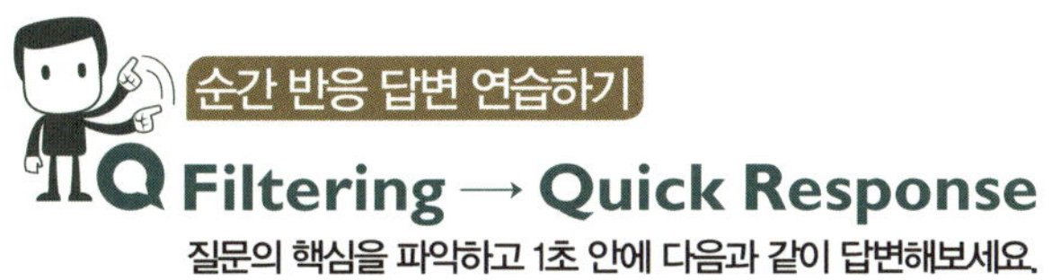

Q Filtering → Quick Response

🎧 06-02

질문의 핵심을 파악하고 1초 안에 다음과 같이 답변해보세요.

1 Where do you usually ride your bicycle? How often do you ride a bike?

답변 1   저는 집 주변에 있는 자전거 길에서 자전거를 탑니다.

답변 2   저는 거의 매일 자전거를 타러 갑니다.

2 When do you usually ride your bicycle and whom do you ride with?

답변 1   저는 저녁에 자전거를 타러 가는 것이 좋습니다.

답변 2   저는 보통 여자친구와 갑니다.

3 When and where do you usually play golf?

답변 1   퇴근 후에 저희 사무실 근처 골프장에서 골프를 칩니다.

답변 2   저는 골프 치는 것을 좋아하고 거의 매일 골프를 칩니다.

4 Why do you like to do it?

답변 1   그것은 스트레스를 푸는 데 도움이 됩니다.

답변 2   그것은 건강을 유지하는 데 도움이 됩니다.

5 When and where do you usually play baseball?

답변 1   저는 주말에 친구들과 야구하는 것을 좋아합니다.

답변 2   주말에 집에서 가까운 운동장에서 경기를 많이 합니다.

Answer   **1-2** I go to ride a bike almost every day.   **5-1** I like to play baseball on the weekends with my friends.

행위 묘사 답변

🄔 *Speaking Prompt* 우리말 스토리 익히기
위에서 익힌 답변을 우리말 이야기로 정리해 익혀두세요. 말할 거리가 먼저 머리속에 정리되어 있어야 영어 표현도 떠오릅니다.

야구

저는 야구를 하는 것을 정말 좋아하며 친구들과 주말에 경기를 합니다. 우리는 집에서 가까운 운동장에서 많은 경기를 합니다. 저는 어떤 리그에 속해 있는데 보통 회원들과 경기를 합니다. 저는 우익수로 뜁니다. 저희는 이 도시에 있는 다른 팀들과 경기를 합니다. 그것은 스트레스를 푸는 데 도움이 됩니다.

🄔 *Speaking Prompt* 스토리 영어로 바꿔 말하기　　🎧 06-03
위의 내용을 영어로 바꿔 답변을 완성하면 다음과 같습니다. 다음 과정인 답변 말하기에서 활용할 수 있도록 잘 익혀두세요.

야구

I really like to play baseball and I play on the weekends with my friends. We play a lot of games in the field close to my house. I belong to a league, and usually play with the members. I play right field. We play games with different teams around the city. It helps me to relieve my stress.

---

1 농구

I really like ________ 농구를 하는 것을 and I play ________ 주말에 친구들과.
We play ________ 고등학교에 있는 코트에서 많은 경기를.
I belong to a league, and usually play ________ 회원들과.
Sometimes, we organize the game, book the field, and play games ________ 이 도시에 있는 다른 팀들과. It is very competitive, but it helps me to relieve my stress.

2 축구

I really like ________ 축구를 하는 것을 and I play ________ 주말에 친구들과.
We play a lot of games ________ 집에서 가까운 운동장에서. I belong to a league, and usually play with the members. We play ________ 약 두 시간 동안.
We also play games ________ 이 도시에 있는 다른 팀들과. It helps me to relieve my stress.

3 골프

I really like   골프 치는 것을 and I play
          거의 매일. I play   퇴근 후에 저희 사무실 근처 골프장에서.
I usually go there   회사 동료들과. When I go by
myself, I practice about an hour. We play a game together and
          재미로 돈이나 음식 내기를 합니다. It helps me to relieve my stress.

4 자전거

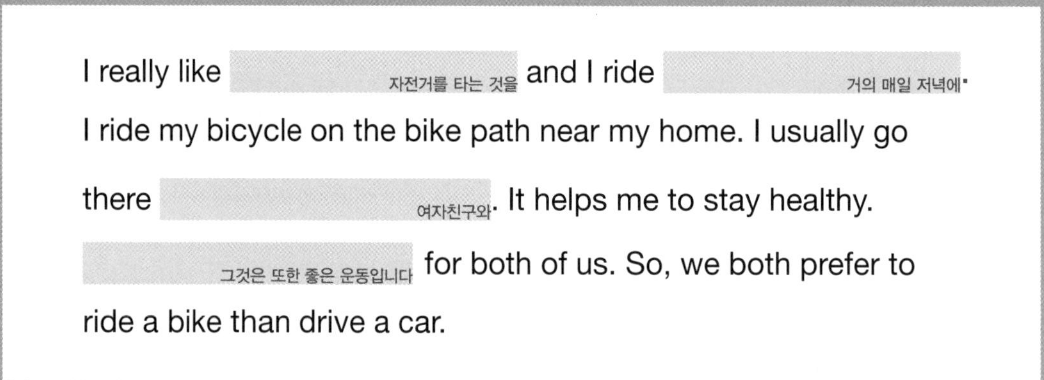

I really like   자전거를 타는 것을 and I ride   거의 매일 저녁에.
I ride my bicycle on the bike path near my home. I usually go
there   여자친구와. It helps me to stay healthy.
          그것은 또한 좋은 운동입니다 for both of us. So, we both prefer to
ride a bike than drive a car.

능숙하게 답변을 잘 하셨나요? 이번에는 음원을 들으면서 답변을 확인해보세요.   06-04 ~ 06-07

1 농구

🎧 06-04

I really like to play basketball and I play on the weekends with my friends. We play a lot of games at the court in the high school. I belong to a league, and usually play with the members. Sometimes, we organize the game, book the field, and play games with different teams around the city. It is very competitive, but it helps me to relieve my stress.

저는 농구를 하는 것을 정말 좋아하며 친구들과 주말에 경기를 합니다. 고등학교에 있는 코트에서 경기를 많이 합니다. 어떤 리그에 속해 있는데 보통 회원들과 경기를 합니다. 때때로 우리는 경기를 주선하고 경기장을 예약해서 도시에 있는 다른 팀들과 경기를 합니다. 경쟁이 매우 치열하지만 그것은 스트레스를 푸는 데 도움이 됩니다.

2 축구

🎧 06-05

I really like to play soccer and I play on the weekends with my friends. We play a lot of games in the field close to my house. I belong to a league, and usually play with the members. We play for about two hours. We also play games with different teams around the city. It helps me to relieve my stress.

저는 축구를 하는 것을 정말 좋아하며 친구들과 주말에 경기를 합니다. 집에서 가까운 운동장에서 경기를 많이 합니다. 어떤 리그에 속해 있는데 보통 회원들과 경기를 합니다. 우리는 두 시간 정도 합니다. 저희는 이 도시에 있는 다른 팀들과도 경기를 합니다. 그것은 스트레스를 푸는 데 도움이 됩니다.

3 골프

🎧 06-06

I really like to play golf and I play almost every day. I play at a golf cafe near my office after work. I usually go there with my co-workers. When I go by myself, I practice about an hour. We play a game together and bet some money or food just for fun. It helps me to relieve my stress.

저는 골프 치는 것을 정말 좋아하고 거의 매일 골프를 칩니다. 퇴근 후에 저희 사무실 근처 골프장에서 골프를 칩니다. 보통은 회사 동료들과 함께 그곳에 갑니다. 저는 혼자 가면, 한 시간 정도 연습합니다. 같이 게임을 하고 재미로 돈이나 음식 내기를 합니다. 그것은 스트레스를 푸는 데 도움이 됩니다.

4 자전거

🎧 06-07

I really like to ride a bike and I ride almost every night. I ride my bicycle on the bike path near my home. I usually go there with my girlfriend. It helps me to stay healthy. It is also a good exercise for both of us. So, we both prefer to ride a bike than drive a car.

저는 자전거를 타는 것을 정말 좋아하며 거의 매일 저녁에 탑니다. 저는 저희 집 주변에 있는 자전거 길에서 자전거를 탑니다. 저는 보통 여자친구와 갑니다. 그것은 건강을 유지하는 데 도움이 됩니다. 또한 우리 둘 다에게 좋은 운동입니다. 그래서 우리는 둘 다 운전하는 것보다 자전거 타는 것을 선호합니다.

경험 묘사 Ⅰ

스포츠의 과거 경험을 묻는 문제 중에서도 운동을 시작하게 된 계기를 묻는 문제는 6하 원칙에 기준해서 기본 행위를 묘사할 수 있습니다. 스포츠 과거 경험 관련 6가지 기본 문장을 익혀봅시다.

우선순위 6 문장

Q Shadowing → Echoing → Switching   🎧 07-01

문장을 단계에 맞춰 따라 말하기 연습을 하고, 우리말을 영어로 바꿔 말해보세요.

when 저는 2년 전에 조깅을 시작했습니다.	**I started jogging two years ago.**
저는 2년 전에 수영을 시작했습니다.	I started swimming two years ago.
저는 대학에 다닐 때 체육관에 다니기 시작했습니다.	I started going to the gym when I was in university.
where 저는 지역 대중 공원에서 조깅하는 것을 좋아했습니다.	**I liked to jog in the local public park.**
저는 헬스클럽에서 수영 수업을 듣는 것을 좋아했습니다.	I liked to take swimming classes at the fitness club.
저는 시내 헬스클럽에 다니는 것을 좋아했습니다.	I liked to go to a health club downtown.
who 저는 보통 친구와 조깅을 하러 갔습니다.	**I usually went jogging with my friend.**
저는 보통 친구와 수영을 하러 갔습니다.	I usually went to swim with my friend.
저는 보통 체육관에서 혼자 운동하는 것을 즐겼습니다.	I usually enjoyed exercising at the gym alone.
what 저는 매일 조깅을 가기로 결정했습니다.	**I decided to go jogging every day.**
저는 매일 수영을 가기로 결정했습니다.	I decided to go swimming every day.
저는 매일 체육관에 가기로 결정했습니다.	I decided to go to the gym every day.
how 저희는 산을 오르기 시작했습니다.	**We started to walk up the mountain.**
저희는 스포츠 스타디움에 가기 시작했습니다.	We started to go to the sports stadium.
저는 20분간 스트레칭을 하기 시작했습니다.	I started to do about 20 minutes of stretching.
러닝머신을 빠른 속도로 뛰기 시작했습니다.	I started to walk on the treadmill at a fast speed.
why 그 당시에 저는 압박을 크게 받고 있었습니다.	**At that time, I was under so much pressure.**
그 당시에 저는 건강이 나빠졌습니다.	At that time, my health went bad.
그 당시에 저는 약간 과체중이었습니다.	At that time, I was a bit overweight.

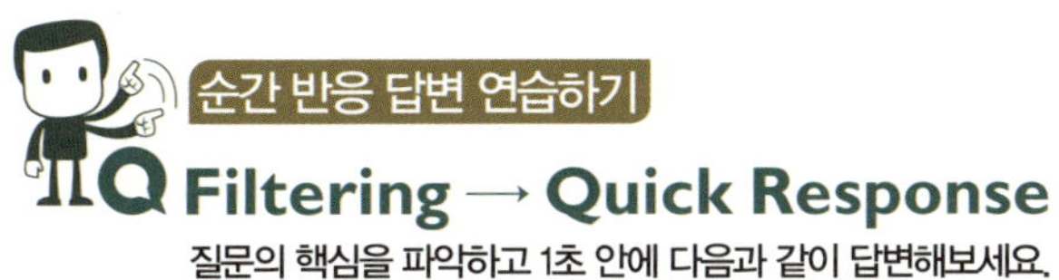

Q Filtering → Quick Response

🎧 07-02

질문의 핵심을 파악하고 1초 안에 다음과 같이 답변해보세요.

1 When did you start swimming?

🔘 답변　저는 2년 전에 수영을 시작했습니다.

2 When was the first time you did jogging?

🔘 답변　저는 2년 전에 조깅을 시작했습니다.

3 Tell me why you decided to start jogging.

🔘 답변　그 당시에 저는 압박을 크게 받고 있었습니다.

4 Who did you exercise at the gym with?

🔘 답변　저는 체육관에서 혼자 운동하는 것을 즐겼습니다.

5 What made you start working out and going to the fitness clubs?

🔘 답변　그 당시에 저는 약간 과체중이었습니다.

6 Did you have any reason for getting interested in jogging?

🔘 답변　그 당시에 저는 건강이 나빠졌습니다.

경험 묘사 답변

ⓔ *Speaking Prompt* 우리말 스토리 익히기

위에서 익힌 답변을 우리말 이야기로 정리해 익혀두세요. 말할 거리가 먼저 머리속에 정리되어 있어야 영어 표현도 떠오릅니다.

운동

저는 2년 전에 규칙적으로 운동을 하기 시작했습니다. 당시에 저는 압박을 많이 받았습니다. 제 건강이 나빠졌죠. 걷기와 조깅은 건강에 좋은 활동이라 저는 조깅을 시작하기로 결정했습니다. 그때 이후로 근처의 공원에 매일 갔습니다. 저는 한강변에서 걷고 조깅하는 것을 정말 좋아했습니다. 저는 조깅을 하면서 완전히 긴장을 풀었습니다. 땀을 흠뻑 흘린 후에는 기분이 상쾌해졌습니다.

ⓔ *Speaking Prompt* 스토리 영어로 바꿔 말하기　　　　🎧 07-03

위의 내용을 영어로 바꿔 답변을 완성하면 다음과 같습니다. 다음 과정인 답변 말하기에서 활용할 수 있도록 잘 익혀두세요.

운동

I started exercising regularly two years ago. At that time I was under so much pressure. My health went bad. Walking and jogging are healthy activities, so I decided to start jogging. Since then, I went to the park nearby every day. I really enjoyed walking and running along the Han River. I was totally relaxed by jogging. After a big sweat, I felt refreshed.

ⓔ *Sentence Building*

앞에서 익힌 문장을 이용하여 키워드만 바꿔서 다양한 주제의 답변을 만들어보는 연습을 해보세요.

1 등산

I started ______ 2년 전에 조깅을. At that time ______ 저는 약간 과체중이었습니다.
I thought I looked so fat. Walking and hiking are healthy
activities, so I decided ______ 시간이 날 때마다 산을 오르기로.
Since then, I went ______ 매일 근처의 산에. I really enjoyed
______ 북한산의 등산로를 오르는 것을. After a big sweat, I felt refreshed.

2 걷기

I started ______ 살을 빼기 위해 2년 전에 걷기를. At that time ______ 약간 과체중이었습니다.
I thought I looked so fat. Walking and jogging are healthy
activities, so I decided ______ 헬스클럽에 등록하기로. Since then,
______ 매일 걸으려고 노력했습니다. I usually ______ 러닝머신에서 한 시간 정도 보냅니다
and really enjoyed working out regularly. After a big sweat, I felt
refreshed.

3 수영

I started swimming ____________ 20살이었을 때. At that time ____________ 저는 건강이 나빠졌죠. Swimming is a healthy activity, so I decided to start ____________ 수영을. Since then, I went ____________ 적어도 한 주에 두 번 스포츠 스타디움에. I really enjoyed ____________ 헬스클럽에서 수영 수업을 받는 것을 with my friend. I made my body and mind feel healthy ____________ 정기적으로 수영을 하면서. After a big sweat, I felt refreshed.

4 헬스

I started ____________ 대학생이었을 때 헬스장에 다니기. At that time I was under so much pressure. Exercising is a healthy activity, so I decided to ____________ 시내에 있는 헬스장에 다니기로. Since then, I went ____________ 매일 헬스장에. I really enjoyed exercising alone or ____________ 스트레칭하는 법을 배우는 것을 and flex my body. ____________ 저는 보통 40분 동안 러닝머신을 걸었습니다 at a fast speed. I was totally relaxed ____________ 헬스장에서 달리고 운동하면서. After a big sweat, I felt refreshed.

1 등산
🎧 07-04

I started jogging two years ago. At that time I was a bit overweight. I thought I looked so fat. Walking and hiking are healthy activities, so I decided to start to walk up the mountain whenever I can. Since then, I went to the mountain nearby every day. I really enjoyed hiking trails on Bukhansan. After a big sweat, I felt refreshed.

저는 2년 전에 조깅을 시작했습니다. 당시에 저는 압박을 많이 받았습니다. 저는 너무 뚱뚱해 보인다고 생각했습니다. 걷기와 등산은 건강에 좋은 활동이라 저는 시간이 날 때마다 산을 오르기로 결정했습니다. 그때 이후로 근처의 산을 매일 갔습니다. 저는 북한산의 등산로를 오르는 것을 정말 좋아했습니다. 땀을 흠뻑 흘린 후에는 기분이 상쾌해졌습니다.

2 걷기
🎧 07-05

I started walking in order to lose weight two years ago. At that time I was a bit overweight. I thought I looked so fat. Walking and jogging are healthy activities, so I decided to join the health club. Since then, I tried to walk every day. I usually spent an hour on a treadmill and really enjoyed working out regularly. After a big sweat, I felt refreshed.

저는 살을 빼기 위해 2년 전에 걷기를 시작했습니다. 당시에 저는 약간 과체중이었습니다. 저는 너무 뚱뚱하다고 생각했습니다. 걷기와 조깅은 건강에 좋은 활동이라 저는 헬스클럽에 등록하기로 결정했습니다. 그때 이후로 매일 걸으려고 노력했습니다. 저는 보통 러닝머신에서 한 시간 정도 보냈는데 정기적으로 운동하는 것을 정말 좋아했습니다. 땀을 흠뻑 흘린 후에는 기분이 상쾌해졌습니다.

3 수영
🎧 07-06

I started swimming when I was twenty. At that time my health went bad. Swimming is a healthy activity, so I decided to start swimming. Since then, I went to the sports stadium at least twice a week. I really enjoyed taking swimming classes at the fitness club with my friend. I made my body and mind feel healthy by swimming regularly. After a big sweat, I felt refreshed.

저는 20살이었을 때 수영을 시작했습니다. 당시에 저는 건강이 나빠졌죠. 수영은 건강에 좋은 활동이라 저는 수영을 시작하기로 결정했습니다. 그때 이후로 적어도 한 주에 두 번 스포츠 스타디움에 갔습니다. 저는 헬스클럽에서 친구들과 수영 수업을 받는 것을 정말 좋아했습니다. 정기적으로 수영을 하면서 몸과 마음이 건강해졌습니다. 땀을 흠뻑 흘린 후에는 기분이 상쾌해졌습니다.

4 헬스
🎧 07-07

I started going to the gym when I was in university. At that time I was under so much pressure. Exercising is a healthy activity, so I decided to go to the gym downtown. Since then, I went to the gym every day. I really enjoyed exercising alone or learning how to stretch and flex my body. I usually spent about 40 minutes on a treadmill walking at a fast speed. I was totally relaxed by running and doing exercising at the gym. After a big sweat, I felt refreshed.

저는 대학생이었을 때 헬스장에 다니기 시작했습니다. 당시에 저는 스트레스가 컸습니다. 운동은 건강에 좋은 활동이라 저는 시내에 있는 헬스장에 다니기로 결정했습니다. 그때 이후로 매일 헬스장에 갔습니다. 저는 혼자 운동하거나 몸을 스트레칭하고 유연하게 하는 법을 배우는 것을 정말 좋아했습니다. 저는 보통 40분 동안 러닝머신을 빠른 속도로 걸었습니다. 헬스장에서 달리고 운동하면서 완전히 긴장을 풀 수 있었습니다. 땀을 흠뻑 흘린 후에는 기분이 상쾌해졌습니다.

경험 묘사 Ⅱ

스포츠의 과거 경험을 묻는 문제 중에서도 운동을 시작하게 된 계기를 묻는 문제는 6하 원칙에 기준해서 기본 행위를 묘사할 수 있습니다. 스포츠 과거 경험 관련 6가지 기본 문장을 익혀봅시다.

우선순위 6 문장

Q Shadowing → Echoing → Switching   🎧 08-01

문장을 단계에 맞춰 따라 말하기 연습을 하고, 우리말을 영어로 바꿔 말해보세요.

when 동아리에 가입하고 축구를 시작했습니다.	**I started playing soccer when I joined the club.**
동아리에 가입하고 농구를 시작했습니다.	I started playing basketball when I joined the club.
대학생이 되고 자전거를 타기 시작했습니다.	I started riding a bike when I was in university.
where 우리는 동네 중학교 운동장/코트에서 경기를 하곤 했습니다.	**We used to play at the field/court of the local middle school.**
우리는 대학교에서 축구/농구를 하곤 했습니다.	We used to play soccer/basketball in college.
저는 시내 헬스클럽에 가곤 했습니다.	I used to go to a health club downtown.
저는 한강을 따라 자전거를 타곤 했습니다.	I used to ride a bike along the Han River.
who 친구들이 축구를 가르쳐 줬습니다.	**My friends taught me how to play soccer.**
팀 코치가 농구를 가르쳐 줬습니다.	The team coach taught me how to play basketball.
저는 혼자 배웠고 혼자 자전거 타는 것을 즐겼습니다.	I learned it by myself and enjoyed riding a bike alone.
what 저는 축구를 하는 것을 정말 좋아했습니다.	**I really liked to play soccer.**
저는 농구를 하는 것을 정말 좋아했습니다.	I really liked to play basketball.
저는 자전거 타는 것을 정말 즐겼습니다.	I really enjoyed riding a bike.
how 휴식이 필요하면 우리는 축구를 했습니다.	**When we needed a break, we played soccer.**
저는 축구/농구를 거의 매일 했습니다.	I played soccer/basketball almost every day.
저는 보통 한 시간 동안 자전거를 탔습니다.	I usually rode a bike for an hour.
저는 보통 20분간 스트레칭을 했습니다.	I usually did about 20 minutes of stretching.
why 몸매를 유지하려고 체육관에 갔습니다.	**I went to the gym to stay fit.**
살을 빼려고 운동을 했습니다.	I did exercise to lose weight.
몸매를 유지하려고 자전거를 타러 갔습니다.	I went riding a bike to stay fit.

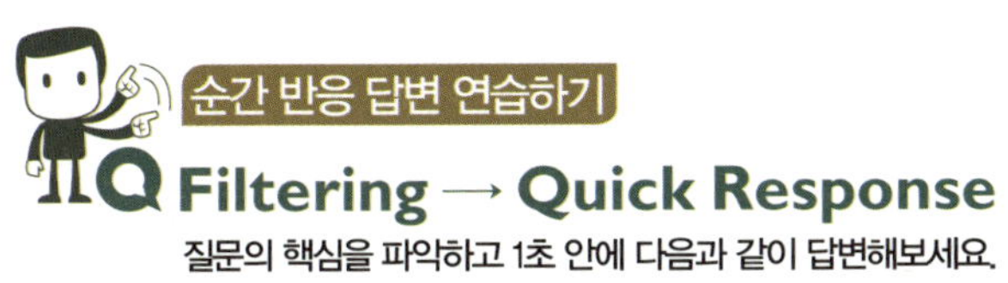

Q Filtering → Quick Response

🎧 08-02

질문의 핵심을 파악하고 1초 안에 다음과 같이 답변해보세요.

1 When or why did you start playing soccer?

▶ 답변 1   동아리에 가입한 이후로 축구를 시작했습니다.

▶ 답변 2   저는 축구를 하는 것을 정말 좋아했습니다.

2 When was the first time you played basketball?

▶ 답변 1   동아리에 가입한 이후로 농구를 시작했습니다.

▶ 답변 2   대학생이 되고 농구를 시작했습니다.

3 Who or what got you interested in exercising?

▶ 답변 1   저는 몸매를 유지하려고 체육관에 갔습니다.

▶ 답변 2   저는 살을 빼려고 운동을 했습니다.

▶ 답변 3   저는 친구를 사귀려고 자전거를 타러 갔습니다.

4 Explain who taught you and how you learned to ride a bike.

▶ 답변 1   아버지께서 자전거 타는 법을 제게 가르쳐주셨습니다.

▶ 답변 2   저는 그것을 혼자서 배웠고 혼자 자전거 타는 것을 즐겼습니다.

Answer **3-3** I went riding a bike to make friends.
4-1 My father taught me how to ride a bike.

경험 묘사 답변

ⓔ *Speaking Prompt* 우리말 스토리 익히기

위에서 익힌 답변을 우리말 이야기로 정리해 익혀두세요. 말할 거리가 먼저 머릿속에 정리되어 있어야 영어 표현도 떠오릅니다.

축구

저는 대학에 들어가고 축구를 시작했습니다. 우리는 대학교에서 축구를 하곤 했습니다. 팀 코치가 축구를 어떻게 하는지 가르쳐주었습니다. 저는 살을 빼려고 축구를 시작했는데 축구가 점점 재미있어졌습니다. 휴식이 필요하면 우리는 축구를 했습니다. 우리는 축구를 거의 매일 했습니다. 우리는 보통 20분간 스트레칭과 워밍업을 하고 두세 시간 정도 경기를 했습니다.

ⓔ *Speaking Prompt* 스토리 영어로 바꿔 말하기　　🎧 08-03

위의 내용을 영어로 바꿔 답변을 완성하면 다음과 같습니다. 다음 과정인 답변 말하기에서 활용할 수 있도록 잘 익혀두세요.

축구

I started playing soccer when I was in university. We used to play soccer in college. The team coach taught me how to play soccer. I started playing soccer in order to lose weight, but I was becoming interested in playing soccer more and more. When we needed a break, we played soccer. We played soccer almost every day. We usually did about 20 minutes of stretching and warming up and played for about 2 to 3 hours.

---

1 축구

I started 동아리에 가입한 이후로 축구를 하기. We used to play soccer in college. 팀 코치가 가르쳐주었습니다 how to play soccer.
I started playing soccer 친구를 사귀기 위해, but I was becoming interested in playing soccer more and more.
우리는 할 수 있을 때마다, we played soccer. We played soccer almost every day. We usually did about 20 minutes of stretching and warming up and 두세 시간 정도 경기를 했습니다.

2 농구

I started 동아리에 가입한 이후로 농구를 시작했습니다. My friends taught me 농구를 어떻게 하는지를. We used to play 동네 중학교 코트에서. I usually played basketball with my friends. I really liked to play basketball. When we needed a break, we played basketball. We usually 20분간 스트레칭을 하고 and 두세 시간 정도 경기를 했습니다.

I started ___대학생이 된 이후로 자전거를 타기___. I used to ___한강을 따라 자전거를 타곤___. I ___혼자 배웠습니다___ and enjoyed riding a bike alone. At first, I usually went riding a bike to stay fit, but I got to really enjoy riding a bike. I usually ___한 시간 동안 자전거를 탔습니다___.

능숙하게 답변을 잘 하셨나요? 이번에는 음원을 들으면서 답변을 확인해보세요.　🎧 08-04 ~ 08-06

1 축구

08-04

I started playing soccer when I joined the club. We used to play soccer in college. The team coach taught me how to play soccer. I started playing soccer in order to make friends, but I was becoming interested in playing soccer more and more. Whenever we can, we played soccer. We played soccer almost every day. We usually did about 20 minutes of stretching and warming up and played for about 2 to 3 hours.	저는 동아리에 가입하고 축구를 시작했습니다. 우리는 대학교에서 축구를 하곤 했습니다. 팀 코치가 축구를 어떻게 하는지 가르쳐주었습니 다. 저는 친구를 사귀려고 축구를 시작했는데 축구가 점점 재미있어졌습니다. 우리는 할 수 있을 때마다 축구를 했습니다. 우리는 축구를 거의 매일 했습니다. 우리는 보통 20분간 스트 레칭과 워밍업을 하고 두세 시간 정도 경기를 했습니다.

2 농구

08-05

I started playing basketball when I joined the club. My friends taught me how to play basketball. We used to play at the court of the local middle school. I usually played basketball with my friends. I really liked to play basketball. When we needed a break, we played basketball. We usually did about 20 minutes of stretching and played for about 2 to 3 hours.	저는 동아리에 가입하고 농구를 시작했습니다. 친구들이 농구를 어떻게 하는지 가르쳐 주었습 니다. 우리는 중학교 코트에서 경기를 하곤 했 습니다. 저는 주로 친구들과 농구를 했습니다. 저는 농구를 하는 것을 정말 좋아했습니다. 휴 식이 필요하면 우리는 농구를 했습니다. 우리 는 보통 20분간 스트레칭을 하고 두세 시간 정 도 경기를 했습니다.

3 자전거

08-06

I started riding a bike when I was in university. I used to ride a bike along the Han River. I learned it by myself and enjoyed riding a bike alone. At first, I usually went riding a bike to stay fit, but I got to really enjoy riding a bike. I usually rode a bike for an hour.	저는 대학생이 되고 자전거를 타기 시작했습니 다. 저는 한강을 따라 자전거를 타곤 했습니다. 저는 혼자 배웠고 혼자 자전거 타는 것을 즐겼 습니다. 처음에는 주로 몸매를 유지하려고 자 전거를 탔지만, 자전거 타는 것을 정말 즐기게 되었습니다. 저는 보통 한 시간 동안 자전거를 탔습니다.

전후 과정
배경 설명

OPIc에서 비교적 쉬운 문제로 '전후'에 하는 일을 묻는 유형이 있습니다. 대표적인 것이 영화를 보기 전후, 클럽에 가기 전후, 조깅을 하기 전후에 무엇을 하는지 어떤 과정을 거치는지를 설명하는 것입니다. 먼저 어떤 행동에 대한 전후 과정인지 배경 설명을 하는 문장을 익혀봅시다.

우선순위 6 문장

Q Shadowing → Echoing → Switching

🎧 09-01

문장을 단계에 맞춰 따라 말하기 연습을 하고, 우리말을 영어로 바꿔 말해보세요.

영화 1 저희는 보통 주말에 액션 영화를 봅니다.	**We usually see an action movie on the weekend.**
저희는 보통 주말에 SF 영화를 봅니다.	We usually see a Si-Fi film on the weekend.
영화 2 저희는 시내에 있는 영화관에 갑니다.	**We go to the movie theater located downtown.**
저희는 강남에 있는 영화관에 갑니다.	We go to the movie theater located in Gangnam.
조깅 1 저는 보통 주말 아침 일찍 조깅을 합니다.	**I usually jog early in the morning on the weekend.**
저는 보통 주말 아침 일찍 조깅하는 것을 즐깁니다.	I usually enjoy jogging early in the morning on the weekend.
조깅 2 저는 보통 집 근처에 있는 공원에 갑니다.	**I usually go to the park located near my house.**
저는 보통 조깅을 하러 캠퍼스에 갑니다.	I usually go to the campus for jogging.
클럽 1 우리는 보통 주말에 클럽에 갑니다.	**We usually go clubbing on the weekend.**
우리는 보통 주말에 라이브 클럽에 갑니다.	We usually go to a live club on the weekend.
클럽 2 저는 보통 홍대에 위치한 클럽에 갑니다.	**I usually go to a club located in Hongdae.**
저는 보통 시내에 있는 클럽에 갑니다.	I usually go to a club downtown.

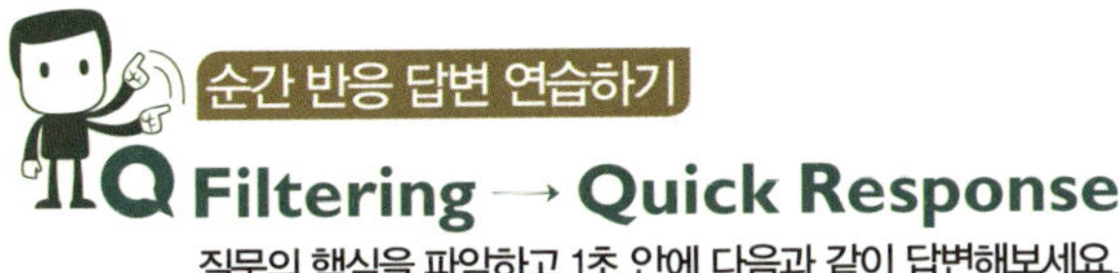

Q Filtering → Quick Response

🎧 09-02

질문의 핵심을 파악하고 1초 안에 다음과 같이 답변해보세요.

1 What do you typically do when going to see a movie?

답변 1 저희는 보통 주말에 액션 영화를 봅니다.

답변 2 저희는 보통 주말에 SF 영화를 봅니다.

답변 3 저희는 시내에 있는 영화관에 갑니다.

답변 4 우리는 강남에 있는 영화관에 갑니다.

2 What do you typically do when going jogging?

답변 1 저는 보통 주말 아침 일찍 조깅을 합니다.

답변 2 저는 보통 주말 아침 일찍 조깅하는 것을 즐깁니다.

답변 3 저는 보통 집 근처에 있는 공원에 갑니다.

답변 4 저는 보통 조깅을 하러 캠퍼스에 갑니다.

3 What do you typically do when going to a club?

답변 1 우리는 보통 주말에 클럽에 갑니다.

답변 2 우리는 보통 주말에 라이브 클럽에 갑니다.

답변 3 저는 보통 홍대에 위치한 클럽에 갑니다.

답변 4 저는 보통 시내에 있는 클럽에 갑니다.

전후 과정
전에 하는 일

OPIc에서 비교적 쉬운 문제로 '전후'에 하는 일을 묻는 유형이 있습니다. 대표적인 것이 영화를 보기 전후, 클럽에 가기 전후, 조깅을 하기 전후에 무엇을 하는지 어떤 과정을 거치는지를 설명하는 것입니다. 이 과정을 설명하는 문장 중에서 특히 특정 행위 전에 하는 일을 설명하는 문장을 익혀봅시다.

우선순위 6 문장

Q Shadowing → Echoing → Switching

🎧 09-03

문장을 단계에 맞춰 따라 말하기 연습을 하고, 우리말을 영어로 바꿔 말해보세요.

영화 1 극장에 가기 전에 저는 함께 갈 사람에게 연락을 합니다.	**Before I go to the theater, I contact the person who I want to go with first.**
극장에 가기 전에 우리는 영화를 정합니다.	Before we go to the theater, we choose a movie first.
영화 2 영화가 시작되기 전에 꼭 화장실에 다녀옵니다.	**Before the movie starts, we make sure to drop by the bathroom.**
영화가 시작되기 전에 꼭 군것질거리를 삽니다.	Before the movie starts, we make sure to buy some snacks.
클럽 1 클럽에 가기 전에 함께 갈 사람에게 연락을 합니다.	**Before I go to a club, I contact the person who I want to go with.**
클럽에 가기 전에 클럽이 어디에 위치해 있는지 찾아봅니다.	Before I go to a club, I look for where the club is located.
클럽 2 집을 나서기 전에 반드시 멋진 옷을 입습니다.	**Before I leave my house, I make sure to dress nicely.**
집을 나서기 전에 물 좋기로 소문이 나 있는 나이트클럽을 찾습니다.	Before I leave my house, we look for a nightclub known to have hot chicks and guys.
조깅 1 조깅을 가기 전에 편안한 옷으로 갈아입습니다.	**Before I go jogging, I change into comfortable clothes.**
조깅을 가기 전에 물과 간식을 챙깁니다.	Before I go jogging, I take water and some snacks.
조깅 2 운동을 시작하기 전에 반드시 10분간 스트레칭을 합니다.	**Before I start exercising, I make sure to do about 10 minutes of stretching.**
운동을 시작하기 전에 반드시 준비 운동을 합니다.	Before I start exercising, I make sure to warm up.

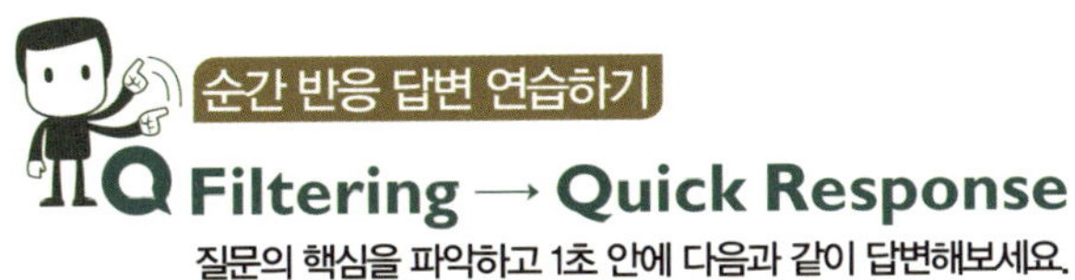

Q Filtering → Quick Response

질문의 핵심을 파악하고 1초 안에 다음과 같이 답변해보세요.

🎧 09-04

1 What do you do before going to a movie?

🔊 **답변 1**   극장에 가기 전에 저는 함께 갈 사람에게 연락을 합니다.

🔊 **답변 2**   극장에 가기 전에 우리는 영화를 정합니다.

🔊 **답변 3**   영화가 시작되기 전에 꼭 화장실에 다녀옵니다.

🔊 **답변 4**   영화가 시작되기 전에 꼭 군것질거리를 삽니다.

2 Discuss what you do before going to a club.

🔊 **답변 1**   클럽에 가기 전에 함께 갈 사람에게 연락을 합니다.

🔊 **답변 2**   클럽에 가기 전에 클럽이 어디에 위치해 있는지 찾아봅니다.

🔊 **답변 3**   클럽에 가기 전에 반드시 멋진 옷을 입습니다.

🔊 **답변 4**   집을 나서기 전에 좋기로 소문이 나 있는 나이트클럽을 찾습니다.

3 Discuss what you do before going jogging.

🔊 **답변 1**   조깅을 가기 전에 편안한 옷으로 갈아입습니다.

🔊 **답변 2**   조깅을 가기 전에 물과 간식을 챙깁니다.

🔊 **답변 3**   운동을 시작하기 전에 반드시 10분간 스트레칭을 합니다.

🔊 **답변 4**   운동을 시작하기 전에 반드시 준비 운동을 합니다.

OPIc에서 비교적 쉬운 문제로 '전후'에 하는 일을 묻는 유형이 있습니다. 대표적인 것이 영화를 보기 전후, 클럽에 가기 전후, 조깅을 하기 전후에 무엇을 하는지 어떤 과정을 거치는지를 설명하는 것입니다. 이 과정을 설명하는 문장 중에서 특히 중간에 하는 일을 설명하는 문장을 익혀봅시다.

우선순위 6 문장

Q Shadowing → Echoing → Switching　　　🎧 09-05

문장을 단계에 맞춰 따라 말하기 연습을 하고, 우리말을 영어로 바꿔 말해보세요.

영화 1	영화가 시작되면 좌석에 앉아서 영화를 감상합니다.	**When the movie starts, we are seated watching the movie.**
	영화가 시작되면 우리는 나란히 앉아서 영화를 봅니다.	When the movie starts, we watch the movie sitting knee to knee.
영화 2	영화가 상영되는 동안 우리는 영화에 집중합니다.	**During the movie, we concentrate on the movie.**
	영화가 상영되는 동안 우리는 간식을 먹으면서 영화를 봅니다.	During the movie, we watch the movie eating some snacks.
클럽 1	클럽에서 우리는 무대에서 춤을 춥니다.	**At the nightclub, we dance on the floor.**
	클럽에서 우리는 춤추고 술을 마십니다.	At the nightclub, we enjoy dancing and drinking.
클럽 2	춤을 추면서 우리는 멋진 남자에게 추파를 던집니다.	**While we are dancing, we are coming on to nice guys.**
	춤을 추면서 우리는 음악에 매료됩니다.	While we are dancing, we are fascinated with the music.
조깅 1	공원에서 많이 걷거나 자전거를 탑니다.	**At the park, I take a long walk or ride a bicycle.**
	공원에서 공원 둘레의 길을 따라 한 시간 동안 걷습니다.	At the park, I walk for an hour along the track around the park.
조깅 2	조깅을 하면서 친구와 잡담을 합니다.	**While I am jogging, I chat with my friend.**
	조깅을 하면서 음악을 듣습니다.	While I am jogging, I listen to music.

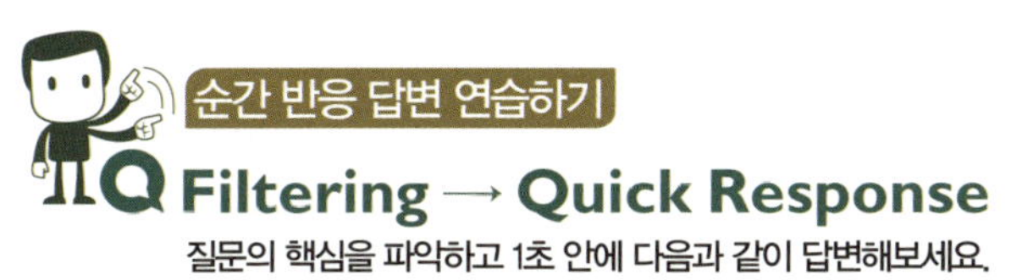

Q Filtering → Quick Response

질문의 핵심을 파악하고 1초 안에 다음과 같이 답변해보세요.

🎧 09-06

1 Discuss what you do during the movie.

답변 1 영화가 시작되면 좌석에 앉아서 영화를 감상합니다.

답변 2 영화가 시작되면 우리는 나란히 앉아서 영화를 봅니다.

답변 3 영화가 상영되는 동안 우리는 영화에 집중합니다.

답변 4 영화가 상영되는 동안 우리는 간식을 먹으면서 영화를 봅니다.

2 Discuss what you do while you are at a club.

답변 1 클럽에서 우리는 무대에서 춤을 춥니다.

답변 2 클럽에서 우리는 춤추고 술을 마십니다.

답변 3 춤을 추면서 우리는 멋진 남자에게 추파를 던집니다.

답변 4 춤을 추면서 우리는 음악에 매료됩니다.

3 Discuss what you do while you are jogging.

답변 1 많이 걷거나 자전거를 탑니다.

답변 2 공원 둘레의 길을 따라 한 시간 동안 걷습니다.

답변 3 친구와 잡담을 합니다.

답변 4 조깅을 하면서 음악을 듣습니다.

전후 과정
후에 하는 일

OPIc에서 비교적 쉬운 문제로 '전후'에 하는 일을 묻는 유형이 있습니다. 대표적인 것이 영화를 보기 전후, 클럽에 가기 전후, 조깅을 하기 전후에 무엇을 하는지 어떤 과정을 거치는지를 설명하는 것입니다. 이 과정을 설명하는 문장 중에서 특히 어떤 행위 후에 하는 일을 설명하는 문장을 익혀봅시다.

우선순위 6 문장

Q Shadowing → Echoing → Switching　　🎧 09-07

문장을 단계에 맞춰 따라 말하기 연습을 하고, 우리말을 영어로 바꿔 말해보세요.

영화 1 영화가 끝나면 우리는 카페에 가서 커피를 마십니다.	**After the movie finishes, we go to a cafe to drink coffee.**
영화가 끝나면 우리는 영화에 관해 이야기를 합니다.	After the movie finishes, we talk about the movie.
영화 2 우리는 헤어지기 전에 맥주를 좀 마시기로 합니다.	**We decide to have a beer before separating.**
우리는 헤어지기 전에 커피를 마시면서 수다를 떨기로 합니다.	We decide to have a coffee and chat before separating.
클럽 1 클럽을 나와서 우리는 카페에 가서 커피를 마십니다.	**After we leave the nightclub, we go to a cafe to drink coffee.**
클럽을 나와서 우리는 피곤에 지쳐 집으로 돌아갑니다.	After we leave the nightclub, we are tired and go home.
클럽 2 집에 가는 길에 무엇을 좀 먹습니다.	**We grab a bite on the way home.**
집에 가는 길에 맥주 한 잔 합니다.	We stop for a beer on the way home.
조깅 1 조깅을 끝내고 꼭 손을 씻습니다.	**After I finish jogging, I make sure to wash my hands.**
조깅을 끝내고 벤치에 앉아 쉽니다.	After I finish jogging, I take some rest sitting on a bench.
조깅 2 집에 돌아와서 샤워를 하고 TV 등을 봅니다.	**After I get back, I take a shower and watch TV or whatever.**
집에 돌아와서 다시 옷을 갈아입습니다.	After I get back, I get changed again.

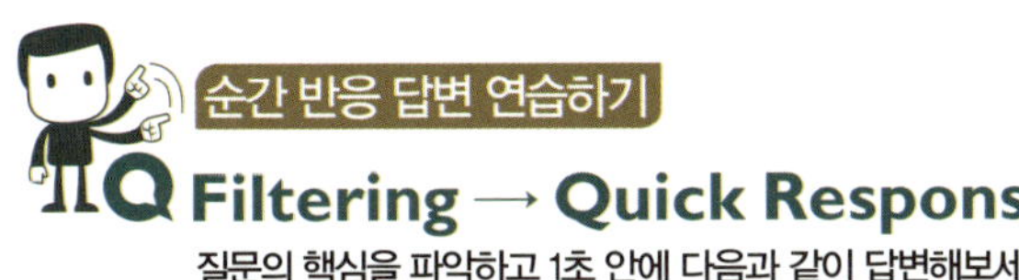

Q Filtering → Quick Response

질문의 핵심을 파악하고 1초 안에 다음과 같이 답변해보세요.

🎧 09-08

1 What do you do after watching a movie?

- **답변 1** 영화가 끝나면 우리는 카페에 가서 커피를 마십니다.

- **답변 2** 영화가 끝나면 우리는 영화에 관해 이야기를 합니다.

- **답변 3** 우리는 헤어지기 전에 맥주를 좀 마시기로 합니다.

- **답변 4** 우리는 헤어지기 전에 커피를 마시면서 수다를 떨기로 합니다.

2 What do you do after clubbing?

- **답변 1** 클럽을 나와서 우리는 카페에 가서 커피를 마십니다.

- **답변 2** 클럽을 나와서 우리는 피곤에 지쳐 집으로 돌아갑니다.

- **답변 3** 집에 가는 길에 무엇을 좀 먹습니다.

- **답변 4** 집에 가는 길에 맥주 한 잔 합니다.

3 What do you do after jogging?

- **답변 1** 조깅을 끝내고 꼭 손을 씻습니다.

- **답변 2** 조기을 끝내고 벤치에 앉아 쉽니다.

- **답변 3** 집에 돌아와서 샤워를 하고 TV 등을 봅니다.

- **답변 4** 집에 돌아와서 다시 옷을 갈아입습니다.

과정 묘사 답변

@ *Speaking Prompt* 우리말 스토리 익히기

위에서 익힌 답변을 우리말 이야기로 정리해 익혀두세요. 말할 거리가 먼저 머리속에 정리되어 있어야 영어 표현도 떠오릅니다.

영화

우리는 보통 주말에 액션 영화를 봅니다. 저희는 시내에 있는 영화관에 갑니다. 극장에 가기 전에 저는 함께 갈 사람에게 연락을 합니다. 극장에서 우리는 매표소에서 표를 삽니다. 영화가 시작되기 전에 꼭 화장실에도 다녀옵니다. 영화가 시작되면 우리는 영화에 집중합니다. 영화가 끝나면 우리는 카페에 가서 커피를 한 잔 하거나 맥주를 한 잔 하러 들릅니다.

@ *Speaking Prompt* 스토리 영어로 바꿔 말하기　　　　　🎧 09-09

위의 내용을 영어로 바꿔 답변을 완성하면 다음과 같습니다. 다음 과정인 답변 말하기에서 활용할 수 있도록 잘 익혀두세요.

영화

We usually see an action movie on the weekend. We go to a movie theater located downtown. Before I go to the theater, I contact the person who I want to go with. At the theater, we buy tickets at the box office. Before the movie starts, we also make sure to drop by the bathroom. When the movie starts, we concentrate on the movie. After the movie finishes, we go to a cafe to drink coffee or stop for a beer.

---

1 영화

We usually ⟨주말에 액션 영화를 봅니다⟩. We go to ⟨시내에 있는 영화관⟩. Before I go to the teater, ⟨우리는 영화를 정합니다⟩. At the theater, we buy tickets at the box office. Before the movie starts, we also make sure ⟨군것질거리를 사는 것을⟩. When the movie starts, we concentrate on the movie. ⟨영화가 끝나면⟩, we go to a cafe to drink coffee and ⟨영화에 대해 이야기를 합니다⟩.

2 클럽

We usually ⟨주말에 클럽에 갑니다⟩. I go to ⟨홍대에 위치한 클럽⟩. Before I go ⟨클럽에⟩, I ⟨함께 갈 사람에게 연락을 하고⟩ and go to the Hongdea clubs. Before I leave the house, I make sure ⟨옷을 멋지게 입는 것을⟩. At the club, we enjoy dancing and drinking. After we leave the club, we ⟨카페에 가서 커피를 한 잔 하거나⟩ or stop for a beer on the way home.

I usually [토요일 아침 일찍 조깅을 합니다]. I go to [집 근처에 있는 공원].
Before I [조깅을 하러 가기], I [편안한 옷으로 갈아입습니다].
I also make sure to take water and some snacks. At the park,
I take a long walk or ride a bicycle. Before I start exercising,
I make sure [준비 운동 하는 것을]. I walk for an hour along
the track around the park. [조깅을 끝내고] and get
back from the park, I make sure to wash my hands. And I
[다시 옷을 갈아입고 TV 등을 봅니다].

능숙하게 답변을 잘 하셨나요? 이번에는 음원을 들으면서 답변을 확인해보세요. 09-10 ~ 09-12

1 영화

🎧 09-10

We usually see an action movie on the weekend. We go to a movie theater located downtown. Before I go to the theater, we choose a movie first. At the theater, we buy tickets at the box office. Before the movie starts, we also make sure to buy some snacks. When the movie starts, we concentrate on the movie. After the movie finishes, we go to a cafe to drink coffee and talk about the movie.

우리는 보통 주말에 액션 영화를 봅니다. 저희는 시내에 있는 영화관에 갑니다. 극장에 가기 전에 우리는 먼저 영화를 정합니다. 극장에서 우리는 매표소에서 표를 삽니다. 영화가 시작되기 전에 꼭 군것질거리도 삽니다. 영화가 시작되면 우리는 영화에 집중합니다. 영화가 끝나면 우리는 카페에 가서 커피를 한 잔 하면서 영화에 관해 이야기를 합니다.

2 클럽

🎧 09-11

We usually go clubbing on the weekend. I go to a club located in Hongdae. Before I go to the club, I contact the person who I want to go with and go to the Hongdea clubs. Before I leave the house, I make sure to dress nicely. At the club, we enjoy dancing and drinking. After we leave the club, we go to a cafe to drink coffee or stop for a beer on the way home.

우리는 보통 주말에 클럽에 갑니다. 저는 홍대에 위치한 클럽에 갑니다. 클럽에 가기 전에 함께 갈 사람에게 연락을 하고 홍대 클럽으로 갑니다. 집을 나서기 전에 반드시 멋진 옷을 입습니다. 클럽에서 우리는 춤을 추고 술을 마십니다. 클럽을 나오고 나서 우리는 카페에 가서 커피를 한 잔 하거나 집에 가는 길에 맥주를 한 잔 합니다.

3 조깅

🎧 09-12

I usually jog early in the morning on Saturday. I go to the park located near my house. Before I go jogging, I change into comfortable clothes. I also make sure to take water and some snacks. At the park, I take a long walk or ride a bicycle. Before I start exercising, I make sure to warm up. I walk for an hour along the track around the park. After I finish jogging and get back from the park, I make sure to wash my hands. And I get changed again and watch TV or whatever.

저는 보통 토요일 아침 일찍 조깅을 합니다. 저는 집 근처에 있는 공원에 갑니다. 저는 조깅을 하기 전에 편안한 옷으로 갈아입습니다. 저는 또한 물과 간식을 꼭 챙깁니다. 공원에서 저는 오래 걷거나 자전거를 탑니다. 시작하기 전에 반드시 준비 운동을 합니다. 저는 공원 둘레의 길을 따라 한 시간 동안 걷습니다. 조깅을 끝내고 저는 공원에서 돌아와 꼭 손을 씻습니다. 그리고 다시 옷을 갈아입고 TV 등을 봅니다.

⑩ 일과 묘사
행위 나열

OPIc에서 비교적 쉬운 문제로 하루의 일과를 단순 묘사하는 문제가 출제됩니다. 나의 입장에 따라 학생, 직장인, 교수, 상사의 일과를 설명하라고 요구할 수 있습니다. 시간순으로 일과를 설명하는 6가지 기본 문장을 익혀봅시다.

우선순위 6 문장

Q Shadowing → Echoing → Switching　　🎧 10-01
문장을 단계에 맞춰 따라 말하기 연습을 하고, 우리말을 영어로 바꿔 말해보세요.

하자마자 **교실에 도착하자마자 그는 책을 폅니다.**	**As soon as he arrives in the classroom, he opens his book.**
사무실에 도착하자마자 우리는 회의를 합니다.	As soon as we arrive at the office, we have a meeting.
~할 때 **수업을 하는 동안 우리가 말을 많이 하게 하십니다.**	**During the class, he makes us talk a lot.**
회의를 하는 동안 우리는 판매량을 평가합니다.	During the meeting, we evaluate the marketing.
회의를 하는 동안 우리는 그것의 효과에 대해 논합니다.	During the meeting, we discuss its effectiveness.
그 다음에 **그 다음에 우리는 상품을 홍보할 방법에 대해 이야기합니다.**	**And then, we talk about ways to promote our products.**
그 다음에 그는 영문학을 가르칩니다.	And then, he teaches English literature.
그 다음에 그는 책이나 노트를 읽습니다.	And then, he reads from a book or notes.
~전에 **그가 교재를 읽기 전에 반드시 우리가 토론하도록 합니다.**	**Before he reads the text, he makes us discuss the issue.**
마케팅 회의 전에 저는 자료를 복사해 배포합니다.	Before the marketing meeting, I copy and publish the material.
회의를 하기 전에 그는 우리가 자료를 준비하도록 합니다.	Before the meeting, he makes us prepare the material.
~후에 **수업이 끝나고 그는 연구를 합니다.**	**After the class, he undertakes his research.**
회의를 하고 나서는 각자 업무를 봅니다.	After the meeting, we concentrate on our own tasks.
반드시 ~ **그는 모든 것이 잘 되어가는지 확인합니다.**	**He makes sure that everything is going well.**
저는 모든 것을 제대로 끝냈는지 확인합니다.	I make sure that I've done everything properly.

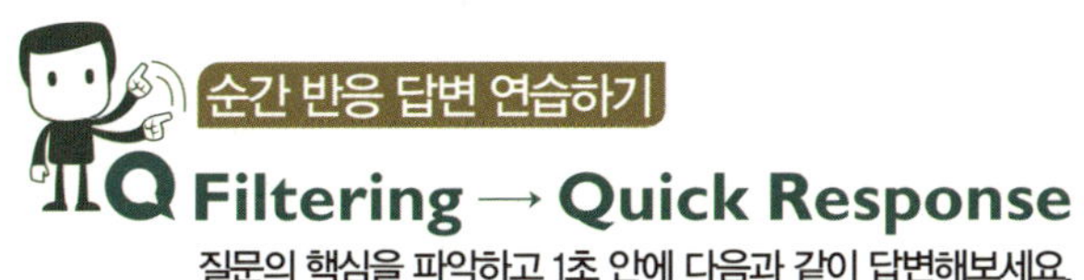

Q Filtering → Quick Response

질문의 핵심을 파악하고 1초 안에 다음과 같이 답변해보세요.

🎧 10-02

1 Discuss what teachers do at your university on a day-to-day basis.

답변 1　교실에 도착하자마자 그는 책을 펍니다.

답변 2　그 다음에 그는 영문학을 가르칩니다.

답변 3　그 다음에 그는 책이나 노트를 읽습니다.

2 Please identify some assignments or tasks that you do at work.

답변 1　업무를 보는 동안 우리는 판매량을 평가합니다.

답변 2　회의를 하는 동안 우리는 광고에 대해 이야기합니다.

답변 3　그 다음에 우리는 상품을 홍보할 방법에 대해 이야기합니다.

3 What do you do at your office on a day-to-day basis?

답변 1　사무실에 도착하자마자 우리는 회의를 합니다.

답변 2　회의를 하는 동안 우리는 그것의 효과에 대해 논합니다.

답변 3　회의를 하고 나서는 각자 업무를 봅니다.

일과 묘사 답변

Speaking Prompt 우리말 스토리 익히기

위에서 익힌 답변을 우리말 이야기로 정리해 익혀두세요. 말할 거리가 먼저 머리속에 정리되어 있어야 영어 표현도 떠오릅니다.

직장에서의 일과

사무실에 도착하자마자 우리는 회의를 합니다. 마케팅 회의 전에 저는 자료를 복사해 배포합니다. 회의(를 하면서) 동안 우리는 마케팅을 평가합니다. 그 다음에 우리는 상품을 홍보할 방법에 대해 이야기합니다. 회의를 하고 나서는 자신들의 업무에 집중합니다. 퇴근하기 전에 저는 모든 것을 제대로 끝냈는지 확인합니다.

Speaking Prompt 스토리 영어로 바꿔 말하기 🎧 10-03

위의 내용을 영어로 바꿔 답변을 완성하면 다음과 같습니다. 다음 과정인 답변 말하기에서 활용할 수 있도록 잘 익혀두세요.

직장에서의 일과

As soon as we arrive at the office, we have a meeting. Before the marketing meeting, I copy and publish the material. During the meeting, we evaluate the marketing. And then, we talk about ways to promote our products. After the meeting, we concentrate on our own tasks. Before I leave the office, I make sure that I've done everything properly.

앞에서 익힌 문장을 이용하여 키워드만 바꿔서 다양한 주제의 답변을 만들어보는 연습을 해보세요.

1 직장에서의 일과

As soon as we arrive [사무실에], [우리는 회의를 합니다].
Before [마케팅 회의], [저는 회의를 기획하고 자료를 준비합니다]. During
[회의(를 하면서)], [우리는 마케팅 전략을 세웁니다]. And then,
[우리는 상품을 홍보할 방법에 대해 이야기합니다]. [회의 후에], we
concentrate on [자신들의 업무에]. Before I leave the
office, I make sure that I've done everything properly.

2 교수의 일과

As soon as he arrives [교실에], he [책을 폅니다].
During [수업(을 하는)], [교수님은 우리가 말을 많이 하게 합니다]. And then,
[그는 영문학을 가르칩니다]. And [교수님은 책이나 노트를 읽습니다]. Before
he reads the text, [그는 우리가 쟁점을 토론하게 만듭니다]. [수업 후에],
he concentrates on [자신의 연구에]. Before he leaves
his office, he makes sure that everything is going well.

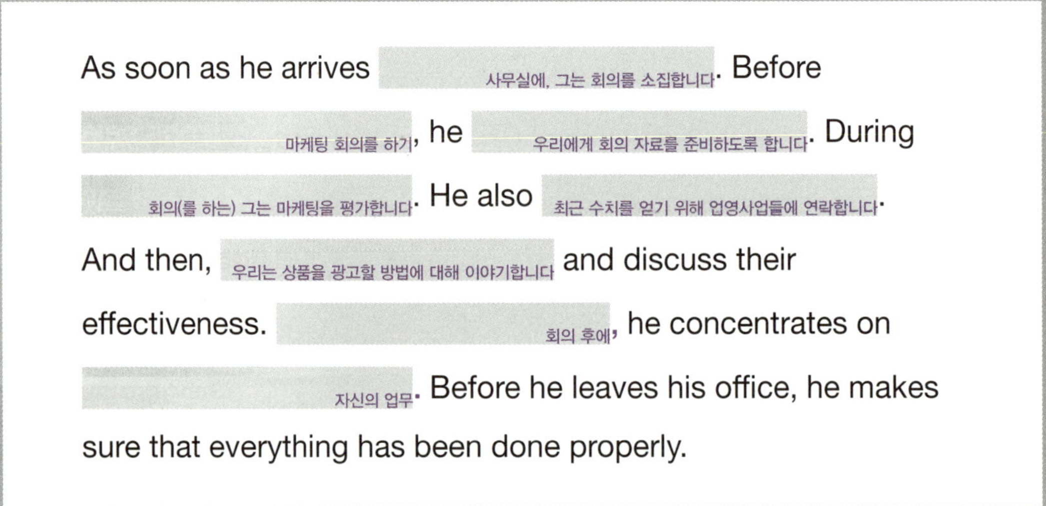

As soon as he arrives 사무실에, 그는 회의를 소집합니다. Before 마케팅 회의를 하기, he 우리에게 회의 자료를 준비하도록 합니다. During 회의(를 하는) 그는 마케팅을 평가합니다. He also 최근 수치를 얻기 위해 업영사업들에 연락합니다. And then, 우리는 상품을 광고할 방법에 대해 이야기합니다 and discuss their effectiveness. 회의 후에, he concentrates on 자신의 업무. Before he leaves his office, he makes sure that everything has been done properly.

능숙하게 답변을 잘 하셨나요? 이번에는 음원을 들으면서 답변을 확인해보세요.　🎧 10-04 ~ 10-06

스피킹 피드백 ▶▶

1 직장에서의 일과　　🎧 10-04

As soon as we arrive at the office, we have a meeting. Before the marketing meeting, I set up a meeting and prepare the material. During the meeting, we design a marketing strategy. And then, we talk about ways to promote our products. After the meeting, we concentrate on our own tasks. Before I leave the office, I make sure that I've done everything properly.

사무실에 도착하자마자 우리는 회의를 합니다. 마케팅 회의 전에 저는 회의를 기획하고 자료를 준비합니다. 회의(를 하면서) 동안 우리는 마케팅 전략을 세웁니다. 그 다음에 우리는 상품을 홍보할 방법에 대해 이야기합니다. 회의를 하고 나서 자신들의 업무에 집중합니다. 저는 퇴근하기 전에 모든 것을 제대로 끝냈는지를 확인합니다.

2 교수의 일과　　🎧 10-05

As soon as he arrives in the classroom, he opens his book. During the class, he makes us talk a lot. And then, he teaches English literature. And he reads from a book or notes. Before he reads the text, he makes us discuss the issue. After the class, he concentrates on his research. Before he leaves his office, he makes sure that everything is going well.

교실에 도착하자마자 그는 책을 폅니다. 수업을 하는 동안 교수님은 우리가 말을 많이 하게 하십니다. 그 다음에 그는 영문학을 가르칩니다. 그리고 교수님은 책이나 노트를 읽습니다. 책을 읽기 전에 그는 우리가 쟁점을 토론하게 만듭니다. 수업이 끝나고 그는 자신의 연구에 집중합니다. 그는 퇴근하기 전에 모든 것이 잘 되어가는지 확인합니다.

3 상사의 일과　　🎧 10-06

As soon as he arrives at the office, he calls a meeting. Before the marketing meeting, he has us prepare the material. During the meeting, he evaluates the marketing. He also contacts salesmen to get current numbers. And then, we talk about ways to advertise the products and discuss their effectiveness. After the meeting, he concentrates on his own tasks. Before he leaves his office, he makes sure that everything has been done properly.

사무실에 도착하자마자 그는 회의를 소집합니다. 마케팅 회의를 하기 전에 그는 우리에게 회의 자료를 준비하도록 합니다. 회의(를 하는) 동안 그는 마케팅을 평가합니다. 그는 또한 최근 수치를 얻기 위해 업영사업에 연락합니다. 그 다음에 우리는 상품을 광고할 방법과 그것의 효과에 대해 이야기합니다. 회의를 하고 나서는 자신의 업무에 집중합니다. 그는 퇴근하기 전에 모든 것이 제대로 되었는지를 확인합니다.

Step 2

오픽 스피킹
실전 훈련 2단계

IM 상위 등급을 목표로 하는 사람들이 공략해야
하는 **심화 유형별 스피킹 프레임**

스텝 2 쉽고 재미있게 공부하기

유형 1 - 단순/세부 묘사 유형은 기본, 완벽하게 암기하라

주제별, 유형별 준비할 문제가 많은 OPIc. 그러나 유형별 상관관계로 쉽게 공부할 수 있습니다. 먼저 앞서 살펴본 바와 같이 OPIc의 유형을 4가지로 정리했는데 1 단순/세부 묘사, 2 과거 경험, 3 롤플레이–질문하기, 4 롤플레이–문제 해결이 그것입니다. 그럼 유형별 학습법을 비롯해, 어떻게 연계할 수 있는지 유형간의 활용법은 어떤 것이 있는지 살펴보겠습니다. 먼저 여기서는 단순/세부 묘사 유형이 나옵니다. 단순/세부 묘사 유형은 OPIc 시험에서 가장 쉬운 문제이자 기본으로 출제되는 유형이므로 해당 답변을 반드시 익숙하게 말할 수 있도록 연습해두어야 합니다. 동사의 시제는 단순 현재 시제 위주로 사용되므로 이를 자유자재로 쓸 수 있어야 과거형이나 완료형 등의 복잡한 시제를 쓸 수 있겠죠. 기본 실력을 제대로 갖춘 사람은 지금 당장은 주제가 바뀔 때 답변하는 데 어려움을 겪더라도 유형별 특성을 조금만 익히면 금방 실력이 쑥쑥 늡니다. 따라서 단순시제를 사용하는 데 아직 익숙하지 못하거나 인물이나 주변 사물 등을 묘사하는 데 어려움이 있는 학습자라면 스피킹 프레임 1에서 7까지의 기본 답변을 완전히 외워서라도 단순 묘사를 할 수 있을 정도로 연습해야 합니다. 그런 다음 OPIc의 다음 유형의 문제들에 답변을 부담 없이 할 수 있다는 사실, 잊지 마세요.

01 스피킹 프레임
학교 생활

유형: 단순/세부 묘사
주제: 학교에서의 일과

Self Check ☑ ☐ ☐ ☐ ☐

🎧 F01

Tell me about your **daily routine at school.** ① What do you do, and ② what do the professors do?

학교에서의 일과에 대해 얘기해주세요. 당신은 무엇을 하고, 교수님들은 무엇을 합니까?

질문 분석

daily routine at school 학교에서의 일상
① what do you do 내가 하는 일
② what the professors do 교수가 하는 일

답변 핵심 구성

도입 – 등교
중심 – 수업중 학생/교수가 하는 일, 방과후에 하는 일
마무리 – 느낌

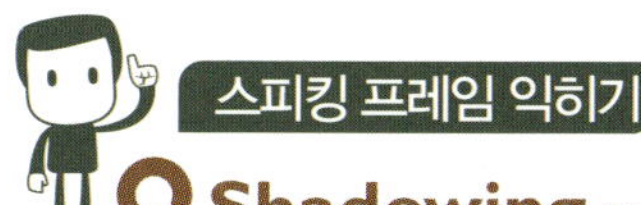

스피킹 프레임 익히기

Q Shadowing → Echoing

>>F1   스피킹 프레임을 확인하고 해석을 보면서 읽어보세요. 두 번 섀도잉하고 세 번째 에코잉하면서 스피킹 프레임을 암기합니다.

도입 등교	**I usually get to school in the morning because most of my classes are in the morning.**	제 수업은 대부분 아침에 있기 때문에 보통 아침에 학교에 갑니다.
수업 전	**Before class starts, I arrive at my first class, and talk with my classmates.**	수업이 시작되기 전에 첫 수업에 도착해 친구들과 얘기를 합니다.
중심1 수업 중	**During the class, the professors open their classes by reviewing the previous lesson, and then they start teaching the new lesson.**	수업 중에 교수님들께서는 이전 수업 내용을 복습하면서 강의를 시작하시고 그런 다음 새로 배울 내용을 강의하십니다.
수업 후	**When class is over, I'll usually go to my next class.**	수업이 끝나면 저는 보통 다음 수업을 들으러 갑니다.
중심2 방과후	**After my last class, I'll go to the library to study, or I'll sometimes hang out with friends.**	마지막 수업이 끝나고 나서, 도서관으로 가서 공부를 하거나 가끔은 친구들과 어울리기도 합니다.
방과후 활동	**I usually head to the English institute around six o'clock. I can't skip going to the institute every day because English is very necessary for getting a good job.**	저는 보통 6시에 영어 학원에 갑니다. 좋은 직업을 얻기 위해서는 영어가 중요하므로 매일 학원에 가는 것을 빠뜨릴 수 없습니다.
마무리 느낌	**It sounds like it is a long and tiring day, doesn't it?**	하루 참 길고 지칠 것 같이 들리죠, 그렇죠?

Q Shadowing → Echoing → Switching

01-1~01-4

주요 구문과 활용 구문을 익히고, 스피킹 프레임에 넣어 답변을 완성해 말해보세요.

도입 일찍 등교하는 이유

I usually get to school in the morning because + 활용 구문.

〜이기 때문에 보통 아침에 학교에 갑니다.

---

1 **I usually get to school in the morning because** most of my classes are in the morning.

2 **I usually get to school in the morning because** I can avoid traffic jams in the morning.

3 **I usually get to school in the morning because** I can take a seat and study in the library.

4 **I usually get to school in the morning because** I want to have free time.

1 제 수업은 대부분 아침에 있기 때문에 보통 아침에 학교에 갑니다.
2 아침에 교통 혼잡을 피할 수 있기 때문에 보통 아침에 학교에 갑니다.
3 도서관에 자리를 잡고 공부하려고 보통 아침에 학교에 갑니다.
4 여유 시간을 가고 싶어서 보통 아침에 학교에 갑니다.

추가 문장 수업 전

Before class starts, + 활용 구문.

수업이 시작되기 전에 〜합니다.

---

1 **Before class starts,** I arrive at my first class, and talk with my classmates.

2 **Before class starts,** I stop at a coffee shop and get a latte.

3 **Before class starts,** I make the day's plan.

4 **Before class starts,** I prepare for the classes beforehand.

1 수업이 시작되기 전에 첫 수업에 도착해 친구들과 얘기를 합니다.
2 수업이 시작되기 전에 커피숍에 들러서 라떼를 한 잔 삽니다.
3 수업이 시작되기 전에 하루 계획을 세웁니다
4 수업이 시작되기 전에 미리 예습합니다.

중심1 수업 중

During the class, + 활용 구문.

수업 중에 ~합니다.

1 **During the class,** the professors open their classes by reviewing the previous lesson.

2 **During the class,** they start teaching the new lesson.

3 **During the class,** they answer any questions the students have.

4 **During the class,** they often use visual aids to help us learn new things quickly.

5 **During the class,** they engage their students in discussion.

1 수업 중에 교수님들께서는 이전 수업 내용을 복습하면서 강의를 시작하십니다.
2 수업 중에 교수님들께서는 새로 배울 내용의 강의를 시작하십니다.
3 수업 중에 교수님들께서는 학생들의 질문에 답변해주십니다.
4 수업 중에 교수님들께서는 새로운 것을 더 빨리 배우도록 시청각 자료를 사용하십니다.
5 수업 중에 교수님들께서는 학생들이 토론에 집중하도록 유도하십니다.

중심2 방과후

After my last class + 활용 구문.

마지막 수업이 끝나고 나서 ~합니다.

1 **After my last class,** I'll go to the library to study, or I'll sometimes hang out with friends.

2 **After my last class,** I usually head to the English institute.

3 **After my last class,** I review what I've just learned and work on assigned homework.

4 **After my last class,** I have a Taekwondo practice.

1 마지막 수업이 끝나고 나서, 도서관으로 가서 공부를 하거나 가끔은 친구들과 어울리기도 합니다.
2 마지막 수업이 끝나고 나서, 보통 영어 학원으로 향합니다.
3 마지막 수업이 끝나고 나서, 배운 것을 복습하고 주어진 과제를 수행합니다.
4 마지막 수업이 끝나고 나서, 태권도 연습이 있습니다.

응용 답변 가이드

학교에서의 일과를 묻는 질문에 대한 답변입니다. 학생과 교수의 일과가 모두 들어가야 한다는 것 잊지 마세요. 교수의 일상에 대해서는 한두 문장 정도로 짧게 답해도 됩니다. 이 답변은 매일 주중에 하는 일과 주말에 하는 일에 대해 세부적으로 물어보는 연계 질문이나 나의 하루 일과에 대해 묻는 유사 질문에 대한 답변에 응용할 수 있습니다. '나'와 밀접한 관련이 있는 내용이므로 자기소개에도 응용할 수 있는 내용입니다.

≫ F1-1 **활용 구문 적용 연습 ▶▶** 스피킹 프레임에 연습한 활용 구문을 적용해 우리말을 영어로 바꿔 답변을 연습해보세요.

Tell me about your daily routine at school. What do you do, and what do the professors do?

학교에서의 일과에 대해 얘기해주세요. 당신은 무엇을 하고, 교수님들은 무엇을 합니까?

제 수업은 대부분 아침에 있기 때문에 보통 아침에 학교에 갑니다. 수업이 시작되기 전에 첫 수업에 도착해 친구들과 얘기를 합니다. **수업 중에 교수님들께서는** 이전 수업 내용을 복습하면서 강의를 시작하시고 그런 다음, 학생들이 토론에 집중하도록 하십니다. 수업이 끝나면 저는 보통 다음 수업을 들으러 갑니다. **마지막 수업이 끝나고 나서, 도서관으로 가서 배운 것을 복습합니다.** 저는 보통 6시에 영어 학원에 갑니다. 좋은 직업을 얻기 위해서는 영어가 중요하므로 매일 학원에 가는 것을 빠뜨릴 수 없습니다. 하루 참 길고 지칠 것 같이 들리죠, 그렇죠?

≫ F1-2 **응용 연습 ▶▶** 스피킹 프레임을 이용해 응용 답변을 직접 만들어보세요.

Discuss what you usually do at school on a day-to-day basis. What do you do during the week and on the weekend? Provide as many details as you can.

학교에서 매일 하는 일에 대해 이야기해보세요. 주중과 주말에 무엇을 하나요? 가능한 한 자세히 설명해보세요.

주중에는 수업이 대부분 아침에 있기 때문에, 저는 보통 아침에 학교에 갑니다. 수업이 시작되기 전에 첫 수업에 도착해 친구들과 얘기를 합니다. 수업 중에 교수님들께서는 이전 수업 내용을 복습하면서 강의를 시작하시고 그런 다음 새로 배울 내용을 강의하십니다. 수업이 끝나면 저는 보통 다음 수업을 들으러 갑니다. **월요일부터 금요일까지** 마지막 수업이 끝나고 나서, 도서관으로 가서 공부를 하고, **주말에는** 친구들과 어울립니다. **주중에는** 학교가 끝나고 보통 6시에 영어 학원에 갑니다. 좋은 직업을 얻기 위해서는 영어가 중요하므로 매일 학원에 가는 것을 빠뜨릴 수 없습니다. **그러나 주말에는 아무것도 안 하고 쉬거나 하고 싶은 것을 할 수 있어요. 한 주가** 참 길고 지칠 것 같이 들리죠, 그렇죠?

▶▶ 능숙하게 답변을 잘 하셨나요?

이번에는 음원을 들으면서 답변을 확인해보세요. 🎧 F01-1, F01-2

스피킹 프레임
직장 생활

유형: 단순/세부 묘사
주제: 직장인의 회사 소개

Self Check ☑ ☐ ☐ ☐ ☐

🎧 F02

You indicated you're currently working. Describe **the company you work for**. Tell me as many details about the company as possible. What's the company's name? Where is it located? What kind of business is it?

일을 한다고 했습니다. 일하는 회사에 대해 얘기해보세요. 회사에 관해 최대한 자세히 얘기해보세요. 회사의 이름은 무엇인가요? 어디에 있나요? 어떤 사업을 하나요?

질문 분석

the company you work for 일하는 회사
① the company's name 회사 이름
② located 위치
③ what kind of business 사업

답변 핵심 구성

도입 – 회사 이름, 위치
중심 – 제품, 규모, 사업
마무리 – 회사에 대한 생각

스피킹 프레임 익히기

Q Shadowing → Echoing

>> F2

스피킹 프레임을 확인하고 해석을 보면서 읽어보세요. 두 번 섀도잉하고 세 번째 에코잉하면서 스피킹 프레임을 암기합니다.

도입 회사 이름	**I work for the Soup & Cereal Company in Seoul, of which the headquarters are located in Europe.**	저는 서울에 있는 수프 & 시리얼 사에서 근무하는데, 유럽에 본사를 두고 있죠.
중심1 위치	**The building where I work is located at Gangnam station.**	저희 사무실 건물은 강남역에 위치해 있습니다.
건물	It is made of glass, and looks very modern.	그것은 유리로 만들어졌고 매우 현대적으로 보입니다.
중심2 제품	**We sell many different kinds of instant food. Our main line is cereal, which is a popular breakfast food.**	저희 회사는 다양한 인스턴트 식품을 판매합니다. 주력 품목은 아침 식사로 인기 있는 시리얼입니다.
중심3 직원수	There are over 1,000 employees in Seoul, Korea and over 10,000 employees all around the world.	한국의 서울에는 1,000명 이상의 직원이 있고 전 세계에는 10,000명 이상의 직원이 있습니다.
비전	We develop healthy food for our customers because we value them and are concerned about their health.	저희는 고객을 위해 건강한 식품을 개발하는데, 고객을 중시 여기고 고객의 건강한 삶을 생각하기 때문입니다.
중심4 전망	**Recently, our company opened a new office in Brazil and started doing business in South America.**	최근에 저희 회사는 브라질에 새 사무실을 열었고 남미에서 사업을 시작했습니다.
마무리 회사에 대한 생각	I think I am very lucky to work for a company like that.	저는 이와 같은 회사에서 일하는 것이 매우 행운이라고 생각합니다.

스피킹 프레임 연습 · 활용 구문

Q Shadowing → Echoing → Switching

🎧 02-1 ~ 02-4

주요 구문과 활용 구문을 익히고, 스피킹 프레임에 넣어 답변을 완성해 말해보세요.

도입 회사에 대한 부연 설명

I work for + 활용 구문.
저는 ~에서 일합니다.

1 **I work for** the Soup & Cereal Company in Seoul, **of which** the head-quarters are located in Europe.

2 **I work for** the Speed Company in Seoul, **which** was once one of the best-run oil firms in the world.

3 **I work for** the ST Company in Seoul, **which** is taking the lead in the electronic commerce industry.

4 **I work for** the the Sky Company in Seoul, **which** controls the entire telephone industry.

1 저는 서울에 있는 수프 & 시리얼 사에서 근무하는데, 유럽에 본사를 두고 있습니다.
2 저는 서울에 있는 스피드 사에서 근무하는데, 한때 세계적으로 우수한 정유 회사였습니다.
3 저는 서울에 있는 ST 사에서 근무하는데, 전자 상거래를 선도하는 기업입니다.
4 저는 서울에 있는 스카이 사에서 근무하는데, 모든 전화 산업을 지배하는 회사입니다.

중심1 건물에 대한 설명

The building where I work/Our office building + 활용 구문.
제가 일하는 건물/우리 사무실 건물은 ~.

1 **The building where I work** is made of glass, and looks very modern.

2 **The building where I work** is on the main street.

3 **The building where I work** is not much to look at.

4 **The building where I work** is under construction.

5 **The building where I work** overlooks the whole city.

6 **The building where I work** looks something like a church.

1 제가 일하는 건물은 유리로 만들어졌고 매우 현대적으로 보입니다.
2 제가 일하는 건물은 큰 길가에 있습니다.
3 제가 일하는 건물은 별 볼품은 없습니다.
4 제가 일하는 건물은 공사 중입니다.
5 제가 일하는 건물에서는 시내 전체가 내려다보입니다.
6 제가 일하는 건물은 모양이 마치 교회 같습니다.

* The building where I work/study/exercise 등 다양한 동사를 넣어 활용해보세요.
* The building where I work 대신 Our office building을 주어로 사용해서 활용해보세요.

중심2 회사가 취급하는 상품

We sell + 활용 구문.

저희는 ~을 팝니다.

1 **We sell** many different kinds of instant food.

2 **We sell** over 1 billion dollars worth of cereal every year.

3 **We sell** over 100,000 cars every year.

4 **We sell** a lot of stuff to China.

5 **We sell** good quality food at reasonable prices.

6 **We sell** navigation systems.

1 저희는 다양한 인스턴트 식품을 판매합니다.
2 저희는 매년 10억 달러 이상의 시리얼을 팝니다.
3 저희는 매년 10만 대 이상의 자동차를 팝니다.
4 저희는 많은 물품을 중국에 팝니다.
5 저희는 좋은 품질의 식품을 적정한 가격에 판매합니다.
6 저희는 내비게이션 시스템을 판매합니다.

중심4 최근의 변화

Recently, our company + 활용 구문.

최근에 저희 회사는 ~.

1 **Recently, our company** opened its new office in Brazil and started business in South America.

2 **Recently, our company** was reorganized.

3 **Recently, our company** merged two sales forces into one.

4 **Recently, our company** came out with an up-to-the-minute notebook computer.

1 최근에 저희 회사는 브라질에 새 사무실을 열었고 남미에서 사업을 시작했습니다.
2 최근에 저희 회사는 기구 개편이 있었습니다.
3 최근에 저희 회사는 두 개의 판매 부서를 하나로 통합했습니다.
4 최근에 저희 회사는 최신형 노트북 컴퓨터를 시장에 내놓았습니다.

응용 답변 가이드

직장인의 회사 소개 답변입니다. 이 답변에는 특정 기업의 특징이 언급되기 때문에 회사에 대한 질문 정도에만 응용할 수 있다는 한계가 있습니다. 회사 관련 질문으로, 회사를 소개하라는 질문 이외에 회사에 대한 좀 더 자세한 설명을 요구하는 문제, 회사 관련 내용 중 특정 사항(매출, 인원, 역사 등)에 대한 상세 질문, 상대방에게 질문을 해야 하는 롤플레이 질문에 응용해서 사용할 수 있습니다.

>> F2-1 활용 구문 적용 연습 ▶▶ 스피킹 프레임에 연습한 활용 구문을 적용해 우리말을 영어로 바꿔 답변을 연습해보세요.

You indicated you're currently working. Describe the company you work for. Tell me as many details about the company as possible. What's the company's name? Where is it located? What kind of business is it?

일을 한다고 했습니다. 일하는 회사에 대해 얘기해보세요. 회사에 관해 최대한 자세히 얘기해보세요. 회사의 이름은 무엇인가요? 어디에 있나요? 어떤 사업을 하나요?

저는 서울의 **강남역에 위치한** 수프＆시리얼 사에서 근무하는데, **미국에 본사를 두고 있죠.** 저희 사무실 건물은 강남역에 위치해 있습니다. **제가 일하는 건물에서는 시내 전체가 내려다보입니다. 저희는 좋은 품질의 식품을 적정한 가격에 판매합니다.** 주력 품목은 아침식사로 인기 있는 시리얼입니다. 한국의 서울에는 1,000명 이상의 직원이 있고 전 세계에는 10,000명 이상의 직원이 있습니다. 저희는 고객을 위해 건강한 식품을 개발하는데, 고객을 중시 여기고 고객의 건강한 삶을 생각하기 때문입니다. **최근에 저희 회사는 기구 개편이 있었고 유럽에서 사업을 시작했습니다.** 저는 이와 같은 회사에서 일하는 것이 매우 행운이라고 생각합니다.

>> F2-2 응용 연습 ▶▶ 스피킹 프레임을 이용해 응용 답변을 직접 만들어보세요.

I work for a company that produces food. Now please ask me several questions about my compay.

저는 식품을 만드는 회사에서 일합니다. 저희 회사에 대해 몇 가지 질문을 해보세요.

안녕하세요. 저는 당신의 회사에 대해 알고 싶습니다. 질문을 해도 될까요? 저는 서울에 있는 수프＆시리얼 사에서 근무하는데, 유럽에 본사를 두고 있죠. 저희 사무실 건물은 강남역에 위치해 있습니다. **당신의 회사도 서울에 있나요?** 저희 회사는 다양한 인스턴트 식품을 판매합니다. **당신은 어떤 회사에서 일하고 있나요? 아, 당신도 식품 회사에서 일하는군요?** 저희는 주력 품목이 시리얼입니다. **당신의 회사는 어떤가요? 당신의 회사를 알 것 같아요.** TV에서 최근에 당신의 회사가 브라질에 새 사무실을 열었고 남미에서 사업을 시작했다고 들었습니다. 이와 같은 회사에서 일하시다니 당신은 매우 운이 좋으신 것 같습니다. **그렇게 생각하지 않으세요?**

▶▶ 능숙하게 답변을 잘 하셨나요?
이번에는 음원을 들으면서 답변을 확인해보세요. 🎧 F02-1, F02-2

🎧 F03

I'm curious about **where you live**. Please tell me as much information about the place as you can. ① How long have you lived there? ② Where it is located and ③ what does it look like? Give me all the details.

당신이 지금 사는 곳에 대해 궁금합니다. 그 장소에 대해 가능한 한 많은 정보를 얘기해주세요. 그곳에서 얼마나 오래 살았나요? 어디에 있고 어떻게 생겼나요? 모든 세부사항에 대해 얘기해주세요.

질문 분석

where you live 사는 곳
① how long 거주 기간
② located 위치
③ look like 주변 환경

답변 핵심 구성

도입 – 거주 지역, 이사 시기
중심 – 지역 시설 및 특징, 거주 형태
마무리 – 느낌

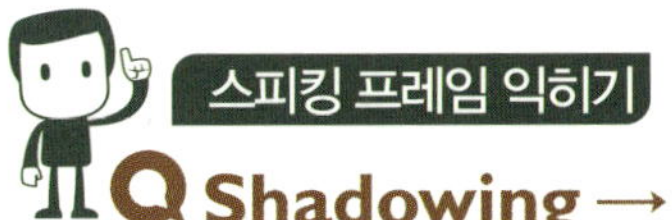

스피킹 프레임 익히기

Q Shadowing → Echoing

\>> F3 스피킹 프레임을 확인하고 해석을 보면서 읽어보세요. 두 번 섀도잉하고 세 번째 에코잉하면서 스피킹 프레임을 암기합니다.

도입 거주 지역	**I moved into our current apartment in Kyunggi-do six years ago.**	저는 경기도에 있는 지금의 아파트에 6년 전에 이사 왔습니다.
중심1 지역의 장점	I was attracted to this place for several reasons; it is close to my office. It only takes one hour to get to Seoul where I work.	저는 여러 가지 이유로 이곳에 끌렸습니다. 이곳은 제 직장과 가깝습니다. 제가 일하는 서울까지 한 시간밖에 안 걸립니다.
중심2 주변 시설	**And there are a lot of conveniences like markets and a park.**	그리고 마트나 공원과 같은 편의 시설이 많습니다.
추가 시설	Recently the subway has been opened to traffic and the station is located right next to my apartment complex.	최근에 지하철이 개통되었는데 지하철역이 아파트 단지 바로 옆에 있습니다.
중심3 사는 곳, 아파트 구조	I live in a large apartment on the 14th floor. **The apartment has three bedrooms, two bathrooms, a kitchen and a living room.**	저는 14층에 살고 있습니다. 아파트에는 세 개의 침실과 두 개의 화장실 그리고 부엌과 거실이 있습니다.
주거지의 변화	It is quite old, but I remodeled when I moved here. **I redecorated it with new wall-paper in light colors and flooring, so it is nice.**	아파트가 좀 낡았지만 이곳으로 이사 올 때 리모델링을 했습니다. 밝은 색 새 벽지와 장판으로 꾸며서 좋습니다.
마무리 느낌	It is also very spacious, which I like. As I said, it is old but very nice.	그리고 매우 널찍해서 저는 그것이 좋습니다. 말씀 드린 대로 이것은 오래되었지만 매우 좋습니다.

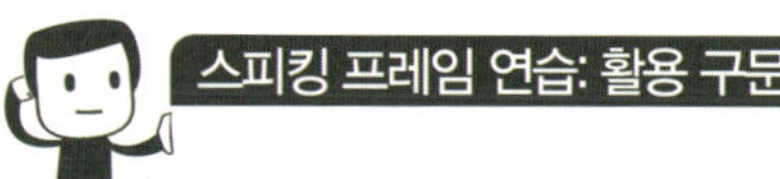

Q Shadowing → Echoing → Switching

03-1~03-4

주요 구문과 활용 구문을 익히고, 스피킹 프레임에 넣어 답변을 완성해 말해보세요.

도입 이사한 때와 거주지

I moved into + 활용 구문.

저는 ~에 (언제) 이사 왔습니다.

1 **I moved into** our current apartment in Kyunggi-do six years ago.

2 **I moved into** a studio apartment last year.

3 **I moved into** a five-room home two months ago.

4 **I moved into** a new house when I married.

5 **I moved into** the house next to my parents' since we have a baby.

6 **I moved into** the suburbs of Seoul when I changed jobs.

1 저는 경기도에 있는 지금의 아파트에 6년 전에 이사 왔습니다.
2 저는 작년에 원룸으로 이사했습니다
3 저는 두 달 전에 방 다섯 개짜리 집으로 이사했습니다.
4 저는 결혼하고 새 집으로 이사했습니다.
5 저는 아이가 생기고 부모님 댁 옆집으로 이사했습니다.
6 저는 직장을 옮기고 서울 교외 지역으로 이사했습니다.

중심2 거주지의 특성

There is/are + 활용 구문.

~이 있습니다.

1 **There are** a lot of conveniences like markets and a park.

2 **There is** the subway station nearby.

3 **There are** a lot of buildings in this area.

4 **There are** a few green areas.

5 **There are** broad fields of green by the river.

1 마트나 공원과 같은 편의시설이 많습니다.
2 근처에 지하철 역이 있습니다.
3 이 지역에는 많은 건물이 있습니다.
4 녹지가 부족합니다.
5 강 근처에 넓은 녹지가 있습니다.

중심3 사는 곳, 아파트 구조

The apartment has + 활용 구문.

아파트에는 ~가 있습니다.

1 **The apartment has** three bedrooms.

2 **The apartment has** an open living room.

3 **The apartment has** a storage area in the basement.

4 **The apartment has** a microwave oven, a dishwasher, and other modern conveniences.

1 아파트에는 세 개의 침실이 있습니다.
2 아파트에는 탁 트인 거실이 있습니다.
3 아파트 지하실에는 보관 창고가 있습니다.
4 아파트에는 전자 레인지와 식기세척기 외에 기타 현대적인 편의시설이 있습니다.

* The apartment building I live in has를 넣어 활용해보세요.
* The apartment has no를 넣어 무엇이 없다는 것도 표현해보세요.

추가 문장 주거지의 변화

I redecorated it + 활용 구문.

저는 그것을 ~으로 새로 꾸몄습니다.

1 **I redecorated it** with new wall-paper in light colors and flooring, so it is nice.

2 **I redecorated it** by putting on new paint, so it is nice.

3 **I redecorated it** with pastel colors.

4 **I redecorated it** by changing the curtains and then, the room looked a lot brighter, so it is nice.

1 밝은 색 새 벽지와 장판으로 새로 꾸며서 좋습니다.
2 새로 페인트를 칠해서 좋습니다.
3 파스텔 색으로 새로 꾸몄습니다.
4 커튼을 바꾸고 새로 꾸미고 나서 방이 더 밝아 보여서 좋습니다.

응용 답변 가이드

현재 살고 있는 곳에 대한 질문으로 살고 있는 동네, 집과 주변에 대한 정보를 주는 답변입니다. 동네에 대한 설명뿐 아니라 집안의 변화에 대한 설명도 포함하고 있어서 처음 이사한 집에 대한 질문, 과거의 집과 현재의 집을 비교하라는 질문에도 응용하여 답변할 수 있습니다. 주의할 것은 시제입니다. 과거의 일에 대한 설명일 때는 과거시제로, 과거로부터 현재까지의 일이라면 현재완료시제로 바꿔줘야 한다는 것만 잘 기억하면 공간에 대한 다양한 질문에 활용할 수 있는 답변입니다.

>> F3-1 활용 구문 적용 연습 ▶▶ 스피킹 프레임에 연습한 활용 구문을 적용해 우리말을 영어로 바꿔 답변을 연습해보세요.

I'm curious about where you live. Please tell me as much information about the place as you can. How long have you lived there? Where is it located and what does it look like? Give me all the details.

당신이 지금 사는 곳에 대해 궁금합니다. 그 장소에 대해 가능한 한 많은 정보를 얘기해주세요. 그곳에서 얼마나 오래 살았나요? 어디에 있고 어떻게 생겼나요? 모든 세부사항에 대해 얘기해주세요.

저는 결혼하고 새 집으로 이사했습니다. 저는 여러 가지 이유로 이곳에 끌렸습니다. 이곳은 제 직장과 가깝습니다. 제가 일하는 서울까지 한 시간밖에 안 걸립니다. 그리고 **강 근처에 넓은 녹지가 있습니다.** 최근에 지하철이 개통되었는데 지하철역이 아파트 단지 바로 옆에 있습니다. 저는 14층에 살고 있습니다. 아파트에는 세 개의 침실과 두 개의 화장실 그리고 부엌과 거실이 있습니다. 아파트가 좀 낡았지만 이곳으로 이사 올 때 리모델링을 했습니다. **새로 페인트를 칠해서 좋습니다.** 그리고 매우 널찍해서 저는 그것이 좋습니다. 말씀 드린 대로 이것은 오래되었지만 매우 좋습니다.

>> F3-2 응용 연습 ▶▶ 스피킹 프레임을 이용해 응용 답변을 직접 만들어보세요.

Describe how your house looked when you first moved in. How has it changed from then? Give me all the details.

처음 이사했을 때 여러분의 집이 어땠는지 설명해주세요. 어떻게 변했나요? 자세히 설명해주세요.

저는 경기도에 있는 지금의 아파트에 6년 전에 이사 왔고 **여기서 5년 동안 살았습니다.** 저는 여러 가지 이유로 이곳에 끌렸습니다. 이곳은 제 직장과 가깝습니다. 제가 일하는 서울까지 한 시간밖에 안 걸립니다. **여기에 이사 왔을 때 편의 시설이 없었습니다. 그러나 지금은** 시장과 공원 같은 편의시설들이 많습니다. 그게 좋아요! **게다가** 최근에 지하철이 개통되었는데 지하철역이 아파트 단지 바로 옆에 있습니다. **지하철이 생기고 우리의 일상생활은 훨씬 편리해졌습니다.** 저는 14층에 살고 있습니다. 아파트에는 세 개의 침실과 두 개의 화장실 그리고 부엌과 거실이 있습니다. **그 당시에는 꽤 새 집이었지만 벽지가 벗겨져서 지난 달에 벽지를 갈아야 했습니다.** 밝은 색 새 벽지와 장판으로 새로 꾸며서 **지금은 좋습니다. 그리고 확장 공사를 하고 나니 매우 널찍해져서** 저는 그것이 좋습니다. 말씀 드린 대로 이것은 오래되었지만 매우 좋습니다.

▶▶ 능숙하게 답변을 잘 하셨나요?

이번에는 음원을 들으면서 답변을 확인해보세요. 🎧 F03-1, F03-2

🎧 F04

You indicated that you like to **watch movies**. ① What kind of movies do you like to watch? Tell me about your ② favorite movie genre in detail.
영화 보는 것을 좋아한다고 했습니다. 어떤 종류의 영화를 좋아합니까? 좋아하는 영화 장르에 대해 자세히 얘기해주세요.

질문 분석
watch movies 영화 보기
① what kind of movies 영화 종류
② favorite movie genre 영화 장르

답변 핵심 구성
도입 – 좋아하는 영화 장르, 이유
중심 – 구체적인 내용 및 예시
마무리 – 감상

스피킹 프레임 익히기

Q Shadowing → Echoing

>> F4 스피킹 프레임을 확인하고 해석을 보면서 읽어보세요. 두 번 섀도잉하고 세 번째 에코잉하면서 스피킹 프레임을 암기합니다.

도입 좋아하는 영화 장르와 이유	I like to watch romantic comedy movies. **Because of the love story and laughter, romantic comedies are amazing.**	저는 로맨틱 코미디 영화 보기를 좋아합니다. 사랑 이야기와 웃음 때문에 로맨틱 코미디는 굉장합니다.
중심1 장르 범주	I like all kinds of romantic comedies, from the recently released movies like "Friends with Benefits" to old-style black and white movies like "Roman Holiday."	저는 최신 개봉 영화 '프렌즈 위드 베너핏'부터 '로마의 휴일'과 같은 오래된 흑백영화까지 모든 종류의 로맨틱 코미디를 좋아합니다.
중심2 좋아하는 영화 내용	My favorite movies are the ones that deal with love that starts unexpectedly.	제가 제일 좋아하는 영화는 뜻하지 않게 시작된 사랑을 다룬 영화들입니다.
영화 예시	Examples of this are the "The Holiday", or films like "Letters to Juliet." Probably my favorite romantic comedy movie is "While You Were Sleeping." It's got a great story, and the characters, especially Lucy, keep you smiling.	이런 영화의 예로는 '홀리데이'나 '레터스 투 줄리엣'과 같은 영화가 있습니다. 아마 제가 가장 좋아하는 로맨틱 코미디는 '당신이 잠든 사이에'일 것입니다. 줄거리도 좋고 캐릭터들, 특히 루시가 계속 미소가 나오게 합니다.
마무리 감상 및 계획	I just love this movie, and will keep it on hand to see time and time again.	저는 이 영화를 너무 좋아하며 보고 또 볼 수 있도록 소장할 것입니다.

스피킹 프레임 연습: 활용 구문

Q Shadowing → Echoing → Switching

🎧 04-1 ~ 04-3

주요 구문과 활용 구문을 익히고, 스피킹 프레임에 넣어 답변을 완성해 말해보세요.

도입 좋아하는 장르와 이유

Because of/Because + 활용 구문.

〜때문에

1 **Because of** the love story and laughter, romantic comedies are amazing.

2 **Because of** the love story and laughter, I mainly watch romantic comedies.

3 **Because of** humorous scenes and a dramatic storyline, I like romantic comedies.

4 **Because** most romantic comedies depict a woman of my age glamorously, I like romantic comedies.

1 사랑 이야기와 웃음 때문에 로맨틱 코미디는 굉장합니다.
2 사랑 이야기와 웃음 때문에 저는 주로 로맨틱 코미디 영화를 봅니다.
3 유머러스한 장면들과 드라마틱한 스토리 때문에 저는 로맨틱 코미디를 좋아합니다.
4 대부분의 로맨틱 코미디는 제 또래 여자들을 매력적으로 그리기 때문에 저는 로맨틱 코미디를 좋아합니다.

중심1 장르 범주

from + 활용 구문 + to + 활용 구문

〜에서 〜까지

1 I like all kinds of romantic comedies, **from** the recently released movies **to** old-style black and white movies.

2 I like all kinds of movies, **from** Jackie Chan's martial arts film **to** low-budget art films.

3 He's a good actor for all kinds of movies, **from** romantic comedies **to** action movies.

4 That movie was sheer torture **from** start **to** finish.

5 The movie was funny, suspenseful, and entertaining **from** start **to** finish.

1 저는 최신 개봉 영화부터 오래된 흑백영화까지 모든 종류의 로맨틱 코미디를 좋아합니다.
2 저는 성룡의 무술 영화부터 저예산 예술 영화까지 모든 종류의 영화를 좋아합니다.
3 그는 로맨틱 코미디부터 액션 영화까지 모든 영화에 어울리는 배우입니다.
4 그 영화는 시작부터 끝까지 피를 말리는 것이었습니다.
5 그 영화는 처음부터 끝까지 웃기고 긴장감 넘치고 재미있었습니다.

중심2 영화 내용

My favorite movies are the ones that deal with + 활용 구문.
제가 제일 좋아하는 영화는 ~을 다룬 영화들입니다.

1 **My favorite movies are the ones that deal with** love that starts unexpectedly.

2 **My favorite movies are the ones that deal with** the social issues in a believable manner.

3 **My favorite movies are the ones that deal with** philosophical questions like "How can you define a human?"

4 **My favorite movies are the ones that deal with** different human figures.

5 **My favorite movies are the ones that deal with** science fiction.

1 제가 제일 좋아하는 영화는 뜻하지 않게 시작된 사랑을 다룬 영화들입니다.
2 제가 제일 좋아하는 영화는 있음 직한 사회적 이슈들을 다루는 영화들입니다.
3 제가 제일 좋아하는 영화는 "당신은 인간을 어떻게 정의할 수 있는가?"와 같은 철학적인 질문들을 다루는 영화들입니다.
4 제가 제일 좋아하는 영화는 다양한 인간의 형상을 다룬 영화들입니다.
5 제가 제일 좋아하는 영화는 과학 소설을 다룬 영화들입니다.

응용 답변 가이드

좋아하는 영화 장르를 물어보는 질문에 영화의 종류를 나열하며 설명하는 답변입니다. 이와 유사한 질문인 좋아하는/자주 가는 공연에 응용하여 답변할 수 있습니다. 영화 제목을 뮤지컬이나 연극, 콘서트 등의 제목으로 바꿔주기만 하면 됩니다. 질문에서 좋아하거나 자주 가는 이유를 덧붙이라고 할 수도 있는데 답변에 이미 이유까지 설명하고 있으므로 주제에 따라 적절히 바꿔서 활용하면 됩니다. 질문에서 어디로 가는지, 누구와 가는지도 물어볼 수 있는데, 그럴 경우 'go to + 장소 + with + 사람'을 이용해 한두 문장 정도로 간단히 덧붙여주면 됩니다.

>> F4-1 활용 구문 적용 연습 ▶▶ 스피킹 프레임에 연습한 활용 구문을 적용해 우리말을 영어로 바꿔 답변을 연습해보세요.

You indicated that you like to watch movies. What kind of movies do you like to watch? Tell me about your favorite movie genre in detail.

영화 보는 것을 좋아한다고 했습니다. 어떤 종류의 영화를 좋아합니까? 좋아하는 영화 장르에 대해 자세히 얘기해주세요.

저는 로맨틱 코미디 영화 보기를 좋아합니다. **대부분의 로맨틱 코미디는 내 또래 여자들을 매력적으로 그리기 때문에 저는 로맨틱 코미디를 좋아합니다.** 저는 최신 개봉 영화 '프렌즈 위드 베너핏'부터 '로마의 휴일'과 같은 오래된 흑백영화까지 모든 종류의 로맨틱 코미디를 좋아합니다. 제가 제일 좋아하는 영화는 뜻하지 않게 시작된 사랑을 다룬 영화입니다. 이런 영화의 예로는 '홀리데이'나 '레터스 투 줄리엣'과 같은 영화가 있습니다. 아마 제가 가장 좋아하는 로맨틱 코미디는 '당신이 잠든 사이에'일 것입니다. 줄거리도 좋고 캐릭터들, 특히 루시가 계속 미소가 나오게 합니다. 저는 이 영화를 너무 좋아하며 보고 또 볼 수 있도록 소장할 것입니다.

>> F4-2 응용 연습 ▶▶ 스피킹 프레임을 이용해 응용 답변을 직접 만들어보세요.

You indicated in the survey that you go to concerts. What kind of concerts do you usually go to, and why? Please tell me about the concerts you like in detail.

공연에 간다고 하셨습니다. 주로 어떤 공연에 가고 왜 그런가요? 좋아하는 공연에 대해 자세히 말해주세요.

저는 뮤지컬 공연을 보러 가기를 좋아합니다. 이야기와 춤, 노래 때문에 뮤지컬은 굉장합니다. 저는 최신 개봉 뮤지컬 영화 **'맘마미아'**부터 **'레미제라블'**과 같은 **옛날 스타일**의 뮤지컬까지 모든 종류의 **뮤지컬 공연**을 좋아합니다. 제가 제일 좋아하는 **뮤지컬은** 뜻하지 않게 시작된 사랑을 다룬 **뮤지컬**입니다. 이런 것의 예로는 **'스텝업'**이나 **'마이 페어 레이디'**가 있습니다. 아마 제가 가장 좋아하는 **뮤지컬은 '아이다'**일 것입니다. 줄거리도 좋고 캐릭터들, 특히 **주인공이** 계속 미소가 나오게 합니다. **저는 이 뮤지컬을 좋아하며 계속해서 그것을 보러 갈 것입니다.**

▶▶ 능숙하게 답변을 잘 하셨나요?
이번에는 음원을 들으면서 답변을 확인해보세요. 🎧 F04-1, F04-2

스피킹 프레임
취미/관심사

유형: 단순/세부 묘사

주제: 좋아하는 음악

Self Check ☑ ☐ ☐ ☐ ☐

🎧 F05

You indicated in the survey that you **like to listen to music**. ① What kind of music do you like and ② when do you usually listen to it? ③ Where do you get your music? Give as many details as you can.

설문조사에 음악 감상하는 것을 좋아한다고 답했습니다. 어떤 음악을 좋아하고 주로 언제 음악을 듣나요? 그 음악들을 어디서 얻나요? 가능한 자세히 얘기해주세요.

질문 분석

like to listen to music
① what kind of music 음악의 종류
② when listen to music 음악을 듣는 때
③ where get music 음악을 얻는 곳

답변 핵심 구성

도입 – 좋아하는 음악과 이유

중심 – 장르와 음악 듣는 방법에 대한 구체 설명

마무리 – 음악을 듣는 기기

스피킹 프레임 익히기

Q Shadowing → Echoing

>> F5 스피킹 프레임을 확인하고 해석을 보면서 읽어보세요. 두 번 섀도잉하고 세 번째 에코잉하면서 스피킹 프레임을 암기합니다.

도입 좋아하는 음악	I like many different kinds of music, especially a lot of ballads.	저는 다양한 종류의 음악을 좋아하는데 특히 발라드 음악을 많이 좋아합니다.
중심1 좋아하는 이유	The reason I like ballad music is because a ballad singer usually has a great voice, and can sing with a lot of heart and emotion.	발라드 음악을 좋아하는 이유는 발라드 가수들은 보통 목소리가 좋아서 마음과 감정을 실어 노래를 부를 수 있기 때문입니다.
발라드 가수의 노래	I can feel their honest feeling and listen to them sing about their love and life.	저는 그들의 진솔한 감정을 느낄 수 있고 그들의 사랑과 삶에 대해 들을 수 있습니다.
중심2 좋아하는 가수	My favorite singer is Beak Jiyoung. She sings a lot of different kinds of music, even dance music.	제가 가장 좋아하는 가수는 백지영입니다. 그녀는 많은 다양한 노래를 부르는데, 댄스곡도 있고요
가수의 노래	But the most beloved music of her songs is sad love ballads. They are full of love and poetry - I love them!	하지만 그녀의 노래들 중에 가장 사랑 받는 장르는 슬픈 발라드입니다. 그 곡들은 사랑과 시로 가득하고 저는 그 노래들을 정말 좋아해요
중심3 음악을 듣는 때	I like to listen to music while I am working because it helps me concentrate.	저는 일을 할 때 음악을 듣는 것을 좋아하는데, 집중하는 데에 도움이 되기 때문입니다.
마무리 음악을 듣는 기기	I usually listen to music either on my smartphone or on my computer. I get my music online, usually by downloading it from one of the music sites.	저는 보통 스마트폰이나 컴퓨터로 음악을 듣습니다. 저는 인터넷에서 음악을 다운 받는데, 종종 음악 사이트에서 다운 받습니다.

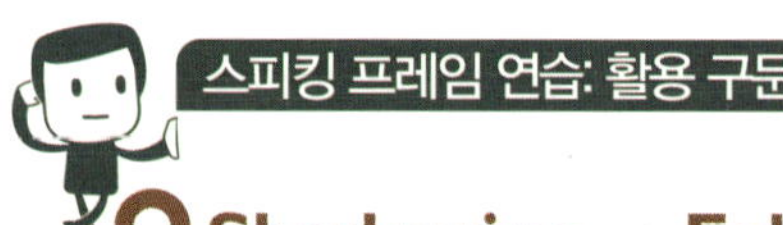

Q Shadowing → Echoing → Switching

🎧 05-1 ~ 05-4

주요 구문과 활용 구문을 익히고, 스피킹 프레임에 넣어 답변을 완성해 말해보세요.

도입 좋아하는 음악의 종류

I like many different kinds of music, especially a lot of + 활용 구문.

저는 다양한 종류의 음악을 좋아하는데 특히 ~을 많이 좋아합니다.

1 I like many different kinds of music, especially a lot of ballads.

2 I like many different kinds of music, especially a lot of heavy metal.

3 I like many different kinds of music, especially a lot of new age.

4 I like many different kinds of music, especially a lot of classical music.

5 I like many different kinds of music, especially a lot of pop music.

1 저는 다양한 종류의 음악을 좋아하는데 특히 발라드를 많이 좋아합니다.
2 저는 다양한 종류의 음악을 좋아하는데 특히 헤비메탈을 많이 좋아합니다.
3 저는 다양한 종류의 음악을 좋아하는데 특히 뉴에이지를 많이 좋아합니다.
4 저는 다양한 종류의 음악을 좋아하는데 특히 클래식을 많이 좋아합니다.
5 저는 다양한 종류의 음악을 좋아하는데 특히 대중음악을 많이 좋아합니다.

중심1 좋아하는 이유

The reason I like + 음악 장르 + is because + 활용 구문.

~을 좋아하는 이유는 ~때문입니다.

1 The reason I like ballad music is because a ballad singer usually has a great voice.

2 The reason I like rock and roll is because it has really exciting beats and rhythms.

3 The reason I like classical music is because it makes me feel comfortable.

4 The reason I like ballad music is because it touches my heart.

5 The reason I like heavy metal is because I can relieve my stress by listening to that music.

1 발라드 음악을 좋아하는 이유는 발라드 가수들은 보통 목소리가 좋기 때문입니다.
2 락 음악을 좋아하는 이유는 정말 신나는 비트와 리듬 때문입니다.
3 클래식 음악을 좋아하는 이유는 편안하게 해주기 때문입니다.
4 발라드 음악을 좋아하는 이유는 감동을 주기 때문입니다.
5 메탈 음악을 좋아하는 이유는 음악을 틀으면 스트레스가 풀리기 때문입니다.

중심3 음악을 듣는 때

I like to listen to music while I + 활용 구문 + because + 활용 구문.
~때문에 ~할 때 음악을 듣는 것을 좋아합니다.

1 **I like to listen to music while I** am working **because** it helps me concentrate.

2 **I like to listen to music while I** am running at the gym or a park **because** it makes the exercise more fun.

3 **I like to listen to music while I** am on the train going to work **because** it is very relaxing.

4 **I like to listen to music when I** am stressed out **because** it helps me relax.

5 **I like to listen to music before I** go to sleep **because** it helps me get a good night's sleep.

1 집중하는 데 도움이 되기 때문에 저는 일을 할 때 음악을 듣는 것을 좋아합니다.
2 집중할 수 있기 때문에 헬스장이나 공원에서 뛸 때 음악을 듣는 것을 좋아합니다.
3 마음을 느긋하게 해주기 때문에 전철에서 음악을 듣는 것을 좋아합니다.
4 긴장을 풀 수 있기 때문에 스트레스로 지쳐 있을 때 음악을 듣는 것을 좋아합니다.
5 숙면을 취할 수 있기 때문에 잠들기 전에 음악을 듣는 것을 좋아합니다.

마무리 음악을 듣는 기기

I get my music online, usually by + 활용 구문.
저는 인터넷에서 음악을 다운 받는데 주로 ~합니다.

1 **I get my music online, usually by** downloading it from one of the music sites.

2 **I get my music online, usually by** downloading MP3s or buying them.

3 **I get my music online, usually by** logging onto the music sites.

4 **I get my music online, usually by** tuning in[accessing] an Internet radio station.

1 저는 인터넷에서 음악을 다운 받는데 주로 음악 사이트에서 다운 받습니다.
2 저는 인터넷에서 음악을 다운 받는데 주로 MP3 파일을 다운 받거나 파일을 구입합니다.
3 저는 인터넷에서 음악을 다운 받는데 주로 음악 사이트에 로그인합니다.
4 저는 인터넷에서 음악을 다운 받는데 주로 인터넷 라디오 방송국에 접속합니다.

응용 답변 가이드

좋아하는 음악을 묻는 질문에 대한 답변입니다. 이런 기본 답변에는 되도록 다양한 정보를 포함시켜 준비해두는 것이 좋습니다. 좋아하는 음악의 장르를 밝히고 이유, 좋아하는 가수, 듣는 장소나 때, 음악을 듣는 기기를 포함시키면 각각의 내용에 대해 세부적인 내용을 묻는 질문에도 대비할 수 있습니다. 다음에서는 이 답변을 음악을 듣는 기기에 대해 묻는 질문에 응용해 봅시다. 스피킹 피드백에서 연습해보세요.

앞에서 익힌 스피킹 프레임과 활용 구문을 이용해 우리말을 보고 바로바로 영어로 말할 수 있었나요?
답변하기 힘들었다면 스피킹 프레임부터 다시 암기하고, 활용 구문을 다시 연습하세요.

>> **F5-1** **활용 구문 적용 연습** ▶▶ 스피킹 프레임에 연습한 활용 구문을 적용해 우리말을 영어로 바꿔 답변을 연습해보세요.

You indicated in the survey that you like to listen to music. What kind of music do you like and when do you usually listen to it? Where do you get your music? Give as many details as you can.

설문조사에 음악 감상하는 것을 좋아한다고 답했습니다. 어떤 음악을 좋아하고 언제 음악을 듣나요? 그 음악들을 어디서 얻나요? 가능한 자세히 얘기해주세요.

저는 다양한 종류의 음악을 좋아하는데 특히 발라드 음악을 많이 좋아합니다. **발라드 음악을 좋아하는 이유는 감동을 주기 때문입니다.** 저는 가수들의 진솔한 감정을 느낄 수 있고 그들의 사랑과 삶에 대해 들을 수 있습니다. 제가 가장 좋아하는 가수는 백지영입니다. 그녀는 많은 다양한 노래를 부르는데, 댄스곡도 있고요, 하지만 그녀의 노래들 중에 가장 사랑 받는 장르는 슬픈 발라드입니다. 그 곡들은 사랑과 시로 가득하고 저는 그 노래들을 정말 좋아해요! **긴장을 풀 수 있기 때문에 스트레스로 지쳐 있을 때 음악을 듣는 것을 좋아합니다.** 저는 보통 스마트폰이나 컴퓨터로 음악을 듣습니다. 저는 인터넷에서 음악을 다운 받는데, 종종 음악 사이트에서 다운 받습니다.

>> **F5-2** **응용 연습** ▶▶ 스피킹 프레임을 이용해 응용 답변을 직접 만들어보세요.

What kind of musical device do you use when you listen to music? When and where do you listen to music?

음악을 들을 때 어떤 종류의 기기를 사용하나요? 언제, 어디에서 음악을 듣습니까?

저는 다양한 종류의 음악을 좋아하는데 특히 발라드 음악을 많이 좋아합니다. **저는 음악을 들을 때 주로 컴퓨터를 사용합니다. 컴퓨터로 음악 듣기를 좋아하는 이유는** 보통 좋은 스피커가 있어서 발라드를 들을 때 쉽게 음악 자체에 집중할 수 있기 때문입니다. 이 곡들을 제 **컴퓨터의 좋은 오디오 시스템으로 들으면** 그 곡들은 사랑과 시로 가득하고 저는 그 노래들을 정말 좋아해요! 저는 일을 할 때 음악을 듣는 것을 좋아하는데, 집중하는 데에 도움이 되기 때문입니다. **사무실에서 일할 때** 저는 보통 스마트폰이나 컴퓨터로 음악을 듣습니다. **그것들은 편리합니다.** 저는 인터넷에서 음악을 다운 받는데, 종종 음악 사이트에서 다운 받습니다.

▶▶ 능숙하게 답변을 잘 하셨나요?

이번에는 음원을 들으면서 답변을 확인해보세요. 🎧 F05-1, F05-2

06 스피킹 프레임
휴가/출장

유형: 단순/세부 묘사

주제: 출장 준비

Self Check ☑ ☐ ☐ ☐ ☐

🎧 F06

You indicated in the survey that you **travel for business internationally**. Describe ① all the things you pack in your suitcase for a trip and ② how you prepare for it.

당신은 설문조사에서 해외로 출장을 간다고 했습니다. 출장을 갈 때 꾸리는 물건들과 출장을 어떻게 준비하는지 자세히 설명해주세요.

질문 분석	답변 핵심 구성
travel for business internationally ① things you pack 챙겨가는 것 ② how prepare 준비 과정	**도입** – 출장 전 준비 첫 단계 **중심** – 가방 싸기 **마무리** – 내용 정리

Q Shadowing → Echoing

>> F6

스피킹 프레임을 확인하고 해석을 보면서 읽어보세요. 두 번 섀도잉하고 세 번째 에코잉하면서 스피킹 프레임을 암기합니다.

도입 여행 전에 하는 일	**When I go on a business trip internationally, I first Google some information about the city or country where I will go.**	해외로 출장을 갈 때 우선 제가 갈 도시나 나라에 대해 몇 가지 정보를 검색해봅니다.
중심1 확인 사항	I check the weather report to find out the temperature there. When I find out what the weather is like, I pack the clothes I need.	저는 그곳의 기온을 알아보기 위해 일기 예보를 확인합니다. 날씨가 어떤지 알아본 다음 필요한 옷가지들을 쌉니다.
중심2 가방 싸기	**Then I pack my toiletries. I make sure I have my toothbrush, shaving cream, and razor as well.**	그런 후 세면도구를 챙깁니다. 칫솔, 면도 크림과 면도기도 챙겼는지 확인합니다.
기타 챙기는 물건들	In my carryon bag, I pack my laptop and business documents. My laptop and battery are very important because I can't work without them.	기내에 가지고 가는 가방에는 노트북과 업무 서류를 넣습니다. 노트북과 배터리가 없으면 일을 할 수 없기 때문에 매우 중요합니다.
마무리 내용 정리	**These things are all that I take when I go on a business trip.**	이것들이 제가 출장 갈 때 챙기는 것들입니다.

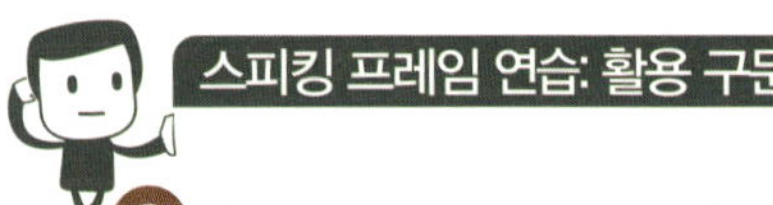

Q Shadowing → Echoing → Switching

🎧 06-1 ~ 06-4

주요 구문과 활용 구문을 익히고, 스피킹 프레임에 넣어 답변을 완성해 말해보세요.

도입 여행 전에 하는 일

When I go on a business trip internationally, I first + 활용 구문.

해외로 출장을 갈 때 우선 ~합니다.

---

1 **When I go on a business trip internationally, I first** Google some information about the city or country where I will go.

2 **When I go on a business trip internationally, I first** prepare my suitcase.

3 **When I go on a business trip internationally, I first** check the weather report to find out what the temperature is like.

4 **When I go on a business trip internationally, I first** take a good book.

5 **When I go on a business trip internationally, I first** reserve a room through my travel agent.

1 해외로 출장을 갈 때 우선 제가 갈 도시나 나라에 대해 몇 가지 정보를 검색해봅니다.
2 해외로 출장을 갈 때 우선 가방을 쌉니다.
3 해외로 출장을 갈 때 우선 기온이 어떤지 알기 위해 일기 예보를 확인합니다.
4 해외로 출장을 갈 때 우선 좋은 책을 챙깁니다.
5 해외로 출장을 갈 때 우선 여행사를 통해 방을 예약합니다.

중심1 가방 싸기

I pack + 활용 구문.

저는 ~을 챙깁니다.

---

1 **I pack** the clothes I need.

2 **I pack** my toiletries.

3 **I pack** my laptop and business documents.

4 **I pack** more underwear than I need.

1 저는 필요한 옷을 챙깁니다.
2 저는 세면도구를 챙깁니다.
3 저는 노트북과 업무 서류를 챙깁니다.
4 저는 필요한 것보다 더 많은 속옷을 챙깁니다.

중심2 여행 전 확인 사항

I make sure + 활용 구문.

저는 ~을 확인합니다.

1 **I make sure** I have my toothbrush, shaving cream, and razor as well.

2 **I make sure** I read travel guidebooks.

3 **I make sure** I pack my passport and boarding pass.

4 **I make sure** both my laptop battery and extra battery are charged up.

1 저는 칫솔, 면도 크림과 면도기도 챙겼는지 확인합니다.
2 저는 여행 안내책자를 읽는 것을 확인합니다.
3 저는 여권과 탑승권을 챙기는 것을 확인합니다.
4 저는 노트북 배터리와 여분의 배터리를 충전시키는 것을 확인합니다.

마무리 내용 정리

These things are all that I + 활용 구문.

이것들이 제가 ~하는 것들입니다.

1 **These things are all that I** take when I go on a business trip.

2 **These things are all that I** take when I travel for business internationally.

3 **These things are all that I** take when I make domestic trips.

4 **These things are all that I** pack in my suitcase for the trip.

1 이것들이 제가 출장 갈 때 챙기는 것들입니다.
2 이것들이 제가 해외로 출장 갈때 챙기는 것들입니다.
3 이것들이 제가 국내여행을 할 때 챙기는 것들입니다.
4 이것들이 제가 여행 가방에 챙기는 것들입니다.

응용 답변 가이드

출장을 갈 때 챙기는 물건을 묻는 질문에 대한 답변입니다. 직장인에 대한 질문인데, 학생, 직장인의 구분 없이 출제되는 여행 준비에 대한 질문의 답변으로 응용할 수 있습니다. 또한 최근 여행에 대해 설명하라는 질문에 지난번 여행에는 준비할 것이 많았다고 하면서 이 답변의 내용을 그대로 사용할 수 있습니다. 설문 조사에서 선택해야 하는 항목이 많으므로 답변을 준비하는 수고를 덜기 위해서는, 되도록 연계해서 답변하기 쉬운 항목인 여행에 대한 것은 모두 선택해두는 것이 좋습니다.

 **스피킹 피드백** ▶▶ 앞에서 익힌 스피킹 프레임과 활용 구문을 이용해 우리말을 보고 바로바로 영어로 말할 수 있었나요?
답변하기 힘들었다면 스피킹 프레임부터 다시 암기하고, 활용 구문을 다시 연습하세요.

>> F6-1 활용 구문 적용 연습 ▶ 스피킹 프레임에 연습한 활용 구문을 적용해 우리말을 영어로 바꿔 답변을 연습해보세요.

You indicated in the survey that you travel for business internationally. Describe all the things you pack in your suitcase for a trip and how you prepare for it.

당신은 설문조사에서 해외로 출장을 간다고 했습니다. 출장을 갈 때 꾸리는 물건들과 출장을 어떻게 준비하는지 자세히 설명해 주세요.

해외로 출장을 갈 때 우선, 제가 갈 도시나 나라에 대해 몇 가지 정보를 검색해봅니다. 저는 그곳의 기온을 알아보기 위해 일기 예보를 확인합니다. 날씨가 어떤지 알아본 다음 필요한 옷가지들을 쌉니다. **그런 후 필요한 것보다 더 많은 속옷을 챙깁니다. 저는 여행 안내책자를 읽는 것을 확인합니다.** 기내에 가지고 가는 가방에는 노트북과 업무 서류를 넣습니다. 노트북과 배터리가 없으면 일을 할 수 없기 때문에 매우 중요합니다. 이것들이 제가 출장 갈 때 챙기는 것들입니다.

>> F6-2 응용 연습 ▶ 스피킹 프레임을 이용해 응용 답변을 직접 만들어보세요.

Let's say you are preparing to take a trip somewhere. What kind of things do you usually bring when you go on a trip? Please name all the things you pack in your bag or suitcase.

어디론가 여행을 가려고 준비하고 있다고 해봅시다. 여행을 떠날 때 보통 어떤 것들을 챙겨가나요? 가방이나 여행 가방에 챙겨가는 물건들을 모두 나열해보세요.

국내나 해외로 여행을 갈 때 우선, 제가 갈 도시나 나라에 대해 몇 가지 정보를 검색해봅니다. 저는 그곳의 기온을 알아보기 위해 일기 예보를 확인합니다. 날씨가 어떤지 알아본 다음 필요한 옷가지들을 쌉니다. 그런 후 세면도구를 챙깁니다. 칫솔, 면도 크림과 면도기도 챙겼는지 확인합니다. 기내에 가지고 가는 가방에는 **카메라를** 넣습니다. 저는 항상 노트북과 **배터리를** 반드시 챙깁니다. **그것들이 없으면 호텔에서 지내기가 지루하기 때문에 매우 중요합니다.** 이것들이 제가 여행을 갈 때 챙기는 것들입니다.

▶ 능숙하게 답변을 잘 하셨나요?

이번에는 음원을 들으면서 답변을 확인해보세요. 🎧 F06-1, F06-2

🎧 F07

What ① steps are required in order for you **to acquire an identification card**? Do you ② need other items such as a birth certificate etc. in order to get the card? Please provide a detailed description of what is required for you to get an identification card.

신분증을 받기 위해서 어떤 절차가 필요합니까? 출생 증명서 등과 같은 다른 것들이 신분증을 받기 위해 필요합니까? 신분증을 받기 위해 필요한 것에 대한 자세한 설명을 하세요.

질문 분석

to acquire an identification card 신분증 발급 받기
① steps required 절차
② need other items 필요한 물건

답변 핵심 구성

도입 – 내용 정리
중심 – 절차 및 서류
마무리 – 마지막 절차, 신분증 수령

스피킹 프레임 익히기

Q Shadowing → Echoing

>> F7

스피킹 프레임을 확인하고 해석을 보면서 읽어보세요. 두 번 섀도잉하고 세 번째 에코잉하면서 스피킹 프레임을 암기합니다.

도입 내용 정리	When you register for an identification card, there is a set of steps you have to follow.	신분증을 신청할 때에는 몇 단계 밟아야 할 절차가 있습니다.
중심1 첫 번째 절차	First, you have to go to your local community center. At the registration office of the center, you take a number and then fill in the registration form while you wait.	우선 지역의 동사무소에 가야 합니다. 동사무소의 등본 사무실에서 번호를 받고 기다리는 동안 신청서를 작성합니다.
중심2 구비 서류	Oh, remember that you need to bring your picture.	동사무소에 사진을 가지고 가야 한다는 것을 기억하세요.
사진이 없을 때	If you don't have one, you can have a picture taken there, because they have a camera there.	사진이 없으면 거기에 카메라가 있으므로 거기서 찍으면 됩니다.
중심3 중간 절차	When it's your turn, the clerk takes your fingerprints, and collects your picture and forms.	차례가 되면 직원이 지문을 찍어 가고 사진과 서류를 가지고 갑니다.
마무리 수령 절차	After that, they send the card that is processed and you can pick it up or you can ask them to mail it to your house.	그 다음에 동사무소 직원은 절차가 완료된 카드를 보냅니다. 본인이 와서 가져가거나 자택으로 우편 발송해달라고 요청할 수도 있습니다.

스피킹 프레임 연습 · 활용 구문

Q Shadowing → Echoing → Switching

07-1~07-4

주요 구문과 활용 구문을 익히고, 스피킹 프레임에 넣어 답변을 완성해 말해보세요.

중심1 첫 번째 절차

First, you have to + 활용 구문.

우선 ~해야 합니다.

1 **First, you have to** go to your local community center.

2 **First, you need to** get service from the clerk.

3 **First, you need to** get some information.

4 **First, you need to** prepare the required documents.

1 우선 지역의 동사무소에 가야 합니다.
2 우선 직원의 도움을 받아야 합니다.
3 우선 정보를 얻어야 합니다.
4 우선 구비 서류를 준비해야 합니다.

중심2 구비 서류

Oh, remember that + 활용 구문.

~을 기억하세요.

1 **Oh, remember that** you need to bring your picture.

2 **Oh, remember that** you need to bring a form of government-issued identification.

3 **Oh, remember that** you need to bring your student ID.

4 **Oh, remember that** you should submit the document on time.

5 **Oh, remember that** there are papers to be filed with an application.

1 동사무소에 사진을 가지고 가야 한다는 것을 기억하세요.
2 정부 발행 신원 확인 서류를 지참해야 한다는 것을 기억하세요.
3 학생증을 지참해야 한다는 것을 기억하세요.
4 서류들을 제시간에 제출해야 한다는 것을 기억하세요.
5 접수 시 제출해야 하는 서류가 있다는 것을 기억하세요.

중심3   중간 절차

When it's your turn, + 활용 구문.

차례가 되면 ~.

1 **When it's your turn,** the clerk takes your fingerprints, and collects your picture and forms.

2 **When it's your turn,** proceed to the window for registration/application.

3 **When it's your turn,** submit the forms to the clerk.

4 **When it's your turn,** undergo a background security check.

5 **When it's your turn,** provide both your former and current address.

1 차례가 되면 직원이 지문을 찍어 가고 사진과 서류를 가지고 갑니다.
2 차례가 되면 창구로 가서 접수를 합니다.
3 차례가 되면 직원에게 서류를 제출합니다.
4 차례가 되면 신원 조회를 받습니다.
5 차례가 되면 이전 주소지와 현재 주소지를 제출합니다.

마무리   다음 단계 소개(수령)

After that, you can + 활용 구문.

그 다음에 ~할 수 있습니다.

1 **After that, you can** pick it up.

2 **After that, you can** receive them by mail within three business days.

3 **After that, you can** take it from the registration office.

4 **After that, you can** ask them to mail it to your current address.

1 그 다음에 그것을 가지고 갈 수 있습니다.
2 그 다음에 영업일 3일 후에 우편으로 그것들을 받을 수 있습니다.
3 그 다음에 등본 사무소에서 그것을 가져갈 수 있습니다.
4 그 다음에 당신의 현재 주소로 그것을 우편 발송해달라고 요청할 수 있습니다.

응용 답변 가이드

돌발 주제 문제로 신분증을 발급 받는 절차를 묻는 질문에 대한 답변입니다. 절차에 대한 답변의 경우 신분증, 신용카드, 예금 통장 등에 연계해서 사용할 수 있습니다. 따라서 매우 구체적이고 특징적인 사항보다는 어떤 절차에 적용해도 무리가 없는 내용(번호 표를 뽑는다, 순서를 기다린다, 담당자와 얘기한다, 결과물을 받는다 등)으로 구성하는 것이 좋습니다.

>> **F7-1** **활용 구문 적용 연습 ▶▶** 스피킹 프레임에 연습한 활용 구문을 적용해 우리말을 영어로 바꿔 답변을 연습해보세요.

What steps are required in order for you to acquire an identification card? Do you need other items such as a birth certificate etc. in order to get the card? Please provide a detailed description of what is required for you to get an identification card.

신분증을 받기 위해서 어떤 절차가 필요합니까? 출생 증명서 등과 같은 다른 것들이 신분증을 받기 위해 필요합니까? 신분증을 받기 위해 필요한 것에 대한 자세한 설명을 하세요.

신분증을 신청할 때에는 몇 단계 밟아야 할 절차가 있습니다. 우선 지역의 동사무소에 가야 합니다. 동사무소의 등본 사무실에서 번호를 받고 기다리는 동안 신청서를 작성합니다. **정부 발행 신원확인 서류와 사진을 지참해야 한다는 것을 기억하세요.** 사진이 없으면 거기에 카메라가 있으므로 거기서 찍으면 됩니다. **차례가 되면 직원에게 서류를 제출합니다.** 그 다음에 동사무소 직원은 절차가 완료된 카드를 보냅니다. 본인이 와서 가져가거나 자택으로 우편 발송해달라고 요청할 수도 있습니다.

>> **F7-2** **응용 연습 ▶▶** 스피킹 프레임을 이용해 응용 답변을 직접 만들어보세요.

What steps are required in order for you to acquire a credit card? What particular procedures do you need to follow? Do you need other items such as a birth certificate, etc. in order to get the card? Please provide a detailed description of what is required for you to get a credit card.

신용카드를 받기 위해서 어떤 절차가 요구됩니까? 어떤 특정 절차를 따라야 합니까? 출생 증명서 등과 같은 다른 것들이 신용카드를 받기 위해 필요합니까? 신용카드를 받기 위해 필요한 것에 대해 자세한 설명을 해보세요.

신용카드를 신청할 때에는 몇 단계 밟아야 할 절차가 있습니다. **우선 동네 은행에 가야 합니다.** 은행에서 번호를 받고 기다리는 동안 신청서를 작성합니다. **은행에 신분증을 가지고 가야 한다는 것을 기억하세요. 신분증이 없으면 신용카드를 만들 수 없으므로 다른 날 그것을 가지고 다시 방문해야 합니다.** 차례가 되면 직원이 **신분증과 서류를 가지고 갑니다.** 그 다음에 **그들은** 절차가 완료된 카드를 보냅니다. 본인이 와서 가져가거나 자택으로 우편 발송해달라고 요청할 수도 있습니다.

▶▶ 능숙하게 답변을 잘 하셨나요?
이번에는 음원을 들으면서 답변을 확인해보세요. 🎧 F07-1, F07-2

다음과 같은 학습 활동을 충실히 했는지, 모범 답변은 어느 정도 익숙해졌는지 적어보고 다음 학습에 참고하세요.

유형 1 – 단순/세부 묘사	학습 날짜	섀도잉/에코잉	암기 정도
F1 학교 생활 – 학교에서의 일과			
F1-1 학교 생활 – 학교에서의 일과			
F1-2 학교 생활 – 주중/주말에 하는 일			
F2 직장 생활 – 직장인의 회사 소개			
F2-1 직장 생활 – 직장인의 회사 소개			
F2-2 직장 생활 – 회사에 대해 단순 질문하기			
F3 가정과 이웃 – 사는 동네 및 거주지			
F3-1 가정과 이웃 – 사는 동네 및 거주지			
F3-2 가정과 이웃 – 처음 이사했을 때의 거주지			
F4 여가 활동 – 좋아하는 영화			
F4-1 여가 활동 – 좋아하는 영화			
F4-2 여가 활동 – 좋아하는 공연			
F5 취미/관심사 – 좋아하는 음악			
F5-1 취미/관심사 – 좋아하는 음악			
F5-2 취미/관심사 – 음악을 듣는 기기			
F6 휴가/출장 – 출장 준비			
F6-1 휴가/출장 – 출장 준비			
F6-2 휴가/출장 – 여행 준비			
F7 돌발 주제 – 신분증 발급 절차			
F7-1 돌발 주제 – 신분증 발급 절차			
F7-2 돌발 주제 – 신용카드 발급 절차			

스텝 2 쉽고 재미있게 공부하기

유형 2 – 단순 묘사 답변을 과거 경험 유형에 이용하라

두 번째 유형이 과거형 문제입니다. 말 그대로 과거의 일에 대해 물어보면 그에 대한 경험을 설명하면서 답변하는 유형이죠. 좀 더 세부적으로 나누면 단순히 과거의 일을 묻기도 하고, 기억에 남는 일에 대해 묻거나 최근의 일을 묻기도 합니다. 또한 어려움을 겪은 일에 대해 묻기도 하고 처음으로 시작한 계기를 묻는 문제도 출제되죠. 주제별로 이러한 일들에 대한 답변을 마련해두는 것이 좋습니다. 그런데 큰 주제 범위만 8개나 되는데 세부 항목에 대해 이러한 과거 유형 문제에 대한 답변을 일일이 준비해둔다는 것은 쉬운 일이 아닙니다. 더구나 암기해두는 것은? 불가능합니다! 그럼 어떻게 해야 할까요? Step 2에서는 이에 대해 효과적인 대비책을 마련해두었습니다. 먼저 과거형 문제는 모두 하나의 답변을 통일해서 준비합니다. 무슨 말인고 하니, 최근 경험을 묻든, 가장 기억에 남는 일을 묻든, 어려움을 겪었던 일을 묻든 같은 답변을 이용할 수 있다는 것입니다. 그리고 두 번째 요령으로는 단순/세부 묘사 답변을 변형해 사용하는 것입니다. 단순/세부 묘사에 대한 기본 답변을 암기하라고 강조한 데는 이유가 있죠. 바로 응용을 하기 위해서! 단순/세부 묘사에서 동사의 시제만 살짝 과거형으로 바꿔주면 아주 감쪽 같습니다. 예를 들어 학교에 대한 단순 묘사 답변을 준비했다고 합시다. 과거형 문제로는 학교에 처음 방문했을 때의 인상을 묻는 문제가 출제될 수 있는데 학교를 언제 처음 방문했는지를 한 문장 덧붙이면서 이하 학교에 대한 묘사는 시제를 과거형으로 바꿔주기만 해도 됩니다. 물론 단순 묘사 문제와 과거형 문제가 3단 콤보로 한꺼번에 출제될 수도 있으나 그럴 때는 중간중간 감상을 표현하는 문장을 넣어주거나 한두 문장 빼고 추가해서 요령을 살짝 부리는 센스를 발휘할 수 있습니다. 간단하지 않나요? 그러나 동사의 시제를 활용할 줄 알아야 합니다. 이는 영어 활용 능력 중에서도 기본에 해당하므로 이런 실력이 모자란다면 시제 활용에 대해 먼저 학습해두시기 바랍니다.

유형: 과거 경험

주제: 처음 학교 방문

Self Check ☑ ☐ ☐ ☐ ☐

🎧 F08

Tell me about your **first visit to your school**. ① When was it? ② What did you do and what were your ③ first impressions?

학교에 처음 방문했던 이야기를 해주세요. 언제였습니까? 무엇을 했고 첫인상은 어땠습니까?

질문 분석
first visit to school
① when 시기
② what did you do 그날 한 일
③ first impressions 첫인상

답변 핵심 구성
도입 – 방문 시기
중심 – 학교에서 한일, 인상, 학교 특징
마무리 – 감상

스피킹 프레임 익히기

Q Shadowing → Echoing

>> F8

스피킹 프레임을 확인하고 해석을 보면서 읽어보세요. 두 번 섀도잉하고 세 번째 에코잉하면서 스피킹 프레임을 암기합니다.

도입 방문 시기	The first time I visited Hankuk University was three years ago.	제가 처음 한국대에 간 것은 3년 전이었습니다.
중심1 캠퍼스 투어	My first day, I took a tour of the campus and I checked out where all the buildings are.	첫날에는 캠퍼스를 둘러보고 캠퍼스의 모든 건물들이 어디에 있는지 살펴봤습니다.
학교 전경	In order to get to my school, I had to walk up a steep mountain. Once I was at the top of the mountain, I could see the whole university.	학교에 가려면 가파른 산을 걸어 올라가야 했습니다. 일단 산 정상에 오르면, 대학 전체가 보였습니다.
중심2 첫인상	I was impressed by the historical buildings in front of me.	제 앞에 보이는 역사적인 건물들에 깊은 인상을 받았습니다.
중심3 학교의 모습	The school looked a little old, but a new library building was under construction. The old and new buildings in our school matched well, which gave a unique atmosphere.	학교는 조금 오래돼 보였지만 새로운 도서관 건물을 짓고 있었습니다. 학교의 새 건물과 오래된 건물들이 서로 잘 어울려 독특한 분위기를 만들었습니다.
마무리 감상 및 이후의 일	Hankuk University is actually a good school, and I've made lots of friends.	사실 한국대는 좋은 학교이고 그곳에서 많은 친구들을 만날 수 있었습니다.

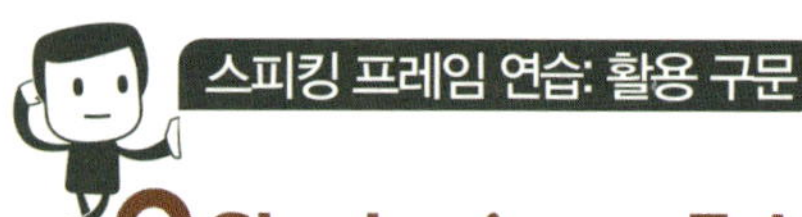

Q Shadowing → Echoing → Switching

🎧 08-1~08-4

주요 구문과 활용 구문을 익히고, 스피킹 프레임에 넣어 답변을 완성해 말해보세요.

도입 첫날 한 일

My first day, I + 활용 구문.

첫날에는 ~했습니다.

1 **My first day, I** took a tour of the campus.

2 **My first day, I** attended the entrance ceremony.

3 **My first day, I** joined the soccer club and talked with the club members.

4 **My first day, I** attended the freshman orientation and made friends.

> 1 첫날에는 캠퍼스를 둘러봤습니다.
> 2 첫날에는 입학식에 참석했습니다
> 3 첫날에는 축구 동아리에 들어 회원들과 이야기를 나누었습니다.
> 4 첫날에는 신입생 오리엔테이션에 참석해 친구들을 사귀었습니다.

추가 문장 학교 전경

Once I + 활용 구문.

일단 ~하면 ~했습니다.

1 **Once I** was at the top of the mountain, I could see the whole university.

2 **Once I** arrived at my school, I checked my classroom first.

3 **Once I** entered the main gate, I saw an administration office with red bricks.

4 **Once I** got to the university, I thought it was a really good university.

> 1 일단 산 정상에 오르면, 대학 전체가 보였습니다.
> 2 일단 학교를 방문해서 먼저 강의실을 확인했습니다.
> 3 일단 정문에 들어서자 빨간 벽돌의 행정관이 보였습니다.
> 4 일단 대학에 도착해서 정말 좋은 학교라고 생각했습니다.

중심2 학교에 대한 인상

I was impressed by + 활용 구문.

~에 깊은 인상을 받았습니다.

1 **I was impressed by** the historical buildings in front of me.

2 **I was impressed by** the nice and modern campus.

3 **I was impressed by** the state-of-the-art facilities.

4 **I was impressed by** the huge campus.

> 1 제 앞에 보이는 역사적인 건물들에 깊은 인상을 받았습니다.
> 2 멋지고 현대적인 캠퍼스에 깊은 인상을 받았습니다.
> 3 첨단 시설을 보고 깊은 인상을 받았습니다.
> 4 거대한 캠퍼스를 보고 깊은 인상을 받았습니다.

중심3 학교의 모습

The school looked a little old but, + 활용 구문.

학교는 조금 오래돼 보였지만 ~.

1 **The school looked a little old but,** a new library building was under construction.

2 **The school looked a little old, but** a new student union building was under construction.

3 **The school looked a little old, but** the old buildings gave an antique atmosphere.

4 **The school looked a little old, but** the buildings had good facilities.

> 1 학교는 조금 오래돼 보였지만 새로운 도서관 건물을 짓고 있었습니다.
> 2 학교는 조금 오래돼 보였지만 새로운 학생회관을 짓고 있었습니다.
> 3 학교는 조금 오래돼 보였지만 오래된 건물이 고풍스러운 분위기를 만들었습니다.
> 4 학교는 조금 오래돼 보였지만 건물 시설은 좋았습니다.

응용 답변 가이드

학교를 처음 방문했던 때를 묻는 질문에 대한 답변입니다. OPIc 질문 중에는 처음으로 경험한 때에 대해 묻는 질문이 자주 나옵니다. 어떤 주제에도 적용되어 출제될 수 있는 문제입니다. 학교를 처음 방문한 때 학교를 둘러보고 받은 인상에 대한 내용이므로 학교에서의 인상적인 경험을 묻는 질문에 대한 답변으로 응용할 수 있습니다. 학생이라면 반드시 준비해 두어야 하는 질문들입니다.

>> F8-1 활용 구문 적용 연습 ▶▶ 스피킹 프레임에 연습한 활용 구문을 적용해 우리말을 영어로 바꿔 답변을 연습해보세요.

Tell me about your first visit to your school. When was it? What did you do and what were your first impressions?

학교에 처음 방문했던 이야기를 해주세요. 언제였습니까? 무엇을 했고 첫인상은 어땠습니까?

제가 처음 한국대에 간 것은 3년 전이었습니다. **첫날에는 입학식에 참석하고** 캠퍼스를 둘러보고 캠퍼스의 모든 건물들이 어디에 있는지 살펴봤습니다. 학교에 가려면 가파른 산을 걸어 올라가야 했습니다. **일단 정문에 들어서자 빨간 벽돌의 행정관이 보였습니다.** 제 앞에 보이는 역사적인 건물들에 깊은 인상을 받았습니다. 학교는 조금 오래돼 보였지만 새로운 도서관 건물을 짓고 있었습니다. 학교의 새 건물과 오래된 건물들이 서로 잘 어울려 독특한 분위기를 만들었습니다. 사실 한국대는 좋은 학교이고 그곳에서 많은 친구들을 만날 수 있었습니다.

>> F8-2 응용 연습 ▶▶ 스피킹 프레임을 이용해 응용 답변을 직접 만들어보세요.

Can you recall a memorable event that happened in your school? This could have been something surprising, comical, or noteworthy for any reason. Tell me many details about that event from start to finish, in particular the elements that made the event so memorable.

학교에서 생긴 잊지 못할 일을 기억합니까? 이유야 어떻든 놀랄 만한 일, 우스운 일, 또는 주목할 만한 일일 수 있었을 텐데요. 처음부터 끝까지 그 일에 대해, 특히 그 일이 그토록 기억에 남게 된 요소에 대해 자세히 이야기해주세요.

대학에서의 첫째 날에 대해 말씀 드려야겠네요. 제가 처음 한국대에 간 날, 3년 전에 입학식이 있었습니다. 첫 날에는 캠퍼스를 둘러보고 캠퍼스의 모든 건물들이 어디에 있는지 살펴봤습니다. **그 행사에 참석하려면** 가파른 산을 걸어 올라가 **강당에** 가야 했습니다. 일단 산 정상에 오르면, 대학 전체가 보였습니다. 제 앞에 보이는 역사적인 건물들에 깊은 인상을 받았습니다. 강당은 조금 오래돼 보였지만 **독특한 분위기를 만들었고 많은 사람들이 그 건물 앞에서 사진을 찍었습니다.** 이 오래된 건물이 학교에 대한 모든 것을 보여주는 듯했습니다. 그날 이후로 우리는 학교의 역사에 대해 자랑스럽게 생각해왔습니다.

▶▶ 능숙하게 답변을 잘 하셨나요?

이번에는 음원을 들으면서 답변을 확인해보세요. 🎧 F08-1, F08-2

스피킹 프레임
직장 생활

유형: 과거 경험

주제: 기억에 남는 프로젝트

Self Check ☑ ☐ ☐ ☐ ☐

F09

What was the most **memorable project** at work that you were involved in? Tell me ① what the project was and ② why that particular project was memorable.

회사에서 당신이 참여한 일 중 가장 기억에 남는 프로젝트는 무엇입니까? 그 프로젝트가 무엇이었는지, 왜 인상 깊었는지 얘기해주세요.

질문 분석

memorable project
① what project 프로젝트 종류
② why memorable 기억에 남는 이유

답변 핵심 구성

도입 – 프로젝트 소개
중심 – 사건 발생 및 해결
마무리 – 성과

스피킹 프레임 익히기

Q Shadowing → Echoing

>> F9

스피킹 프레임을 확인하고 해석을 보면서 읽어보세요. 두 번 섀도잉하고 세 번째 에코잉하면서 스피킹 프레임을 암기합니다.

도입 연례 회의와 나의 임무	My company has four big meetings every year. **For the first meeting of this year, my responsibility was to organize meetings.**	저희 회사는 매년 네 번의 큰 회의를 개최합니다. 올해의 첫 번째 회의에서 제 임무는 회의를 조직하는 것이었습니다.
중심1 임무 내용	It was quite a big job because we had over 400 salesmen from all parts of the country. I had to make sure the hotel had a conference room, and I scheduled it.	우리는 전국 각지에서 400명이 넘는 영업 사업이 있었기 때문에 그것은 매우 큰 일이었습니다. 저는 호텔에 회의실이 있는지 확인하고 스케줄을 잡아놔야 했습니다.
중심2 사건 발생	But just when we needed it most, the receptionist of the hotel said there was no record of my reservation. I couldn't believe it. I was embarrassed.	그런데 저는 가장 필요했을 때, 접수원이 제 예약 기록이 없다고 말했습니다. 그 말을 믿을 수 없었습니다. 저는 당황했습니다.
중심3 사건 해결 과정	I called and checked all the other hotels downtown. I managed to get one, 10 minutes' walk from my hotel.	저는 도심지의 다른 모든 호텔에 전화해 확인했습니다. 제 호텔에서 걸어서 10분 거리에 있는 곳을 찾았습니다.
마무리 당시의 심정 및 결과	**I'm not sure what would have happened if I hadn't gotten a conference room.** It would have been a disaster. But it turned out the conference was successful in the end.	회의실을 구하지 못했다면 무슨 일이 일어났을지 모르겠습니다. 아마 재앙이었을 겁니다. 그러나 결국 회의는 성공적이었습니다.
임무의 성과	We finished the event, made an excellent pitch, and won several new accounts.	우리는 행사를 끝냈고 설명을 잘 했고 여러 건의 새 거래를 따냈습니다.

스피킹 프레임 연습: 활용 구문

Q Shadowing → Echoing → Switching

09-1 ~ 09-4

주요 구문과 활용 구문을 익히고, 스피킹 프레임에 넣어 답변을 완성해 말해보세요.

도입 프로젝트에서의 임무

For the first meeting of this year, my responsibility was to + 활용 구문.

올해의 첫 번째 회의에서 제 임무는 ～하는 것이었습니다.

1 For the first meeting of this year, my responsibility was to organize meetings.

2 For the first meeting of this year, my responsibility was to make a speech.

3 For the first meeting of this year, my responsibility was to interview our customers.

4 For the first meeting of this year, my responsibility was to conduct a survey.

> 1 올해의 첫 번째 회의에서 제 임무는 회의를 조직하는 것이었습니다.
> 2 올해의 첫 번째 회의에서 제 임무는 연설을 하는 것이었습니다.
> 3 올해의 첫 번째 회의에서 제 임무는 고객들을 인터뷰하는 것이었습니다.
> 4 올해의 첫 번째 회의에서 제 임무는 조사를 하는 것이었습니다.

중심1 프로젝트 소개

It was quite a big job because + 활용 구문.

～때문에 그것은 매우 큰 일이었습니다.

1 It was quite a big job because we have over 400 salesmen from all parts of the country.

2 It was quite a big job because we have a huge audience.

3 It was quite a big job because we offer a variety of service levels.

4 It was quite a big job because we have to listen to multilevel groups from around the country.

> 1 우리는 전국 각지에서 400명이 넘는 영업 사원이 있었기 때문에 그것은 매우 큰 일이었습니다.
> 2 관객이 많기 때문에 그것은 매우 큰 일이었습니다.
> 3 다양한 서비스 수준을 제공하기 때문에 그것은 매우 큰 일이었습니다.
> 4 전국 각지의 다양한 계층들로부터 의견을 청취해야 하기 때문에 그것은 매우 큰 일이었습니다.

중심1 세부 업무 사항

I had to make sure + 활용 구문.
저는 ~해야 했습니다.

1 **I had to make sure** the hotel had a conference room, and I scheduled it.

2 **I had to make sure** I booked the hotel and air travel for our guests.

3 **I had to make sure** everything was perfectly prepared.

4 **I had to make sure** I prepared the transportation to and from the airport.

1 저는 호텔에 회의실이 있는지 확인하고 스케줄을 잡아놔야 했습니다.
2 저는 손님들을 위해 호텔과 항공편을 예약해야 했습니다.
3 저는 모든 것이 완벽하게 준비되었는지 확인해야 했습니다.
4 저는 공항을 왕복하는 교통편을 준비해야 했습니다.

마무리 소감

I'm not sure what would have happened if I hadn't + 활용 구문.
~하지 못했다면 무슨 일이 일어났을지 모르겠습니다.

1 **I'm not sure what would have happened if I hadn't** gotten a conference room.

2 **I'm not sure what would have happened if I hadn't** informed my client of the cancellation of meeting.

3 **I'm not sure what would have happened if I hadn't** booked the flight on that day.

4 **I'm not sure what would have happened if I hadn't** prepared the materials.

1 회의실을 구하지 못했다면 무슨 일이 일어났을지 모르겠습니다.
2 회의가 취소된 것을 고객에게 알리지 못했다면 무슨 일이 일어났을지 모르겠습니다.
3 그날 항공편을 예약하지 못했다면 무슨 일이 일어났을지 모르겠습니다.
4 자료를 준비하지 못했다면 무슨 일이 일어났을지 모르겠습니다.

응용 답변 가이드

가장 기억에 남는 프로젝트를 묻는 질문에 대한 답변입니다. 회의를 조직하고 진행한 경험을 설명했는데요. 이 답변은 프로젝트 관련 질문에 다양하게 활용할 수 있습니다. 예를 들어, 최근 프로젝트에 대한 질문에는 거의 그대로 적용할 수 있습니다. 만약 앞에서 이미 답변을 사용했다면 As I said already(앞에서 얘기했지만) 등과 같은 표현을 적절히 섞어 쓰면 무난합니다. 개인적인 능력에 따라 한두 문장 빼거나 추가해서 설명을 보완할 수 있으면 더욱 좋습니다.

 **스피킹 피드백** ▶▶ 앞에서 익힌 스피킹 프레임과 활용 구문을 이용해 우리말을 보고 바로바로 영어로 말할 수 있었나요?
답변하기 힘들었다면 스피킹 프레임부터 다시 암기하고, 활용 구문을 다시 연습하세요.

>> **F9-1** **활용 구문 적용 연습** ▶ 스피킹 프레임에 연습한 활용 구문을 적용해 우리말을 영어로 바꿔 답변을 연습해보세요.

What was the most memorable project at work that you were involved in? Tell me what the project was and why that particular project was memorable.

회사에서 당신이 참여한 일 중 가장 기억에 남는 프로젝트는 무엇입니까? 그 프로젝트가 무엇이었는지, 왜 인상 깊었는지 얘기해주세요.

저희 회사는 매년 네 번의 큰 회의를 개최합니다. 올해의 첫 번째 회의에서 제 임무는 회의를 조직하는 것이었습니다. **전국 각지의 다양한 계층들로부터 의견을 청취해야 하기 때문에 그것은 매우 큰 일이었습니다.** 저는 호텔에 회의실이 있는지 확인하고 스케줄을 잡아놔야 했습니다. 그런데 저는 가장 필요했을 때, 접수원이 제 예약 기록이 없다고 말했습니다. 그 말을 믿을 수 없었습니다. 저는 당황했습니다. 저는 도심지의 다른 모든 호텔에 전화해 확인했습니다. 제 호텔에서 걸어서 10분 거리에 있는 곳을 찾았습니다. 회의실을 구하지 못했다면 무슨 일이 일어났을지 모르겠습니다. 아마 재앙이었을 겁니다. 그러나 결국 회의는 성공적이었습니다. 우리는 행사를 끝냈고 설명을 잘 했고 여러 건의 새 거래를 따냈습니다.

>> **F9-2** **응용 연습** ▶ 스피킹 프레임을 이용해 응용 답변을 직접 만들어보세요.

You are probably involved in some projects or assignments. What is a project or assignment that you are working on these days? What is it about? How do you do it? Tell me everything about it.

당신은 아마도 프로젝트나 업무에 참여하고 있을 것입니다. 요즘은 어떤 업무나 프로젝트를 하고 있나요? 무엇에 관한 것인가요? 어떻게 합니까? 그것에 대해 모든 것을 얘기해보세요.

 *현재시제를 사용하세요.

저희 회사는 매년 네 번의 큰 회의를 개최합니다. 회의에서 제 임무는 회의를 조직하는 것입니다. 우리는 전국 각지에서 400명이 넘는 영업 사원이 있기 때문에 그것은 매우 큰 일입니다. 저는 호텔에 회의실이 있는지 확인하고 스케줄을 잡아놔야 합니다. **빈 회의실이 없으면 저는 도심지의 다른 모든 호텔에 전화해 확인해서 한 곳을 찾아내야 합니다.** 이것은 쉬운 일은 아니지만 결국 회의는 항상 성공적으로 끝납니다. **우리가 행사를 끝낼 때 전에 늘 그래왔듯이 설명을 잘해서 여러 건의 새 거래를 따낼 것입니다.**

▶ 능숙하게 답변을 잘 하셨나요?
이번에는 음원을 들으면서 답변을 확인해보세요. 🎧 F09-1, F09-2

10 스피킹 프레임
가정과 이웃

주제: 집안 개선

🎧 F10

I'd like to know about **the last time you redecorated your house** or rearranged the furniture. ① Why did you redecorate your house? ② Who did you do it with? Describe ③ the process in as much detail as you can.

마지막으로 집을 다시 꾸미거나 가구를 재배치한 날에 대해 알고 싶습니다. 왜 집을 다시 꾸몄나요? 누구랑 같이 했습니까? 그 과정을 가능한 자세히 설명해주세요.

질문 분석

the last time you redecorated your house 최근 집안 꾸미기
① why redecorate 다시 꾸민 이유
② who with 같이 한 사람
③ the process 과정

답변 핵심 구성

도입 – 대청소의 배경 설명
중심 – 과정, 가족들이 맡은 일
마무리 – 소감

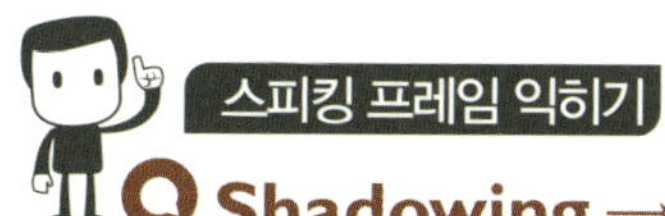

스피킹 프레임 익히기

Q Shadowing → Echoing

>> F10 스피킹 프레임을 확인하고 해석을 보면서 읽어보세요. 두 번 섀도잉하고 세 번째 에코잉하면서 스피킹 프레임을 암기합니다.

구분	영어	해석
도입 대청소	The last home project I had was spring-cleaning.	최근의 집안일은 봄맞이 대청소였습니다.
어머니의 요청	My mom decided to clean the house, so she asked my brother and me to clear a Saturday for her.	어머니는 청소를 하기로 결정하고 제 동생과 제게 토요일을 비워달라고 요청했습니다.
중심1 내가 맡은 일	I was responsible for the floors. I had to scrub and mop all the floors until my mom said they were OK. My mother is particular about housework.	저는 바닥 청소를 책임졌습니다. 저는 어머니가 됐다고 할 때까지 모든 바닥을 문질러 걸레질해야 했습니다. 저희 어머니는 집안일에 있어서는 까다로우십니다.
중심2 다른 가족들이 맡은 일	My brother wiped off the walls and windows. My mother washed clothes and wiped off any of the appliances that were dirty.	제 동생은 벽과 창문을 청소했습니다. 저희 어머니는 빨래를 하고 더러운 가전제품의 먼지를 닦아냈습니다.
어머니의 일	Honestly, my mom did most of the work because she wasn't satisfied with our work.	솔직히 어머니는 대부분의 일을 책임지셨는데 우리의 일에 만족하지 못하셨기 때문입니다.
마무리 소감	I thought it was going to take an hour, but it took all day.	한 시간이면 될 거라고 생각한 일이 하루가 걸렸습니다.

Q Shadowing → Echoing → Switching

🎧 10-1 ~ 10-4

주요 구문과 활용 구문을 익히고, 스피킹 프레임에 넣어 답변을 완성해 말해보세요.

스피킹 프레임 연습: 활용 구문

도입　최근의 집 꾸미기

The last home project I had was + 활용 구문.

최근의 집안일은 ~였습니다.

1　**The last home project I had was** spring-cleaning.

2　**The last home project I had was** rearranging the furniture in the bedroom.

3　**The last home project I had was** decorating the living room.

4　**The last home project I had was** cleaning out the shed.

> 1　최근의 집안일은 봄맞이 대청소였습니다.
> 2　최근의 집안일은 침실에 가구를 재배치하는 일이었습니다.
> 3　최근의 집안일은 거실 장식하기였습니다.
> 4　최근의 집안일은 창고 정리하기였습니다.

중심1　내가 맡은 일

I was responsible for + 활용 구문.

저는 ~을 책임집니다.

1　**I was responsible for** the floors.

2　**I was responsible for** the kitchen.

3　**I was responsible for** the bathroom.

4　**I was responsible for** the bedroom.

> 1　저는 바닥 청소를 책임졌습니다.
> 2　저는 주방 청소를 책임졌습니다.
> 3　저는 화장실 청소를 책임졌습니다.
> 4　저는 침실 청소를 책임졌습니다.

중심1 그날 한 일 세부 설명

I had to + 활용 구문 + until/before/after + 활용 구문.
저는 (~까지/전에/후에) ~해야 했습니다.

1 **I had to** scrub and mop all the floors **until** my mom said they were OK.

2 **I had to** scrub and mop all the floors **until** they were spic and span.

3 **I had to** move the furniture **before** we replaced the wallpaper.

4 **I had to** divide the housework up among our family **before** we started.

5 **I had to** clean the area **after** we moved the furniture.

1 저는 어머니가 됐다고 할 때까지 모든 바닥을 문질러 걸레질해야 했습니다.
2 저는 바닥이 윤이 날 때까지 모든 바닥을 문질러 걸레질해야 했습니다.
3 저는 벽지를 교체하기 전에 가구를 옮겨야 했습니다.
4 청소를 시작하기 전에 저는 가족들 사이에 집안일을 나눠야 했습니다.
5 저는 가구를 옮긴 후에는 그 자리를 청소해야 했습니다.

마무리 소감

I thought it + 활용 구문 + but/and + 활용 구문.
~라고 생각했는데 ~했습니다.

1 **I thought it** was going to take an hour, **but** it took all day.

2 **I thought it** would be fun, **but** it was really hard work.

3 **I thought it** would be easy, **but** it took a lot of time and efforts.

4 **I thought it** would give my house a unique atmosphere, **and** it really worked.

1 한 시간이면 될 거라고 생각한 일이 하루가 걸렸습니다.
2 재미있을 거라고 생각했는데 정말 힘들었습니다.
3 쉬울 거라고 생각했는데 시간과 노력이 많이 들었습니다.
4 집안에 독특한 분위기를 만들어줄 거라고 생각했는데 정말 효과가 있었습니다.

응용 답변 가이드

최근에 한 홈 프로젝트, 즉 집안 청소나 수리, 꾸미기 등에 대한 내용입니다. 이 내용은 홈 프로젝트 관련 과거 경험을 묻는 질문에 다양하게 활용할 수 있습니다. 어렸을 때 기억에 남는 홈 프로젝트, 어렸을 때 맡았던 집안일, 이사 온 후의 집안 변화를 위해 한 일 등에 응용할 수 있습니다. 다만, 문제에서 요구하는 대로 그 일이 있었던 때를 적절히 바꿔서 표현할 수 있어야 하겠죠? 현재 주기적으로 하는 홈 프로젝트에 대해서도 적용할 수 있는데 이때는 시제 사용에 주의해야 합니다.

>> F10-1 활용 구문 적용 연습 ▶▶ 스피킹 프레임에 연습한 활용 구문을 적용해 우리말을 영어로 바꿔 답변을 연습해보세요.

I'd like to know about the last time you redecorated your house or rearranged the furniture. Why did you redecorate your house? Who did you do it with? Describe the process in as much detail as you can.

마지막으로 집을 다시 꾸미거나 가구를 재배치한 날에 대해 알고 싶습니다. 왜 집을 다시 꾸몄나요? 누구랑 같이 했습니까? 그 과정을 가능한 자세히 설명해주세요.

최근의 집안일은 봄맞이 대청소였습니다. 어머니는 청소를 하기로 결정하고 제 동생과 제게 토요일을 비워달라고 요청했습니다. 저는 바닥 청소를 책임졌습니다. **저는 바닥이 윤이 날 때까지 모든 바닥을 문질러 걸레질해야 했습니다.** 저희 어머니는 집안일에 있어서는 까다로우십니다. 제 동생은 벽과 창문을 청소했습니다. 저희 어머니는 빨래를 하고 더러운 가전제품의 먼지를 닦아냈습니다. 솔직히 어머니는 대부분의 일을 책임지셨는데 우리의 일에 만족하지 못하셨기 때문입니다. **재미있을 거라고 생각했는데 정말 힘들었습니다.**

>> F10-2 응용 연습 ▶▶ 스피킹 프레임을 이용해 응용 답변을 직접 만들어보세요.

Discuss the chores that you had to do at home when you were a child. What specific chores were assigned to you? How did you handle them?

어렸을 때 집에서 해야 했던 집안일에 대해 이야기하세요. 어떤 특정한 일이 당신에게 주어졌나요? 그 일들을 어떻게 처리했습니까?

보통 제 동생과 저는 그렇게 많은 일을 하지는 않지만 일 년에 한 번, 저희가 해야 했던 가장 큰 집안일은 봄맞이 대청소였습니다. 어머니가 청소를 하기로 결정하시고 제 동생과 제게 토요일을 비워달라고 요청했습니다. 저는 바닥 청소를 책임졌습니다. 저는 어머니가 됐다고 할 때까지 모든 바닥을 문질러 걸레질해야 했습니다. 저희 어머니는 집안일에 있어서는 까다로우십니다. 제 동생은 벽과 창문을 청소했습니다. 저희 어머니는 빨래를 하고 더러운 가전제품의 먼지를 닦아냈습니다. 솔직히 어머니는 대부분의 일을 책임지셨는데 우리의 일에 만족하지 못하셨기 때문입니다. **이런 일들을 매일 하지 않아도 된다는 것이 다행이라고 생각했습니다.**

▶▶ 능숙하게 답변을 잘 하셨나요?

이번에는 음원을 들으면서 답변을 확인해보세요. 🎧 F10-1, F10-2

유형: 과거 경험 Self Check ☑ ☐ ☐ ☐ ☐

주제: 기억에 남는 스포츠 관람

🎧 F11

Tell me about a **memorable experience watching your favorite game**. ① Where did you watch it? ② Who was playing? Who won and who lost? ③ Who did you watch it with? Describe in detail the experience including ④ why it was memorable.

좋아하는 경기를 보며 겪은 기억에 남는 경험에 대해 얘기해주세요. 어디서 봤나요? 누가 경기를 했나요? 누가 이기고 누가 졌나요? 누구와 함께 봤나요? 왜 기억에 남는지를 포함해 그 경험에 대해 자세히 얘기해주세요.

질문 분석

memorable experience watching favorite game
① where 경기 장소
② who were playing / who won and lost 경기팀/승부
③ who with 같이 본 사람
④ why memorable 기억에 남는 이유

답변 핵심 구성

도입 – 2002년 월드컵

중심 – 기대하지 않았던 경기
　　　　예상 밖 선전, 승리

마무리 – 승리의 기쁨, 멋진 경기

스피킹 프레임 익히기

Q Shadowing → Echoing

>>F11　스피킹 프레임을 확인하고 해석을 보면서 읽어보세요. 두 번 섀도잉하고 세 번째 에코잉하면서 스피킹 프레임을 암기합니다.

도입 경기 소개	**The most memorable game I ever saw was when Korea played France in the 2002 World Cup.**	제가 본 가장 기억에 남는 게임은 2002년 월드컵에서 한국과 프랑스가 경기했을 때입니다.
중심1 경기 내용	**We struggled early, because of lack of coordination between the players.**	선수들끼리 호흡이 맞지 않아 초반에는 고군분투했습니다.
예상 및 결과	Nobody thought we could win, but we did and went all the way to the semi-final round.	아무도 우리가 이길 것이라고 생각하지 못했습니다. 하지만 우리는 이겼고 준결승전까지 올라갔습니다.
중심2 경기 후반	**We were ahead by a goal at the end of the match with five minutes left.**	경기 마지막 5분을 남겨 놓고 1점 앞서고 있었습니다.
승리의 순간	I was at a bar in Seoul and when the final seconds ticked down and we won, people were hugging each other and crying.	저는 서울에 있는 한 술집에 있었고 마지막 몇 초가 지나고 우리가 이겼을 때 사람들은 서로 안고 울었습니다.
마무리 관전평	**It was the greatest moment in the history of Korean sports.**	한국 스포츠 역사상 가장 멋진 순간이었습니다.

스피킹 프레임 연습: 활용 구문

Q Shadowing → Echoing → Switching

🎧 11-1~11-4

주요 구문과 활용 구문을 익히고, 스피킹 프레임에 넣어 답변을 완성해 말해보세요.

도입 기억에 남는 경기 소개

The most memorable game I ever saw was + 활용 구문.

제가 본 가장 기억에 남는 경기는 ~였습니다.

---

1 **The most memorable game I ever saw was** when Korea played France in the 2002 World Cup.

2 **The most memorable game I ever saw was** a long time ago, back in 1982.

3 **The most memorable game I ever saw was** when we played Japan in the world championship game, a couple of years ago.

4 **The most memorable game I ever saw was** the English Premiere League last year.

1 제가 본 가장 기억에 남는 경기는 2002년 월드컵에서 한국과 프랑스가 경기할 때였습니다.
2 제가 본 가장 기억에 남는 경기는 오래 전 일인데, 1982년이었을 것입니다.
3 제가 본 가장 기억에 남는 경기는 2년여 전쯤 우리가 일본과 결승에서 시합을 했을 때였습니다.
4 제가 본 가장 기억에 남는 경기는 지난해 영국 프리미어 리그였습니다.

중심1 경기 내용 설명

We struggled early, because (of) + 활용 구문.

~때문에 초반에는 고군분투했습니다.

---

1 **We struggled early, because of** lack of coordination between the players.

2 **We struggled early, because of** the injury of main players.

3 **We struggled early, because of** the opening goal from a free kick.

4 **We struggled early, because** the judges weren't impartial.

1 선수들끼리의 호흡이 맞지 않아서 초반에는 고군분투했습니다.
2 주전 선수들의 부상 때문에 초반에는 고군분투했습니다.
3 프리킥에 의한 선제골 때문에 초반에는 고군분투했습니다.
4 심판들이 불공평했기 때문에 초반에는 고군분투했습니다.

중심2 경기 후반의 내용

활용 구문 + at the end of the match with five minutes left.

경기 마지막 5분을 남겨 놓고, ~했습니다.

1 We were ahead by a goal at the end of the match with five minutes left.

2 My favorite player scored a dramatic winning goal at the end of the match with five minutes left.

3 We lost the game by one point at the end of the match with five minutes left.

4 The Colorado Lions were up 14 to 6 at the end of the match with five minutes left.

5 He made a superb slam dunk at the end of the match with five minutes left.

1 경기 마지막 5분을 남겨 놓고 우리는 한 점 앞서고 있었습니다.
2 경기 마지막 5분을 남겨 놓고 제가 가장 좋아하는 선수가 극적인 결승 골을 넣었습니다.
3 경기 마지막 5분을 남겨 놓고 우리는 1점 차로 지고 있었습니다.
4 경기 마지막 5분을 남겨 놓고 콜로라도 라이온스는 14대 6으로 이기고 있었습니다.
5 경기 마지막 5분을 남겨 놓고 그는 호쾌한 덩크슛을 성공시켰습니다.

마무리 관전평

It was + 활용 구문.

그것은 ~였습니다.

1 It was the greatest moment in the history of Korean sports.

2 It was a great and unforgettable game.

3 It was the most interesting game I've ever seen.

4 It was a very exciting and highly successful game.

1 한국 스포츠 역사상 가진 멋진 순간이었습니다.
2 멋있고 잊지 못할 경기였습니다.
3 제가 지금까지 본 것 중에 가장 흥미로운 경기였습니다.
4 흥미진진하고 대단히 성공적인 경기였습니다.

응용 답변 가이드

기억에 남는 스포츠 관람을 묻는 질문에 대한 답변입니다. 여가 활동에 포함되는 주제들(영화, 스포츠 관람, 공연, 클럽 등)은 연계해서 답변하기가 좋습니다. 주제에 따른 특징적인 내용만 바꿔주면 됩니다. 영화 제목을 스포츠 종목으로, 공연을 보면서 한 일을 클럽에서 한 일로, 영화에 대한 내용을 공연에 대한 내용으로 조정해서 다양하게 응용할 수 있습니다. 가능한 문제에 대한 답변을 모두 새로 준비하려면 매우 힘이 들고 가능하지도 않은 일입니다. 따라서 한 가지 답변을 얼마나 효율적으로 응용하여 쓰느냐가 관건입니다.

앞에서 익힌 스피킹 프레임과 활용 구문을 이용해 우리말을 보고 바로바로 영어로 말할 수 있었나요?
답변하기 힘들었다면 스피킹 프레임부터 다시 암기하고, 활용 구문을 다시 연습하세요.

>> F11-1 **활용 구문 적용 연습** ▶ 스피킹 프레임에 연습한 활용 구문을 적용해 우리말을 영어로 바꿔 답변을 연습해보세요.

Tell me about a memorable experience watching your favorite game. Where did you watch it? Who were playing? Who won and who lost? Who did you watch it with? Describe in detail the experience including why it was memorable.

좋아하는 경기를 보며 겪은 기억에 남는 경험에 대해 얘기해주세요. 어디서 봤나요? 누가 경기를 했나요? 누가 이기고 누가 졌나요? 누구와 함께 봤나요? 왜 기억에 남는지를 포함해 그 경험에 대해 자세히 얘기해주세요.

제가 본 가장 기억에 남는 게임은 2002년 월드컵에서 한국과 프랑스가 경기했을 때입니다. **프리킥에 의한 선제골 때문에 초반에는 고군분투했습니다.** 아무도 우리가 이길 것이라고 생각하지 못했습니다. 하지만 우리는 이겼고 준결승전까지 올라갔습니다. 경기 마지막 5분을 남겨 놓고 1점 앞서고 있었습니다. 저는 서울에 있는 한 술집에 있었고 마지막 몇 초가 지나고 우리가 이겼을 때 사람들은 서로 안고 울었습니다. 멋있고 잊지 못할 경기였습니다.

>> F11-2 **응용 연습** ▶ 스피킹 프레임을 이용해 응용 답변을 직접 만들어보세요.

Tell me about a memorable experience watching your favorite game. Where did you watch it? Who were playing? Who won and who lost? Who did you watch it with? Describe the experience in detail including why it was memorable.

좋아하는 경기를 보며 겪은 기억에 남는 경험에 대해 얘기해주세요. 어디서 봤나요? 누가 경기를 했나요? 누가 이기고 누가 졌나요? 누구와 함께 봤나요? 왜 기억에 남는지를 포함해 그 경험에 대해 자세히 얘기해주세요.

제가 본 가장 기억에 남는 경기는 **2년여 전쯤 우리가 일본과 결승에서 시합을 했을 때였습니다. 주전 선수들의 부상 때문에 초반에는 고군분투했습니다.** 아무도 우리가 이길 거라고 생각하지 않았습니다. 하지만 우리는 준결승까지 올라갔습니다. 경기 마지막 5분을 남겨 놓고 **제가 가장 좋아하는 선수가 극적인 결승 골을 넣었습니다.** 저는 서울에 있는 한 술집에 있었고 마지막 몇 초가 지나고 우리가 이겼을 때 사람들은 서로 안고 울었습니다. **제가 지금까지 본 것 중에 가장 흥미로운 경기였습니다.**

▶▶ **능숙하게 답변을 잘 하셨나요?**
　　이번에는 음원을 들으면서 답변을 확인해보세요.　🎧 F11-1, F11-2

12

스피킹 프레임
여가 활동

유형: 과거 경험

주제: 처음 가본 공연

Self Check ☑ ☐ ☐ ☐ ☐

🎧 F12

Tell me about **the first concert you ever attended**. Take me back to that time or place. ① Who were you with? What was it like? ② How did you feel? Did ③ anything memorable happen?

처음 간 공연에 대해 얘기해주세요. 그 시기와 장소에 대해 얘기해주세요. 누구와 같이 있었나요? 어땠나요? 어떤 느낌을 받았나요? 인상적인 일이 있었나요?

질문 분석	답변 핵심 구성
the first concert ① who with 같이 간 사람 ② how you feel 느낀 점 ③ anything memorable 기억에 남는 일	**도입** – 첫 공연 배경 **중심** – 밴드 이름 　　　　연주에 대한 소감 　　　　인상 깊은 일 **마무리** – 공연 후 에피소드

스피킹 프레임 익히기

Q Shadowing → Echoing

>> F12

스피킹 프레임을 확인하고 해석을 보면서 읽어보세요. 두 번 섀도잉하고 세 번째 에코잉하면서 스피킹 프레임을 암기합니다.

도입 배경 설명	**The first concert I ever attended was at a small concert hall at my university. I was there with one of my best friends.**	제가 가본 첫 번째 콘서트는 저희 대학교에서 열린 작은 공연이었습니다. 저는 절친 중 한 명과 그곳에 있었습니다.
중심1 밴드 이름	**The band's name was Earthquake, or something like that.**	밴드의 이름은 '어스퀘이크' 또는 이와 비슷한 것이었습니다.
연주에 대해	The band was great. They played really loud, and their melodies were very catchy.	그 밴드는 매우 멋있었습니다. 그들은 큰 소리로 연주했고 멜로디는 기억하기 쉬웠습니다.
중심2 인상 깊은 일	**I remember there were not many people there, but the band didn't seem disappointed. They played their hearts out.**	사람이 그렇게 많지 않았던 걸로 기억하는데 밴드는 실망한 것처럼 보이지 않았습니다. 그들은 끝까지 해냈습니다.
공연에서	When the band finished playing, we stood up and clapped and clapped.	밴드가 연주를 마쳤을 때 우리는 일어서서 계속해서 박수를 쳤습니다.
마무리 공연 후에 한 일	**After the show, we shook hands with them and told them how much we liked the show. They were very nice, and signed autographs for us.**	공연이 끝난 후 우리는 그들과 악수를 하고 우리가 공연을 얼마나 좋아했는지 말했습니다. 그들은 매우 친절했고 우리에게 사인을 해주었습니다.

Q Shadowing → Echoing → Switching

🎧 12-1~12-3

주요 구문과 활용 구문을 익히고, 스피킹 프레임에 넣어 답변을 완성해 말해보세요.

도입　기억에 남는 공연이 있었던 곳

The first concert I ever attended was at + 활용 구문.

제가 참석한 첫 번째 콘서트는 ∼에서였습니다.

1　The first concert I ever attended was at a small concert hall at my university.

2　The first concert I ever attended was at the community center in our neighborhood.

3　The first concert I ever attended was at the Music Festival on New Year's Day.

4　The first concert I ever attended was at a small venue.

5　The first concert I ever attended was at the Sejong Center.

> 1　제가 참석한 첫 번째 콘서트는 대학의 작은 콘서트홀에서였습니다.
> 2　제가 참석한 첫 번째 콘서트는 우리 동네 마을회관에서였습니다
> 3　제가 참석한 첫 번째 콘서트는 설날 음악 축제에서였습니다.
> 4　제가 참석한 첫 번째 콘서트는 소극장에서였습니다.
> 5　제가 참석한 첫 번째 콘서트는 세종문화회관에서였습니다.

중심2　공연 중 기억에 남는 일

I remember + 활용 구문.

저는 ∼을 기억합니다.

1　I remember there were not many people there.

2　I remember there was a line of people waiting to get in, and the line stretched down the street.

3　I remember the concert hall was very big, and had three floors.

4　I remember the acoustics were so good.

5　I remember the lead singer had a stunning and charismatic stage presence.

> 1　사람들이 그렇게 많지 않았던 걸로 기억합니다.
> 2　들어가려고 기다리는 줄이 길 아래쪽까지 길게 늘어서 있던 것이 기억납니다.
> 3　콘서트홀이 매우 컸고 3층이었던 것이 기억납니다.
> 4　음향 시설이 매우 좋았던 것이 기억납니다.
> 5　리드 싱어가 뛰어난 카리스마가 있는 무대를 선보였던 것으로 기억합니다.

마무리 공연이 끝나고 한 일

After the show, we + 활용 구문.

공연 후에 우리는 ~했습니다.

1 **After the show, we** shook hands with them.

2 **After the show, we** took pictures in front of the concert hall.

3 **After the show, we** went for coffee and talked about the concert.

4 **After the show, we** couldn't wait to see them perform again.

1 콘서트가 끝나고 우리는 그들과 악수를 했습니다.
2 콘서트가 끝나고 우리는 콘서트홀 앞에서 사진을 찍었습니다.
3 콘서트가 끝나고 우리는 커피를 마시러 가서 콘서트에 대해 이야기를 했습니다.
4 콘서트가 끝나고 우리는 그들이 다시 공연하는 것을 보고 싶어 참을 수가 없었습니다.

응용 답변 가이드

처음으로 공연에 간 경험을 묻는 문제에 대한 답변입니다. 앞에서 얘기한 것과 마찬가지로 여가 생활 항목에 속하는 주제들은 서로서로 연계해서 답변을 사용하기가 좋습니다. 영화에 대한 답변을 공연이나 스포츠 관람으로 바꿔 사용하는 것이죠. 또한 처음 경험을 묻는 문제도 최근의 경험, 인상적인 경험, 과거 경험 등을 묻는 문제로 답변을 바꿔 사용할 수 있습니다. 당연히 역으로 인상적인 경험에 대한 답변을 처음 경험에 대한 답변으로 사용할 수 있죠.

>>F12-1 활용 구문 적용 연습 ▶▶ 스피킹 프레임에 연습한 활용 구문을 적용해 우리말을 영어로 바꿔 답변을 연습해보세요.

Tell me about the first concert you ever attended. Take me back to that time or place. Who were you with? What was it like? How did you feel? Did anything memorable happen?

처음 간 공연에 대해 얘기해주세요. 그 시기와 장소에 대해 얘기해주세요. 누구와 같이 있었나요? 어땠나요? 어떤 느낌을 받았나요? 인상적인 일이 있었나요?

제가 가본 첫 번째 기억에 남는 콘서트는 소극장에서였습니다. 저는 절친 중 한 명과 그곳에 있었습니다. 밴드의 이름은 '어스퀘이크' 또는 이와 비슷한 것이었습니다. 그 밴드는 매우 멋있었습니다. 그들은 큰 소리로 연주했고 멜로디는 기억하기 쉬웠습니다. **들어가려고 기다리는 줄이 길 아래쪽까지 길게 늘어서 있던 것이 기억납니다.** 밴드가 연주를 마쳤을 때 우리는 일어서서 계속해서 박수를 쳤습니다. 공연이 끝난 후 우리는 그들과 악수를 하고 우리가 공연을 얼마나 좋아했는지 말했습니다. 그들은 매우 친절했고 우리에게 사인을 해주었습니다.

>>F12-2 응용 연습 ▶▶ 스피킹 프레임을 이용해 응용 답변을 직접 만들어보세요.

Tell me about a concert you went to recently. What kind of concert was it and whom did you go with? Give me all the details.

최근에 갔던 콘서트에 대해서 설명해주세요. 어떤 종류의 콘서트였으며 누구와 함께 갔었나요? 자세하게 말씀해주세요.

제가 가본 최근 콘서트는 설날 음악 축제에서였습니다. 그날 할 일이 없었는데 제 룸메이트가 가고 싶어 하는지 물었고 우리는 같이 갔습니다. 여러 참가자들이 있었고 **밴드 중 하나의** 이름은 '어스퀘이크' 또는 이와 비슷한 것이었습니다. 그 밴드는 매우 멋있었습니다. **리드 싱어가 뛰어난 카리스마가 있는 무대를 선보였던 것으로 기억합니다.** 밴드가 연주를 마쳤을 때 우리는 일어서서 계속해서 박수를 쳤습니다. 공연이 끝나고 저는 **그들이 다시 연주하는 것을 보고 싶어 참을 수가 없었습니다.**

▶▶ 능숙하게 답변을 잘 하셨나요?

이번에는 음원을 들으면서 답변을 확인해보세요. 🎧 **F12-1, F12-2**

13

스피킹 프레임
취미/관심사

유형: 과거 경험

주제: 최근에 한 요리

Self Check ☑ ☐ ☐ ☐ ☐

🎧 F13

Describe a recent **cooking experience**. ① What did you cook? ② Who did you cook it for?
③ Was it good? Tell me about the experience in detail.

최근에 요리한 경험에 대해 얘기해주세요. 무엇을 요리했나요? 누구를 위해 요리했나요? 맛있었나요? 그 경험에 대해 자세히 얘기해주세요.

질문 분석

cooking experience 요리 경험
① what cook 무슨 요리
② who for 누구를 위해
③ was good 결과

답변 핵심 구성

도입 – 요리한 이유
중심 – 조리 과정 및 에피소드
마무리 – 가족들의 만족

스피킹 프레임 익히기

Q Shadowing → Echoing

>> F13
스피킹 프레임을 확인하고 해석을 보면서 읽어보세요. 두 번 섀도잉하고 세 번째 에코잉하면서 스피킹 프레임을 암기합니다.

구분	영어	한글
도입 요리를 한 이유	I wanted to cook a big meal for my family, so I was making bulgogi.	저는 저희 가족을 위해 식사를 준비하고 싶어서 불고기를 만들고 있었습니다.
조리법 확인	I was not a good cook, and checked out the recipe online.	저는 요리를 잘하지는 못해서 온라인으로 조리법을 확인했습니다.
중심1 요리 과정	After I was done preparing all the ingredients and seasonings, I put it on the stove. All I had to do was to wait for it to be cooked.	모든 재료와 양념을 준비하고 가스레인지 위에 올렸습니다. 고기가 익는 것을 기다리기만 하면 되었죠.
엄마와의 수다	In the meantime, I was talking with mom in the living room, so I didn't notice something was going wrong.	그 사이에 거실에서 엄마와 이야기하고 있었기 때문에 뭔가 잘못되고 있다는 것을 알아채지 못했습니다.
중심2 요리를 망친 사건	Suddenly, my mom smelled something burning. I ran to the kitchen only to find out that my bulgogi was burnt.	갑자기 엄마가 뭔가 타는 냄새를 맡았습니다. 저는 부엌으로 달려갔지만 불고기는 타버렸습니다.
중심3 해결 과정	Fortunately, mom recooked it and it wasn't as bad as I thought. Thanks to my mom's magic, we didn't go to McDonalds.	다행히도 엄마가 그것을 다시 요리해주셨고 생각만큼 나쁘지 않았습니다. 엄마의 마술 덕분에 우리 가족은 맥도날드에 가지 않아도 되었습니다.
마무리 가족들의 만족	My family seemed to like it and my father told me it was delicious. I was relieved at what he said.	가족들은 그것을 좋아했고 아버지는 맛있다고 말씀해주셨습니다. 그 말을 듣고 마음이 놓였습니다.

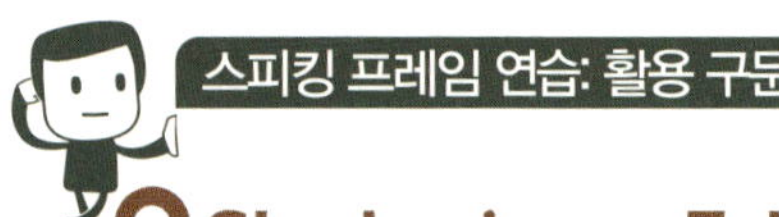

Q Shadowing → Echoing → Switching

🎧 13-1 ~ 13-4

주요 구문과 활용 구문을 익히고, 스피킹 프레임에 넣어 답변을 완성해 말해보세요.

도입 요리 소개

I wanted to cook + 활용 구문.

저는 ~를 만들고 싶었습니다.

---

1 **I wanted to cook** a big meal for my family, so I was making some bulgogi.

2 **I wanted to cook** a meal for my girlfriend, so I was making baked chicken.

3 **I wanted to cook** some pasta for my mother on her birthday, so I was making spaghetti.

4 **I wanted to cook** a foreign dish for my family, so I was making a steak.

1 저는 저희 가족을 위해 저녁을 만들고 싶어서 불고기를 만들고 있었습니다.
2 저는 여자친구를 위해 식사를 만들고 싶어서 구운 닭 요리를 만들고 있었습니다.
3 저는 생신 날 어머니를 위해 파스타를 만들고 싶어서 스파게티를 만들고 있었습니다.
4 저는 저희 가족을 위해 외국 요리를 만들고 싶어서 스테이크를 만들고 있었습니다.

중심1 조리 과정 1

After I was done preparing all the ingredients and seasonings, + 활용 구문.

모든 재료와 양념을 준비하고 ~했습니다.

---

1 **After I was done preparing all the ingredients and seasonings,** I put it on the stove.

2 **After I was done preparing all the ingredients and seasonings,** I put it in a frying pan with oil.

3 **After I was done preparing all the ingredients and seasonings,** I put it in the pan and stirred well.

4 **After I was done preparing all the ingredients and seasonings,** I mixed them all together in the pan.

1 모든 재료와 양념을 준비하고 가스레인지 위에 올렸습니다.
2 모든 재료와 양념을 준비하고 기름을 두른 팬에 넣었습니다.
3 모든 재료와 양념을 준비하고 팬에 넣고 잘 지졌습니다.
4 모든 재료와 양념을 준비하고 팬에 넣고 모두 잘 섞었습니다.

중심1   조리 과정 2

All I had to do was to + 활용 구문.
～하기만 하면 되었습니다.

1 **All I had to do was to** wait for it to be cooked.

2 **All I had to do was to** stir it well until smooth.

3 **All I had to do was to** mix well and pour over bread.

4 **All I had to do was to** fry it in the hot oil until it was tender and golden.

1 고기가 익는 것을 기다리기만 하면 되었습니다.
2 부드러워질 때까지 젓기만 하면 되었습니다.
3 잘 섞어서 빵 위에 붓기만 하면 되었습니다.
4 그것이 부드럽고 노릇노릇할 때까지 뜨거운 기름에서 튀기기만 하면 되었습니다.

마무리   사람들의 반응

활용 구문 + seemed to like it and + 활용 구문 + told me it was delicious.
그것을 좋아했고 그들은 맛있다고 말해주었습니다.

1 My family **seemed to like it and** my father **told me it was delicious.**

2 My roomates **seemed to like it and** they **told me it was delicious.**

3 My coworkers **seemed to like it and** they **told me it was delicious.**

1 가족들은 그것을 좋아했고 아버지는 맛있다고 말해주었습니다.
2 룸메이트들은 그것을 좋아했고 그들은 맛있다고 말해주었습니다.
3 직장 동료들은 그것을 좋아했고 그들은 맛있다고 말해주었습니다.

응용 답변 가이드

최근 요리 경험을 묻는 질문입니다. 왜 요리하게 되었는지, 맛은 어땠는지 결과에 대해 묻고 있습니다. 이 내용 또한 인상적인 경험에 대한 질문에 사용할 수 있습니다. 최근 요리 경험에 대한 답변을 문제가 발생해서 해결한 과정을 내용으로 준비해 두면 인상적인 경험에 이용하기가 더욱 적절한 답변이 되겠죠? 뿐만 아니라 이렇게 문제 발생 상황에 대한 내용은 듣는 이로 하여금 극적인 상황 설명에 집중하게 하므로 채점관에게 깊은 인상을 남기는 좋은 방법이기도 합니다.

>> F13-1 활용 구문 적용 연습 ▶▶ 스피킹 프레임에 연습한 활용 구문을 적용해 우리말을 영어로 바꿔 답변을 연습해보세요.

Describe a recent cooking experience. What did you cook? Who did you cook it for? Was it good? Tell me about the experience in detail.

최근에 요리한 경험에 대해 얘기해주세요. 무엇을 요리했나요? 누구를 위해 요리했나요? 맛있었나요? 그 경험에 대해 자세히 얘기해주세요.

저는 생신 날 어머니를 위해 파스타를 만들고 싶어서 스파게티를 만들고 있었습니다. 저는 요리를 잘하지는 못해서 온라인으로 요리법을 확인했습니다. **모든 재료와 양념을 준비하고 기름을 두른 팬에 넣었습니다.** 그것이 부드럽고 노릇노릇할 때까지 뜨거운 기름에서 튀기기만 하면 되었습니다. 그 사이에 거실에서 엄마와 이야기하고 있었기 때문에 뭔가 잘못되고 있다는 것을 알아채지 못했습니다. 갑자기 엄마가 뭔가 타는 냄새를 맡았습니다. 저는 부엌으로 달려갔지만 그것은 타버렸습니다. 다행히도 엄마가 그것을 다시 요리해주셨고 생각만큼 나쁘지 않았습니다. 엄마의 마술 덕분에 우리 가족은 맥도날드에 가지 않아도 되었습니다. 가족들은 그것을 좋아했고 아버지는 맛있다고 말씀해주셨습니다. 그 말을 듣고 마음이 놓였습니다.

>> F13-2 응용 연습 ▶▶ 스피킹 프레임을 이용해 응용 답변을 직접 만들어보세요.

You indicated that you cook. What kinds of dishes do you like to cook? Please tell me about the best dish you can cook and explain how you make it.

요리를 한다고 표시해주셨습니다. 요리하기 좋아하는 음식은 어떤 것입니까? 당신이 가장 잘 만들 수 있는 음식에 대해 말하고, 어떻게 만드는지 설명하세요.

 *현재시제를 사용하세요.

저는 저희 가족을 위해 저녁을 만들고 싶을 때 불고기를 만듭니다. 저는 요리를 잘하지는 못해서 요리하기 전에 주로 온라인으로 요리법을 확인합니다. **요리법은 이렇습니다.** 모든 재료와 양념을 준비하고 **그것들을 큰 그릇에 담습니다.** 그리고 나서 고기를 특별 간장 소스로 양념하고 두 시간 동안 절여둡니다. 두 시간 후에 그것을 가스레인지 위에 올립니다. 고기가 익는 것을 기다리기만 하면 되죠. 그 사이에 저는 주로 거실에서 엄마와 이야기하거나 친구와 통화를 합니다. **그러나 그것이 타지 않게 조심해야 합니다.** 제 가족들은 항상 그것을 좋아하고 맛있다고 말해줍니다. 그러면 저는 행복해집니다.

▶▶ 능숙하게 답변을 잘 하셨나요?

이번에는 음원을 들으면서 답변을 확인해보세요. 🎧 F13-1, F13-2

🎧 F14

Explain your most **memorable experience playing basketball**. ① When and where did it take place? ② Why was the game the most memorable? Please describe ③ the situation at the time in detail.

가장 기억에 남는 농구 경기를 설명하세요. 언제 어디에서 일어났나요? 왜 그 경기가 그렇게 기억에 남나요? 그 상황을 자세하게 설명해보세요.

질문 분석

memorable experience playing basketball
기억에 남는 농구 경기
① when and where 경기 시기와 장소
② why memorable 기억에 남는 이유
③ the situation 상황

답변 핵심 구성

도입 – 경기 소개
중심 – 상황 및 사건 발생
마무리 – 소감

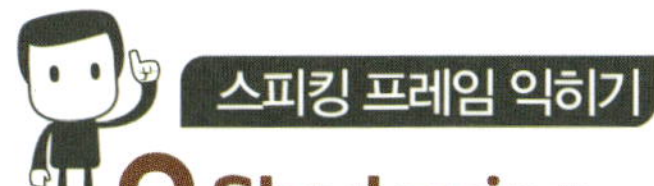

스피킹 프레임 익히기

>> F14

Q Shadowing → Echoing

스피킹 프레임을 확인하고 해석을 보면서 읽어보세요. 두 번 섀도잉하고 세 번째 에코잉하면서 스피킹 프레임을 암기합니다.

도입 경기 소개	**The most memorable basketball game I played was in college.**	가장 기억에 남는 농구 경기는 대학에서였습니다.
관중 및 내 실력	Everybody came to the game: professors, students, and administration. I played pretty well and scored many points.	교수, 학생, 교직원들 모두 게임을 보러 왔습니다. 저는 꽤 잘했고 득점도 많이 했습니다.
중심1 부상 발생	**But when I turned to pass to another player I felt pain in my ankle. It really hurt!**	그러나 다른 선수에게 공을 패스하려고 돌았을 때 발목에 통증을 느꼈습니다. 정말 아팠습니다!
중심2 부상 후 경기 상황	My team coach insisted on taking me to the hospital but I wanted to watch our team win the game. After all, we won, and then I was taken to the hospital and given an x-ray.	팀 코치가 저를 병원에 데리고 가야 한다고 주장했지만 저는 우리 팀이 이기는 것을 보고 싶었습니다. 결국 우리는 이겼고 그리고 나서 저는 병원으로 이송되어 엑스레이를 찍었습니다.
부상 후 내 상태	My ankle was broken and I had to walk on crutches for three months. It seemed like three years. It still hurts sometimes.	발목이 부러져 3개월 동안 목발을 짚고 걸어야 했습니다. 3개월이 3년처럼 느껴졌습니다. 지금도 때때로 아픕니다.
마무리 당시에 대한 현재 생각	**Even today, however, it brings a smile to my face when I think of that time because it was the greatest moment in my life.**	그러나 그때가 제 인생에서 가장 대단한 때여서 그때 생각만 하면 지금까지도 제 얼굴에 미소가 떠오릅니다.

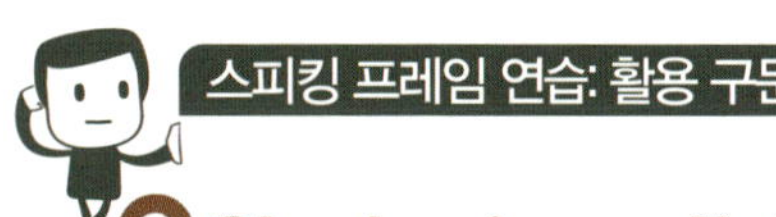

Q Shadowing → Echoing → Switching

주요 구문과 활용 구문을 익히고, 스피킹 프레임에 넣어 답변을 완성해 말해보세요.

도입 경기 소개

The most memorable (종목) game I played was + 활용구문.

제가 한 가장 기억에 남는 경기는 ～였습니다.

1 The most memorable basketball game I played was in college.

2 The most memorable game I played was when our team played Hankuk University.

3 The most memorable game I played was a long time ago, back in 1982.

4 The most memorable game I played was when we played a team from another university in the final match, a couple of years ago.

1 가장 기억에 남는 농구 경기는 대학에서였습니다.
2 제가 한 가장 기억에 남는 경기는 우리 팀이 한국 대학과 경기할 때였습니다.
3 제가 한 가장 기억에 남는 경기는 오래 전 일인데, 1982년이었을 것입니다.
4 제가 한 가장 기억에 남는 경기는 2년여 전 즈음 우리가 다른 대학과 결승에서 시합을 했을 때였습니다.

중심1 경기 중 생긴 문제점

But when I turned to pass to another player + 활용 구문.

그러나 다른 선수에게 공을 패스하려고 돌았을 때 ～했습니다.

1 But when I turned to pass to another player I felt pain in my ankle.

2 But when I turned to pass to another player I tripped over the defense and ended up with scrapes on my face.

3 But when I turned to pass to another player I sprained my ankle.

4 But when I turned to pass to another player I bumped into a basketball post.

5 But when I turned to pass to another player I tripped over and fell on the floor.

1 그러나 다른 선수에게 공을 패스하려고 돌았을 때 발목에 통증을 느꼈습니다.
2 그러나 다른 선수에게 공을 패스하려고 돌았을 때 수비에 걸려 넘어져서 얼굴에 찰과상을 입고 말았습니다.
3 그러나 다른 선수에게 공을 패스하려고 돌았을 때 발목을 접질렸습니다.
4 그러나 다른 선수에게 공을 패스하려고 돌았을 때 농구 골대에 부딪혔습니다.
5 그러나 다른 선수에게 공을 패스하려고 돌았을 때 발이 걸려 바닥에 쓰러졌습니다.

마무리 당시에 대한 평가

Even today, however, it brings a smile to my face when I think of that time because it was + 활용구문.

그러나 그때가 ~여서 그때 생각만 하면 지금까지도 제 얼굴에 미소가 떠오릅니다.

1 Even today, however, it brings a smile to my face when I think of that time because **it was** the greatest moment in my life.

2 Even today, however, it brings a smile to my face when I think of that time because **it was** an unforgettable experience in my life.

3 Even today, however, it brings a smile to my face when I think of that time because **it was** a great and very exciting game.

4 Even today, however, it brings a smile to my face when I think of that time because **it was** the most interesting game I've ever played.

1 그러나 그때가 제 인생에서 가장 대단한 때여서 그때 생각만 하면 지금까지도 제 얼굴에 미소가 떠오릅니다.
2 그러나 그때가 제 인생에서 잊지 못할 경험이어서 그때 생각만 하면 지금까지도 제 얼굴에 미소가 떠오릅니다.
3 그러나 그때가 재미있고 흥미진진한 경기여서 그때 생각만 하면 지금까지도 제 얼굴에 미소가 떠오릅니다.
4 그러나 그때가 제가 지금까지 가진 경기 중에 가장 흥미로운 경기여서 그때 생각만 하면 지금까지도 제 얼굴에 미소가 떠오릅니다.

응용 답변 가이드

스포츠 항목 중에서 인상적인 경기를 묻는 질문에 대한 답변입니다. 인상적인 경기의 내용으로 경기에서 이기고 졌던 경험을 설명할 수도 있고 이번 답변처럼 경기 중 부상에 대해 설명할 수도 있습니다. 이번 답변 또한 최근의 경험에 응용할 수 있으므로 자신에게 적절한 내용을 암기하고 활용하기 쉬운 내용으로 준비해두시면 됩니다. 특히 스포츠의 경우도 설문 조사에서 선택 항목이 많아서 아무 생각 없이 이것저것 고르기보다는 전략적으로 서로 연계해서 응용할 수 있는 종목끼리 묶어서 선택하고 답변을 준비하는 것이 좋습니다.

>>F14-1 **활용 구문 적용 연습** ▶▶ 스피킹 프레임에 연습한 활용 구문을 적용해 우리말을 영어로 바꿔 답변을 연습해보세요.

Explain your most memorable experience playing baseball. When and where did it take place? Why was the game the most memorable? Please describe the situation at the time in detail.

가장 기억에 남는 농구 경기를 설명하세요. 언제 어디에서 일어났나요? 왜 그 경기가 그렇게 기억에 남나요? 그 상황을 자세하게 설명해보세요.

제가 한 가장 기억에 남는 경기는 우리 팀이 한국 대학과 경기할 때였습니다. 교수, 학생, 교직원들 모두 게임을 보러 왔습니다. 저는 꽤 잘했고 득점도 많이 했습니다. 그러나 다른 선수에게 공을 패스하려고 돌았을 때 발목에 통증을 느꼈습니다. 정말 아팠습니다! 팀 코치가 저를 병원에 데리고 가야 한다고 주장했지만 저는 우리 팀이 이기는 것을 보고 싶었습니다. 결국 우리는 이겼고 그리고 나서 저는 병원으로 이송되어 엑스레이를 찍었습니다. 발목이 부러져 3개월 동안 목발을 짚고 걸어야 했습니다. 3개월이 3년처럼 느껴졌습니다. 지금도 때때로 아픕니다. **그러나 그때가 재미있고 흥미진진한 경기여서 그때 생각만 하면 지금까지도 제 얼굴에 미소가 떠오릅니다.**

>>F14-2 **응용 연습** ▶▶ 스피킹 프레임을 이용해 응용 답변을 직접 만들어보세요.

Explain your most memorable experience playing soccer. When and where did it take place? Why was the game the most memorable? Please describe the situation at the time in detail.

가장 기억에 남는 축구 경기를 설명하세요. 언제 어디에서 일어났나요? 왜 그 경기가 그렇게 기억에 남나요? 그 상황을 자세하게 설명해보세요.

가장 기억에 남는 축구 경기는 대학에서였습니다. 교수, 학생, 교직원들 모두 게임을 보러 왔습니다. 저는 꽤 잘했고 한 골도 넣었습니다. 그러나 다른 선수에게 공을 패스하려고 돌았을 때 발목에 통증을 느꼈습니다. 정말 아팠습니다! 팀 코치가 저를 병원에 데리고 가야 한다고 주장했지만 저는 우리 팀이 이기는 것을 보고 싶었습니다. 결국 우리는 이겼고 그리고 나서 저는 병원으로 이송되어 엑스레이를 찍었습니다. **발목을 접질러서** 3개월 동안 목발을 짚고 걸어야 했습니다. 3개월이 3년처럼 느껴졌습니다. 지금도 때때로 아픕니다. 그러나 그때가 제 인생에서 가장 대단한 때여서 그때 생각만 하면 지금까지도 제 얼굴에 미소가 떠오릅니다.

▶▶ 능숙하게 답변을 잘 하셨나요?
이번에는 음원을 들으면서 답변을 확인해보세요. 🎧 F14-1, F14-2

유형: 과거 경험

주제: 기억에 남는 여행

Self Check ☑ ☐ ☐ ☐ ☐

🎧 F15

Please describe one of your **most memorable trips**. ① Where did you go and ② where did you stay? ③ Why was it so memorable?

가장 기억에 남는 여행 중 하나를 묘사해주세요. 어디에 갔으며, 어디에 머물렀나요? 왜 그렇게 기억에 남죠?

질문 분석

most memorable trip 가장 기억에 남는 여행
① where 여행 장소
② where stay 숙박지
③ why memorable 기억에 남는 이유

답변 핵심 구성

도입 – 여행에 대한 전반적인 소개
중심 – 여행 과정 및 사건
마무리 – 여행에 대한 감상

스피킹 프레임 익히기

Q Shadowing → Echoing

>> F15

스피킹 프레임을 확인하고 해석을 보면서 읽어보세요. 두 번 섀도잉하고 세 번째 에코잉하면서 스피킹 프레임을 암기합니다.

도입 가족 여행	My family took a trip in the family car last summer. It wasn't a good memory because my mother ended up in the hospital.	저희 가족은 지난 여름 승용차로 여행을 떠났습니다. 엄마가 병원에 입원하시게 되었기 때문에 그렇게 좋은 기억은 아닙니다.
중심1 출발	Let me tell you the story. Last year, we decided to drive to the beach in Kangwondo.	이야기는 이렇습니다. 지난 여름 우리는 강원도 해변으로 운전해 가기로 결정했습니다.
중심2 사건 발생	Once we went to highway service area, we had lunch and some snacks. When we got on the car back and started driving, my mother started feeling sick.	고속도로 휴게소에 도착하자 우리는 점심과 간식을 먹었습니다. 차로 돌아와 운전을 시작했을 때 엄마가 아프기 시작했습니다.
어머니의 상태	She turned pale and we worried, **even though she** said she was OK. On the highway, however, we couldn't help keeping going until we found out a way off. Finally we arrived at Kangwondo and took her to the hospital.	엄마는 괜찮다고 말씀하셨지만 얼굴이 창백해졌고 우리는 걱정이 되었습니다. 그러나 고속도로에서는 출구가 나올 때까지 계속 달리는 수밖에 없었죠. 마침내 우리는 강원도에 도착했고 엄마를 병원으로 모시고 갔죠.
중심3 사건의 결말	It turned out that she had food poisoning. The doctor advised that she should rest for a couple of days, so we all stayed at the hotel and read comic books the whole vacation.	엄마는 식중독이었어요. 의사 선생님이 며칠 안정을 취해야 한다고 하셔서 우리는 휴가 내내 호텔에서 만화책을 보면서 지내야 했습니다.
마무리 소감	It wasn't like a vacation, but we were just pleased that she became healthy again.	그건 휴가 같지 않았지만 엄마가 다시 건강해지셔서 그것으로 기뻤습니다.

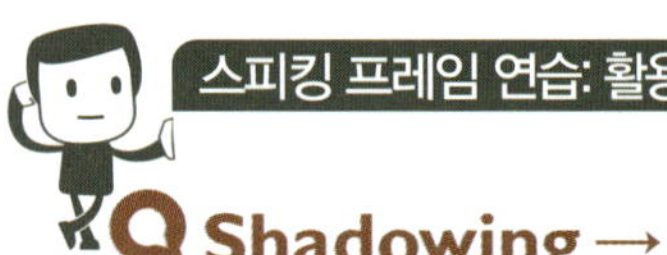

Q Shadowing → Echoing → Switching

 15-1 ~ 15-4

주요 구문과 활용 구문을 익히고, 스피킹 프레임에 넣어 답변을 완성해 말해보세요.

도입 기억에 대한 감상

It wasn't good memory because + 활용 구문.

～때문에 그렇게 좋은 기억은 아닙니다.

---

1 **It wasn't a good memory because** my mother ended up in the hospital.

2 **It wasn't a good memory because** I broke my leg while I was hiking.

3 **It wasn't a good memory because** I nearly drowned while I was swimming.

4 **It wasn't a good memory because** I was exhausted after the long journey.

1 엄마가 병원에 입원하시게 되었기 때문에 그렇게 좋은 기억은 아닙니다.
2 등산을 하는 동안 다리가 부러졌기 때문에 그렇게 좋은 기억은 아닙니다.
3 수영하다가 물에 빠져 죽을 뻔했기 때문에 그렇게 좋은 기억은 아닙니다.
4 긴 여행 끝에 완전히 지쳤기 때문에 그렇게 좋은 기억은 아닙니다.

중심2 사건의 전개

Once we went to + 활용 구문.

～하자 우리는 ～했습니다.

---

1 **Once we went to** highway service area, we had lunch and some snacks.

2 **Once we went to** the city, we took her to the hospital.

3 **Once we went to** the hotel, we changed into our swimming suits.

4 **Once we went to** the beach, we jumped into the sea.

1 고속도로 휴게소에 도착하자 우리는 점심과 간식을 먹었습니다.
2 도시에 도착하자마자 우리는 그녀를 병원에 데려갔습니다.
3 호텔에 가자마자 우리는 수영복으로 갈아입었습니다.
4 해변에 닿자마자 우리는 바다로 뛰어들었습니다.

중심3 사건의 결말

It turned out that + 활용 구문.
~로 드러났습니다.

1 **It turned out that** she had food poisoning.

2 **It turned out that** the water was too deep.

3 **It turned out that** the lifeguard saved me risking his own life.

4 **It turned out that** I left my wallet at home.

> 1 엄마는 식중독으로 드러났습니다.
> 2 물이 매우 깊은 것으로 드러났습니다.
> 3 구조대원이 위험을 무릅쓰고 나를 구해준 것으로 드러났습니다.
> 4 지갑을 집에 두고 온 것으로 드러났습니다.

마무리 소감

It wasn't like a vacation, but we were just pleased that + 활용구문.
그러나 그때가 ~여서 그때 생각만 하면 지금까지도 제 얼굴에 미소가 떠오릅니다.

1 **It wasn't like a vacation, but we were just pleased that** she became healthy again.

2 **It wasn't like a vacation, but we were just pleased that** it's not so serious as I think.

3 **It wasn't like a vacation, but we were just pleased that** he got better from his accident.

> 1 그건 휴가 같지 않았지만 엄마가 건강해지셔서 그것으로 기뻤습니다.
> 2 그건 휴가 같지 않았지만 사건이 내가 생각했던 것만큼 심각한 일이 아니라 그것으로 기뻤습니다.
> 3 거건 휴가 같지 않았지만 그가 사고 후에 회복이 잘 되어 그것으로 기뻤습니다.

응용 답변 가이드

가장 기억에 남는 여행을 묻는 질문에 대한 답변입니다. 가장 좋았던 여행, 최근 여행에 응용하여 답변할 수 있을 뿐 아니라 출장에도 적용할 수 있는 유용한 답변입니다. 여행 및 출장 관련 답변은 하나로 묶어서 연습하고 연계해서 응용할 수 있도록 연습해두세요.

>> F15-1 활용 구문 적용 연습 ▶▶ 스피킹 프레임에 연습한 활용 구문을 적용해 우리말을 영어로 바꿔 답변을 연습해보세요.

Please describe one of your most memorable trips. Where did you go and where did you stay? Why was it so memorable?

가장 기억에 남는 여행 중 하나를 묘사해주세요. 어디에 갔으며, 어디에 머물렀나요? 왜 그렇게 기억에 남죠?

저희 가족은 지난 여름 승용차로 여행을 떠났습니다. 엄마가 병원에 입원하시게 되었기 때문에 그렇게 좋은 기억은 아닙니다. 이야기는 이렇습니다. 지난 여름 우리는 **서해안 안면도**로 운전해 가기로 결정했습니다. 고속도로 휴게소에 도착하자 우리는 점심과 간식을 먹었습니다. 차로 돌아와 운전을 시작했을 때 엄마가 아프기 시작했습니다. 엄마는 괜찮다고 말씀하셨지만 얼굴이 창백해졌고 우리는 걱정이 되었습니다. 그러나 고속도로에서는 출구가 나올 때까지 계속 달리는 수밖에 없었죠. 마침내 우리는 **해변에** 도착했고 엄마를 병원으로 모시고 갔죠. 엄마는 식중독이었어요. 의사 선생님이 며칠 안정을 취해야 한다고 하셔서 우리는 휴가 내내 호텔에서 만화책을 보면서 지내야 했습니다. 그건 휴가 같지 않았지만 엄마가 **잘 회복되셔서** 그것으로 기뻤습니다.

>> F15-2 응용 연습 ▶▶ 스피킹 프레임을 이용해 응용 답변을 직접 만들어보세요.

Please describe one of your most memorable business trips. Where did you go and where did you stay? What did you do? Why was it so memorable?

가장 기억에 남는 출장 중 하나를 묘사해주세요. 어디에 갔으며, 어디에 머물렀나요? 어떤 업무를 보았나요? 왜 그렇게 기억에 남죠?

저는 지난 여름 강원도에 차를 몰고 출장을 갔습니다. 제 **동료**가 병원에 입원하게 되었기 때문에 그렇게 좋은 기억은 아닙니다. 이야기는 이렇습니다. **지난 여름 우리는 강원도에 있는 고객을 방문해야 했습니다.** 제 **동료와 제가 차례로 운전을 했습니다.** 고속도로 휴게소에 도착하자 우리는 점심과 간식을 먹었습니다. **차로 돌아와 운전을 시작했을 때 동료가 아프기 시작했습니다.** 그는 괜찮다고 말했지만 얼굴이 창백해졌고 저는 걱정이 되었습니다. 그러나 고속도로에서는 출구가 나올 때까지 계속 달리는 수밖에 없었죠. 마침내 우리는 강원도에 도착했고 저는 **그를 병원으로 데려 갔죠. 그는** 식중독에 걸린 것이었어요. 의사 선생님이 며칠 안정을 취해야 한다고 하셔서 **그는 호텔에 머물고 제가 모든 일을 처리해야 했습니다. 저는 너무 바빴고** 보통의 출장 같지는 않았지만 **그가 다시 건강해져서 그것으로 기뻤습니다.**

▶▶ 능숙하게 답변을 잘 하셨나요?

이번에는 음원을 들으면서 답변을 확인해보세요. 🎧 F15-1, F15-2

유형: 과거 경험

주제: 교통 수단 비교

Self Check ☑ ☐ ☐ ☐ ☐

🎧 F16

What kind of **transportation** did you use to use ① when you were a child? Is it different from the ② transportation you use now? How are they different? Discuss about ③ the differences in detail.

어렸을 때는 어떤 종류의 교통 수단을 이용했습니까? 지금 이용하는 교통 수단과 다른가요? 어떻게 다른가요? 그 다른 섬에 대해 얘기해보세요.

질문 분석

transportation child vs. now 과거와 현재 이용 교통 수단
① when you child 어릴 때 교통 수단
② now 현재 이용 교통 수단
③ differences 차이점

답변 핵심 구성

도입 – 비교 대상 소개
중심 – 어렸을 때의 교통 수단과 지금의 교통 수단 비교
마무리 – 운전의 선호

Q Shadowing → Echoing

>>F16   스피킹 프레임을 확인하고 해석을 보면서 읽어보세요. 두 번 섀도잉하고 세 번째 에코잉하면서 스피킹 프레임을 암기합니다.

도입 비교 대상 소개	When I was a child, the transportation I used to use was a bus, which is quite different from today. These days I drive a car.	어렸을 때 이용하던 교통 수단은 버스였는데 지금은 다릅니다. 요즘은 운전을 하죠.
중심1 어렸을 때의 교통 수단	To me, the bus seems like a big toy because whenever I rode the bus, I felt excited. I used to see all the buildings and trees going past quickly.	저에게 버스는 커다란 장난감 같았습니다. 버스를 탈 때마다 신이 났기 때문입니다. 저는 빠르게 지나가는 모든 건물과 나무들을 바라보곤 했습니다.
중심2 비교	Taking a bus is totally different from my car because I don't feel excited when I'm driving it. Instead, I have to be very careful so I don't get into an accident.	차를 운전할 때는 흥분을 느끼지 못하기 때문에 버스를 타는 것은 제 차와는 전혀 다릅니다. 대신 저는 사고가 나지 않도록 매우 조심해야 합니다.
운전의 단점	When I'm driving, I can't look at the surroundings. All I can look at is the road.	운전할 때는 주변을 볼 수가 없습니다. 제가 볼 수 있는 것은 길밖에 없습니다.
중심3 현재 교통 수단의 장점	But the car is way more convenient than riding a bus these days. I don't need to wait for buses. In addition, buses are so crowded.	그러나 요즘은 버스를 타는 것보다 차가 훨씬 더 편리합니다. 저는 버스를 기다릴 필요가 없습니다. 게다가 버스는 너무 붐벼요.
마무리 운전 선호에 대한 의지	So I would never want to give up my car.	제 차를 절대 포기하지 않을 겁니다.

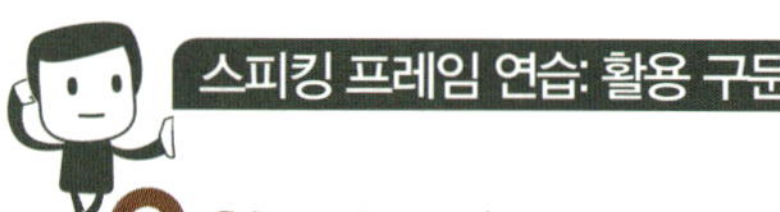

Q Shadowing → Echoing → Switching

🎧 16-1~16-4

주요 구문과 활용 구문을 익히고, 스피킹 프레임에 넣어 답변을 완성해 말해보세요.

도입 어렸을 때 이용한 교통 수단의 장점

When I was a child, the transportation I used to use was + 활용 구문 + which + 활용 구문.
어렸을 때 이용하던 교통 수단은 ∼였는데 그것은 ∼했습니다.

1 When I was a child, the transportation I used to use was a bus, **which** was quite different from today.

2 When I was a child, the transportation I used to use was a subway, **which** made getting around very easy.

3 When I was a child, the transportation I used to use was a bike, **which** I rode to school every day.

1 어렸을 때 이용하던 교통 수단은 버스였는데 지금과는 달랐습니다.
2 어렸을 때 이용하던 교통 수단은 지하철이었는데 여기저기 돌아다니기가 아주 편리했습니다.
3 어렸을 때 이용하던 교통 수단은 자전거였는데 매일 타고 등교했습니다.

중심2 차이점

Taking a bus is totally different from my car because + 활용 구문.
∼때문에 버스를 타는 것은 제 차와 전혀 다릅니다.

1 Taking a bus is totally different from my car because I don't feel excited when I'm driving it.

2 Taking a bus is totally different from my car because I don't have to bump into people when I'm driving it.

3 Taking a bus is totally different from my car because I don't have to wait for a bus when I'm driving it.

4 Taking a bus is totally different from my car because I don't have to worry about standing all the way to the office when I'm driving it.

1 차를 운전할 때는 자유를 느끼지 못하기 때문에 버스를 타는 것은 제 차와 전혀 다릅니다.
2 차를 운전할 때는 사람들과 부딪칠 일이 없기 때문에 버스를 타는 것은 제 차와는 전혀 다릅니다.
3 차를 운전할 때는 버스를 기다릴 필요가 없기 때문에 버스를 타는 것은 제 차와는 전혀 다릅니다.
4 차를 운전할 때는 회사까지 서서 갈 걱정을 할 필요가 없기 때문에 버스를 타는 것은 제 차와는 전혀 다릅니다.

추가 문장 운전의 단점

When I'm driving, + 활용 구문.

운전할 때는 ~합니다.

1 **When I'm driving,** I can't look at the surroundings.

2 **When I'm driving,** I have to concentrate on driving.

3 **When I'm driving,** I can't use my cell phone.

4 **When I'm driving,** I can't take my eyes off the road.

1 운전할 때는 주변을 볼 수가 없습니다.
2 운전할 때는 운전에 집중해야 합니다.
3 운전할 때는 휴대 진화를 사용할 수 없습니다.
4 운전할 때는 도로에서 한눈을 팔 수 없습니다.

중심3 소감

활용 구문 + is way more convenient than + 활용 구문.

~보다 ~가 훨씬 더 편리합니다.

1 The car **is way more convenient than** riding a bus these days.

2 The subway **is way more convenient than** riding a bus these days.

3 The car **is way more convenient than** riding a motorbike these days.

1 요즘은 버스를 타는 것보다 자동차가 훨씬 더 편리합니다.
2 요즘은 버스를 타는 것보다 지하철이 훨씬 더 편리합니다.
3 요즘은 오토바이를 타는 것보다 자동차가 훨씬 더 편리합니다.

응용 답변 가이드

어렸을 때 이용했던 교통 수단과 현재의 것을 비교하라는 질문입니다. 좀 어려운 주제일 수도 있는데 교통 수단에 대한 질문이 간혹 출제되므로 준비해두는 것이 좋습니다. 이와 연계 질문으로 거주 지역에서 주로 이용하는 교통 수단을 묻는 질문이 나올 수 있습니다. 또한 평소와 다른 교통 수단을 이용했던 경험을 묻기도 하는데 이때는 앞서 설명한 교통 수단을 중심으로 과거 경험을 나타내는 간단한 문장을 추가하고 마무리로 '편리했다, 당황스러웠다, 힘들었다, 특이한 경험이었다' 등의 소감을 덧붙이면 됩니다.

>> F16-1 활용 구문 적용 연습 ▶▶ 스피킹 프레임에 연습한 활용 구문을 적용해 우리말을 영어로 바꿔 답변을 연습해보세요.

What kind of transportation did you use to use when you were a child? Is it different from the transportation you use now? How are they different? Discuss about the differences in detail.

어렸을 때는 어떤 종류의 교통 수단을 이용했습니까? 지금 이용하는 교통 수단과 다른가요? 어떻게 다른가요? 그 다른 점에 대해 얘기해보세요.

어렸을 때 이용하던 교통 수단은 자전거였는데 매일 타고 등교했습니다. 요즘은 운전을 하죠. 저에게 **자전거**는 커다란 장난감 같습니다. **자전거**를 탈 때마다 신이 났기 때문입니다. 저는 빠르게 지나가는 모든 건물과 나무들을 바라보곤 했습니다. 차에서 운전할 때는 흥분을 느끼지 못하기 때문에 **자전거를** 타는 것은 제 차와는 전혀 다릅니다. 대신 저는 사고가 나지 않기 위해 매우 조심해야 합니다. 운전할 때는 주변을 볼 수가 없습니다. 제가 볼 수 있는 것은 길 밖에 없습니다. 그러나 요즘에 **자전거를 타는 것**보다 차가 훨씬 더 편리합니다. 그래서 제 차를 절대 포기하고 싶지 않을 겁니다.

>> F16-2 응용 연습 ▶▶ 스피킹 프레임을 이용해 응용 답변을 직접 만들어보세요.

How do people normally travel in the area you live in? Do they drive a car or take public transportation?

당신이 살고 있는 거주 지역에서 사람들이 보통 어떤 교통 수단을 이용해 이동하시나요? 보통 자가용을 타고 다니나요, 아니면 대중교통을 이용하나요?

우리 동네에서 많은 사람들이 이용하는 교통 수단은 버스인데 매우 편리하고 빠릅니다. 제 경우에는 운전을 합니다. 제 직장이 도심에 있어서 많은 사람들이 러시아워에 버스를 타기 때문에 저에게 있어 버스는 너무나 복잡합니다. 그러나 **러시아워를 빼면 저도 버스를 타고** 빠르게 지나가는 모든 건물과 나무들을 바라보는 것을 즐깁니다. 버스를 타고 있을 때는 신나기 때문에 이는 제 차와는 전혀 다릅니다. 운전할 때는 주변을 볼 수가 없습니다. **또한 우리 마을에 사는 많은 사람들이 지하철을 이용하는 것을 좋아합니다.** 요즘에 지하철은 버스를 타는 것보다 훨씬 더 편리한 것 같습니다. 저는 버스를 기다릴 필요가 없습니다.

▶▶ 능숙하게 답변을 잘 하셨나요?

이번에는 음원을 들으면서 답변을 확인해보세요. 🎧 F16-1, F16-2

다음과 같은 학습 활동을 충실히 했는지, 모범 답변은 어느 정도 익숙해졌는지 적어보고
다음 학습에 참고하세요.

유형 2 – 과거 경험	학습 날짜	섀도잉/에코잉	암기 정도
F8 학교 생활 – 처음 학교 방문			
F8-1 학교 생활 – 처음 학교 방문			
F8-2 학교 생활 – 기억에 남는 학교에서의 경험			
F9 직장 생활 – 기억에 남는 프로젝트			
F9-1 직장 생활 – 기억에 남는 프로젝트			
F9-2 직장 생활 – 회사에서 침여하는 프포젝트			
F10 가정과 이웃 – 집안 개선			
F10-1 가정과 이웃 – 집안 개선			
F10-2 가정과 이웃 – 어렸을 때 맡은 집안일			
F11 여가 활동 – 기억에 남는 스포츠 관람			
F11-1 여가 활동 – 기억에 남는 스포츠 관람			
F11-2 여가 활동 – 기억에 남는 스포츠 관람			
F12 여가 활동 – 처음 가본 공연			
F12-1 여가 활동 – 처음 가본 공연			
F12-2 여가 활동 – 최근 가본 공연			
F13 취미/관심사 – 최근에 한 요리			
F13-1 취미/관심사 – 최근에 한 요리			
F13-2 취미/관심사 – 좋아하고 잘 하는 요리			
F14 스포츠 – 기억에 남는 경기			
F14-1 스포츠 – 기억에 남는 경기			
F14-2 스포츠 – 기억에 남는 축구 경기			
F15 휴가/출장 – 기억에 남는 여행			
F15-1 휴가/출장 – 기억에 남는 여행			
F15-2 휴가/출장 – 기억에 남는 출장			
F16 돌발 주제 – 교통 수단 비교			
F16-1 돌발 주제 – 교통 수단 비교			
F16-2 돌발 주제 – 거주 지역의 교통수단			

스텝 2 쉽고 재미있게 공부하기

유형 3 - 롤플레이라도 질문하기 유형은 의외로 쉽다

롤플레이라는 유형은 주어진 상황에 따라 연기를 하는 것과도 같습니다. 영어를 평소에 말하듯이 사용해볼 일이 없는 우리들에게는 매우 당황스러운 유형이죠. 그대도 대비해야지 어쩌겠어요? 앞서 이론편에서 설명했지만 간단히 정리하면, 롤플레이는 질문하기와 문제 해결하기, 이렇게 두 가지가 있습니다. 질문하기를 좀 더 세분하면 상대방에게 단순히 질문만 열거하면 되는 문제와 제시된 상황에 맞춰 자신에게 필요한 정보를 얻어내기 위해 질문을 하는 문제로 나눌 수 있습니다. 기억하세요! 상대방에게 단순 질문하는 유형은 식은죽 먹기와 같습니다. 따라서 포기한다는 건 스스로 점수를 딸 기회를 버리는 짓이죠. 앞서 설명했듯이 상대방에게 단순 질문을 하는 유형은 아~주 쉽습니다. 지금까지 OPIc을 공부하면서 수없이 들었던 질문의 내용만 기억해도 답변에 이용할 수 있어요. 애완동물 주제를 예로 들면, 수험자에게 언제 애완동물을 기르기 시작했냐, 어떻게 돌보냐, 먹이는 누가 주냐, 기억에 남는 일들이 있었냐 등에 대해 물어봅니다. 그런데 상대방에게 애완동물에 대해 질문을 하라는 문제가 나오면, 이 질문들을 그대로 되물을 수 있는 것이죠. 다만 좀 더 센스를 발휘한다면 중간중간 자기 이야기를 섞어주거나 상대방의 반응이 있다고 가정하고 맞장구를 쳐주면 만점 답변이 됩니다.

그럼 상황이 주어지는 질문하기는 어떻게 할까요? 이건 솔직히 살짝 난이도가 있는 유형입니다. 그러나 상황 설명을 잘 한 다음, 질문을 나열하면 되므로 이런 유형에 자주 등장하는 상황을 몇 가지 정리해서 상황 설명을 암기해두는 것이 요령입니다. 자주 등장하는 상황은 주로 필요에 의한 정보 요청이므로 제한적이라고 할 수 있죠. 예약을 위한 정보 요청, 구입하려는 제품에 대해 문의하는 상황이 각 주제별로 나올 수 있습니다. 각 주제별로 따로 준비할 필요 없이 핵심어만 바꿔준다고 생각하고 대비하는 것이 효율적입니다. 예를 들어 온라인으로 표를 예매하는 상황이라면 '영화'를 '공연'으로만 바꿔서 두 가지 주제에 대비할 수 있습니다. '전자제품' 구입에 대한 문의는 '음악 기기' 구입으로 핵심어를 바꿔서 한번에 준비할 수 있습니다.

I **go to school**, too. Now please ① ask me several questions about my school.
저도 학교에 다닙니다. 제가 다니는 학교에 대해 몇 가지 질문을 해보세요.

질문 분석

go to school 학교에 다님
① ask questions about my school
　　학교에 대해 질문하기

답변 핵심 구성

도입 – 상대방에 대해 들은 정보
중심 – 학교생활의 만족도, 학생수, 입학 조건 등 질문
마무리 – 마무리 인사

스피킹 프레임 익히기

Q Shadowing → Echoing

>> F17　스피킹 프레임을 확인하고 해석을 보면서 읽어보세요. 두 번 섀도잉하고 세 번째 에코잉하면서 스피킹 프레임을 암기합니다.

도입 상대방에 대한 정보	You go to Hankuk University? I've heard that's a really good university.	당신은 한국 대학교에 다닌다고요? 정말 좋은 대학이라고 들었습니다.
질문을 하는 이유	I'm interested in your university because I am considering taking the exam for special admission to another college next year. So I'd like to ask some questions about your school.	저는 당신이 다니는 대학에 관심이 많은데요. 제가 내년에 다른 학교에 편입하기 위해 시험을 볼 생각이거든요. 그래서 당신이 다니는 대학에 대해 몇 가지 질문을 하고 싶습니다.
중심1 학교 생활 만족도 질문	Do you enjoy going to Hankuk University?	한국 대학교에 다니는 것이 즐겁습니까?
내가 가본 캠퍼스	I have been there once, and I was surprised by its huge campus.	그곳에 한 번 가본 적이 있는데 캠퍼스가 커서 놀랐습니다.
중심2 학생수 질문	What is the present enrollment of the university?	현재 학생 수는 얼마나 되나요?
중심3 입학 조건 질문	Are there any special requirements to attend there?	그 대학에 특별한 입학 조건이 있나요?
마무리 인사	Thank you very much, indeed; you have been a great help.	정말 감사합니다. 아주 많은 도움이 되었습니다.

Q Shadowing → Echoing → Switching

🎧 17-1~17-4

주요 구문과 활용 구문을 익히고, 스피킹 프레임에 넣어 답변을 완성해 말해보세요.

도입 상대방에 대해 들은 정보

I've heard + 활용 구문.

~라고 들었습니다.

1 **I've heard** that's a really good university.

2 **I've heard** the business school is really top notch.

3 **I've heard** the teachers really care about their students' learning.

4 **I've heard** their lectures are good.

1 정말 좋은 대학이라고 들었습니다.
2 그 경영대학원이 일류라고 들었습니다.
3 선생님들이 학생들의 학업에 진심으로 관심을 가지고 있다고 들었습니다.
4 그들의 강의가 좋다고 들었습니다.

추가 문장 질문하는 이유

I'm interested in your university because + 활용 구문.

저는 ~때문에 당신이 다니는 대학에 관심이 많습니다.

1 **I'm interested in your university because** I am considering taking the exam for special admission to another college next year.

2 **I'm interested in your university because** I am considering studying business administration.

3 **I'm interested in your university because** I am considering applying to the university for next year.

4 **I'm interested in your university because** I am considering going to graduate school of education.

1 제가 내년에 다른 학교에 편입하기 위해 시험을 볼 생각이라서 당신이 다니는 대학에 관심이 많습니다.
2 저는 경영학을 공부할 생각이라서 당신이 다니는 대학에 관심이 많습니다.
3 저는 내년에 그 대학에 입학 허가 신청을 할 생각이라서 당신이 다니는 대학에 관심이 많습니다.
4 저는 교육 대학원에 들어갈 생각이라서 당신이 다니는 대학에 관심이 많습니다.

중심 1   학교 생활에 대한 질문

Do you enjoy + 활용 구문?

～이 즐겁습니까?

1 **Do you enjoy** going to Hankuk University?

2 **Do you enjoy** taking classes?

3 **Do you enjoy** spending time with your classmates?

4 **Do you enjoy** carrying out a lot of tasks?

1 한국 대학교에 다니는 것이 즐겁습니까?
2 수업을 듣는 것이 즐겁습끼?
3 학교 친구들과 지내는 것이 즐겁습니까?
4 많은 과제를 하는 것이 즐겁습니까?

중심3   입학 조건에 대한 질문

Are there any + 활용 구문?

～이 있습니까?

1 **Are there any** special requirements to attend there?

2 **Are there any** restrictions on activity that I need to follow?

3 **Are there any** pre-requisite qualifications necessary for the job?

4 **Are there any** diverse special admission courses in your school?

1 대학에 특별한 입학 조건이 있습니까?
2 따라야 할 활동 규범이 있습니까?
3 그 일에 특별한 자격 요건이 있습니까?
4 학교에 다양한 특별 전형이 있습니까?

응용 답변 가이드

상대방에게 학교에 대해 질문하라는 단순 질문형 문제입니다. 이런 질문은 수험자가 학교에 대해 받았던 질문을 역으로 이용할 수 있습니다. 학교에 대해 단순 설명을 요구했던 질문을 잘 생각해보고 이용할 수 있습니다. 이번 답변은 같은 주제 범위에 속하는 문제들에 이용할 수 있는데요. 예를 들면 학교 친구들에 대한 질문, 학교 생활에 대한 질문에 적절한 내용만 뽑아서 그대로 이용하고, 질문에 따라 한두 가지 질문을 보강해주는 식입니다.

>> F17-1 **활용 구문 적용 연습** ▶▶ 스피킹 프레임에 연습한 활용 구문을 적용해 우리말을 영어로 바꿔 답변을 연습해보세요.

I go to school, too. Now please ask me several questions about my school.

저도 학교에 다닙니다. 제가 다니는 학교에 대해 몇 가지 질문을 해보세요.

당신은 한국 대학교에 다닌다고요? **그 경영 대학원이 일류라고 들었습니다.** 저는 당신이 다니는 대학에 관심이 많은데요. 제가 내년에 다른 학교에 편입하기 위해 시험을 볼 생각이거든요. 그래서 당신이 다니는 대학에 대해 몇 가지 질문을 하고 싶습니다. 한국 대학교에 다니는 것이 즐겁습니까? 그곳에 한 번 가본 적이 있는데 캠퍼스가 커서 놀랐습니다. 다양한 동아리가 많이 있나요? 현재 학생 수는 얼마나 되나요? **학교에 다양한 특별 전형이 있습니까?** 우수한 교수진과 교직원들이 있나요? 정말 감사합니다. 아주 많은 도움이 되었습니다.

>> F17-2 **응용 연습** ▶▶ 스피킹 프레임을 이용해 응용 답변을 직접 만들어보세요.

I go to school, too. Now please ask me several questions about my classmates.

저도 학교에 다닙니다. 저의 학교 친구들에 대해 몇 가지 질문을 해보세요.

당신은 한국 대학교에 다닌다고요? 정말 좋은 대학이라고 들었습니다. 저는 당신이 다니는 **대학과 학교 생활에** 관심이 많은데요. 제가 내년에 다른 학교에 편입하기 위해 시험을 볼 생각이거든요. 그래서 당신이 다니는 **대학과 학생들에** 대해 몇 가지 질문을 하고 싶습니다. 한국 대학교에 다니는 것이 즐겁습니까? **학우들과 잘 지내나요? 그들은 똑똑한가요?** 그곳에 한 번 가본 적이 있는데 캠퍼스가 커서 놀랐습니다. **학생들은 서로 잘 알고 지내나요, 아니면 거리감을 느끼나요? 대학 생활이 고되다는 것, 저도 알아요.** 정말 감사합니다. 아주 많은 도움이 되었습니다.

▶▶ 능숙하게 답변을 잘 하셨나요?

이번에는 음원을 들으면서 답변을 확인해보세요. 🎧 F17-1, F17-2

🎧 F18

Now, please **ask me three questions** about the projects that I do at work.
이제, 제가 직장에서 하는 프로젝트에 관해 3가지 질문을 해주세요.

질문 분석

ask three questions 세 가지 질문
① the projects that I do at work
　　직장에서의 프로젝트 (상대방)

답변 핵심 구성

도입 – 프로젝트 설명 요청
중심 – 프로젝트의 종류, 어려운 점, 보너스 등 질문
마무리 – 인사

스피킹 프레임 익히기

Q Shadowing → Echoing

>>F18 스피킹 프레임을 확인하고 해석을 보면서 읽어보세요. 두 번 섀도잉하고 세 번째 에코잉하면서 스피킹 프레임을 암기합니다.

구분	영어	해석
도입 프로젝트의 설명 요청	I've also done many projects at work. **Can you tell me a little bit more about what you are doing with your projects?**	저 또한 직장에서 많은 프로젝트를 해왔습니다. 제게 당신이 진행하고 있는 프로젝트에 대한 이야기를 좀 더 들려주실 수 있습니까?
중심1 프로젝트의 종류 질문	Are you participating in group projects or individual projects?	여럿이 하는 프로젝트에 참여하고 계십니까, 아니면 혼자 맡은 프로젝트입니까?
중심2 어려운 점 질문	What's the most difficult thing about the projects?	프로젝트와 관련하여 가장 어려운 점은 무엇인가요?
중심3 문제점 관련 추가 질문	Have any problems occurred regarding the project? And how are you handling the problems?	그 프로젝트와 관련하여 발생한 문제가 있나요? 그리고 어떻게 그 문제들을 해결하고 계신가요?
중심4 보너스에 대한 질문	Did you get paid for the project or receive bonuses after you finished it?	끝나고 나면 보수를 받나요, 아니면 보너스를 받나요?
답변에 대한 맞장구	Wow, you receive a generous bonus with an excellent result.	와, 결과가 좋으면 후한 보너스를 받으시는군요.
마무리 인사	Thank you for sparing your precious time for me.	귀한 시간을 내주셔서 감사합니다.

Q Shadowing → Echoing → Switching

18-1~18-4

주요 구문과 활용 구문을 익히고, 스피킹 프레임에 넣어 답변을 완성해 말해보세요.

도입 프로젝트에 대한 설명 요청

Can you tell me a little bit more about + 활용 구문?

제게 ~에 대한 이야기를 좀 더 들려주실 수 있습니까?

1 **Can you tell me a little bit more about** what you are doing with your projects?

2 **Can you tell me a little bit more about** the project that your team is working on?

3 **Can you tell me a little bit more about** your individual project?

4 **Can you tell me a little bit more about** the group project in your department?

1 제게 당신이 진행하고 있는 프로젝트에 대한 이야기를 좀 더 들려주실 수 있습니까?
2 당신의 팀이 하고 있는 프로젝트에 대한 이야기를 좀 더 들려주실 수 있습니까?
3 당신의 개인 프로젝트에 대한 이야기를 좀 더 들려주실 수 있습니까?
4 당신 부서의 그룹 프로젝트에 대한 이야기를 좀 더 들려주실 수 있습니까?

중심2 어려운 점에 대한 질문

What's + 활용 구문?

~은 무엇인가요?

1 **What's** the most difficult thing about the projects?

2 **What's** the hardest thing about the projects?

3 **What's** the trouble with the projects?

4 **What's** the most interesting part of the projects?

1 프로젝트에서 가장 어려운 점이 무엇인가요?
2 프로젝트에서 가장 힘든 일이 무엇인가요?
3 프로젝트에서 문제점은 무엇인가요?
4 프로젝트에서 가장 흥미로운 부분이 무엇인가요?

중심3 문제점에 대한 질문

Have any problems + 활용 구문?
~의 문제가 있나요?

1 **Have any problems** occurred regarding the project?

2 **Have any problems** occurred regarding your work?

3 **Have any problems** occurred handling the process of your project?

4 **Have any problems** occurred coordinating your schedules to finish the project earlier?

5 **Have any problems** occurred with your team members?

1 그 프로젝트와 관련하여 발생한 문제가 있나요?
2 작업과 관련하여 발생한 무슨 문제가 있나요?
3 프로젝트 과정을 조율하는 데 발생한 어려움이 있나요?
4 프로젝트를 조기에 완수하기 위해 일정을 조율하는 데 발생한 문제가 있나요?
5 팀원들에게 발생한 무슨 문제가 있나요?

중심3 해결 방법에 대한 질문

How are + 활용 구문?
어떻게 ~하나요?

1 **How are** you handling the problems?

2 **How are** you discussing the progress of your project?

3 **How are** you getting your project reports ready?

4 **How are** your colleagues helping you with the project?

5 **How are** your projects going?

1 어떻게 그 문제들을 해결하고 계신가요?
2 프로젝트의 진행 상황을 어떻게 논의하고 계신가요?
3 프로젝트 보고서를 어떻게 준비하고 계신가요?
4 동료들이 어떻게 그 프로젝트에 도움을 주나요?
5 프로젝트가 어떻게 되어가나요?

응용 답변 가이드

직장에서 하는 프로젝트에 대해 상대방에게 질문하는 내용입니다. 단순 질문형 문제에는 지금까지 해당 주제에 대해 받았던 질문을 역으로 상대방에게 물어보는 방식이 가장 간단한 방법입니다.

직장인과 학생의 경우 서로 연계할 수 있는 내용이 많지 않은데, 프로젝트의 경우 너무 구체적인 내용으로 들어가지 말고 개인 프로젝트/단체 프로젝트였는지, 결과가 좋았는지, 힘든 점이 무엇이었는지 등 연계해 사용할 수 있는 내용으로 답변을 구성하면 활용도가 높아집니다.

스피킹 피드백 ▶▶

앞에서 익힌 스피킹 프레임과 활용 구문을 이용해 우리말을 보고 바로바로 영어로 말할 수 있었나요? 답변하기 힘들었다면 스피킹 프레임부터 다시 암기하고, 활용 구문을 다시 연습하세요.

≫ F18-1 활용 구문 적용 연습 ▶▶ 스피킹 프레임에 연습한 활용 구문을 적용해 우리말을 영어로 바꿔 답변을 연습해보세요.

Now, please ask me three questions about the projects that I do at work.

이제, 제가 직장에서 하는 프로젝트에 관해 3가지 질문을 해주세요.

저 또한 직장에서 많은 프로젝트를 해왔습니다. 제게 당신이 진행한 프로젝트에 대한 이야기를 좀 더 들려주실 수 있습니까? 여럿이 하는 프로젝트에 참여하고 계십니까, 아니면 혼자 맡은 프로젝트입니까? **프로젝트에서 가장 흥미로운 부분이 무엇인가요?** 그 프로젝트와 관련하여 발생한 문제가 있었나요? **동료들이 어떻게 그 프로젝트에 도움을 주나 요?** 끝나고 나면 보수를 받나요, 아니면 보너스를 받나요? 와, 결과가 좋으면 후한 보너스를 받으시는군요. 귀한 시간 을 내주셔서 감사합니다.

≫ F18-2 응용 연습 ▶▶ 스피킹 프레임을 이용해 응용 답변을 직접 만들어보세요.

Now, please ask me three questions about projects that I do at the university.

이제, 제가 학교에서 하는 프로젝트에 관해 3가지 질문을 해주세요.

저 또한 학교에서 많은 그룹 프로젝트나 개인 프로젝트를 해왔습니다. 제게 당신이 진행한 프로젝트에 대한 이야기를 좀 더 들려주실 수 있습니까? 여럿이 하는 프로젝트에 참여하고 계십니까, 아니면 혼자 맡은 프로젝트입니까? 프로젝트와 관련하여 가장 어려운 점은 무엇인가요? 그 프로젝트와 관련하여 발생한 문제가 있었나요? 그리고 어떻게 그 문제들을 해결하고 계신가요? **끝나고 나서 좋은 점수를 받았나요?** 와, 최근 **프로젝트의 결과가 좋아 A+를 받으셨군요.** 귀한 시간을 내주셔서 감사합니다.

▶▶ 능숙하게 답변을 잘 하셨나요?

이번에는 음원을 들으면서 답변을 확인해보세요.   🎧 F18-1, F18-2

19

스피킹 프레임
가정과 이웃

유형: 롤플레이–단순 질문

주제: 사는 곳 질문하기

Self Check ☑ ☐ ☐ ☐ ☐

🎧 F19

You've told me a lot about **where you live**. Now, ① ask me three or four questions to ② find out about where I live.

당신이 사는 곳에 대해 여러 가지를 말씀해주셨습니다. 이제 제가 사는 곳에 대해 알아보기 위해 저에게 3~4가지 질문을 해보세요.

질문 분석

where live 사는 곳
① ask three or four questions 서너 가지 질문
② find out where I live 상대방이 사는 곳 알아내기

답변 핵심 구성

도입 – 질문에 대한 답변 요청

중심 – 거주 지역, 집세, 주변 시설, 대중 교통 등 질문

마무리 – 인사

스피킹 프레임 익히기

Q Shadowing → Echoing

>> F19   스피킹 프레임을 확인하고 해석을 보면서 읽어보세요. 두 번 섀도잉하고 세 번째 에코잉하면서 스피킹 프레임을 암기합니다.

도입 질문에 대한 답변 요청	Hi, I heard you live in an apartment in downtown Seoul. I am looking for an apartment to move into, so would you mind answering a few questions about where you are living at the moment?	안녕하세요. 서울 도심 아파트에 살고 계신다고 들었습니다. 저는 지금 이사 갈 아파트를 찾고 있는데요. 지금 살고 계신 곳에 대한 질문 몇 가지에 답해주시겠습니까?
중심1 거주 지역 질문	What district are you living in exactly? Oh, you live in Gansu-gu.	정확하게 어느 지역에 살고 계신가요? 아, 강서구에 사신다고요.
중심2 집세 질문	Is the area cheap to rent housing in?	그 지역은 집세가 저렴한가요?
중심3 주변 시설 질문	Are there many facilities like stores or health clubs located near your apartment?	아파트 근처에 상점이나 헬스클럽과 같은 시설들이 많습니까?
중심4 대중 교통 질문	How about the public transportation?	대중교통은 어떤가요?
마무리 장단점 질문 감사 인사	I think it would be helpful if you told me advantages and disadvantages about where you live now.	지금 살고 계신 곳에 대해 장단점을 알려주시면 많은 도움이 될 것 같습니다.

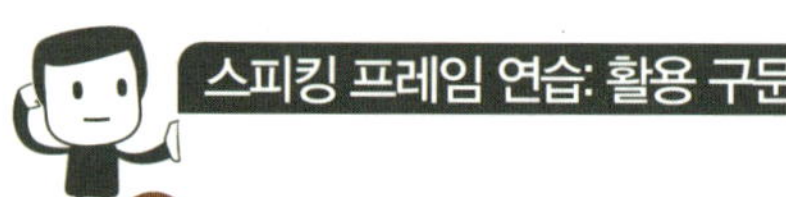

Q Shadowing → Echoing → Switching

19-1~19-4

주요 구문과 활용 구문을 익히고, 스피킹 프레임에 넣어 답변을 완성해 말해보세요.

도입   질문에 대한 답변 요청

Would you mind answering a few questions about + 활용 구문?

〜에 대한 질문 몇 가지에 답해주시겠습니까?

1 Would you mind answering a few questions about where you are living at the moment?

2 Would you mind answering a few questions about your apartment?

3 Would you mind answering a few questions about your neighborhood?

4 Would you mind answering a few questions about your house and the city where you live?

1 지금 살고 계신 곳에 대한 질문 몇 가지에 답해주시겠습니까?
2 당신의 아파트에 대한 질문 몇 가지에 답해주시겠습니까?
3 당신의 동네에 대한 질문 몇 가지에 답해주시겠습니까?
4 당신이 살고 계신 집과 도시에 대한 몇 가지 질문에 답해주시겠습니까?

중심2   동네의 전반적인 사항에 대한 질문

Is the area + 활용 구문?

그 지역은 〜한가요?

1 Is the area cheap to rent housing in?

2 Is the area fairly quiet?

3 Is the area safe?

4 Is the area very peaceful and quiet?

5 Is the area well-kept in regard to landscaping and overall cleanliness?

1 그 지역은 집세가 저렴한가요?
2 그 지역은 조용한가요?
3 그 지역은 안전한가요?
4 그 지역은 평화롭고 조용한가요?
5 그 지역은 조경과 전반적인 청결함이 잘 관리되어 있나요?

중심3　주변 시설에 대한 질문 1

Are/Is there + 활용 구문 + (located) near your apartment?

아파트 근처에 ~이 있습니까?

1 **Are there** many facilities like stores or health clubs located near your apartment?

2 **Are there** convenience stores located near your apartment?

3 **Are there** grocery stores or markets located near your apartment?

4 **Is there** public transportation near your apartment?

1 아파트 근처에 상점이나 헬스클럽과 같은 시설들이 많습니까?
2 아파트 근처에 편의점이 근처에 있습니까?
3 아파트 근처에 식료품점이나 시장이 있습니까?
4 아파트 근처에 대중교통이 있습니까?

중심4　주변 시설에 대한 질문 2

How about + 활용 구문?

~은 어떤가요?

1 **How about** the public transportation?

2 **How about** the facilities around your apartment?

3 **How about** your neighbors?

4 **How about** the educational environment around your apartment?

1 대중교통은 어떤가요?
2 아파트 주변 시설은 어떤가요?
3 이웃들은 어떤가요?
4 아파트 주변 교육 환경은 어떤가요?

응용 답변 가이드

사는 곳에 대해 상대방에게 질문하는 답변입니다. 거주 지역에 대해 다양한 질문을 하는 내용이므로 부동산에 전화해서 정보를 요청하는 등의 롤플레이 답변으로 활용할 수 있습니다.

>> F19-1 활용 구문 적용 연습 ▶▶ 스피킹 프레임에 연습한 활용 구문을 적용해 우리말을 영어로 바꿔 답변을 연습해보세요.

You've told me a lot about where you live. Now, ask me three or four questions to find out about where I live.

당신이 사는 곳에 대해 여러 가지를 말씀해주셨습니다. 이제 제가 사는 곳에 대해 알아보기 위해 저에게 3~4가지 질문을 해보세요.

안녕하세요. 서울 도심 아파트에 살고 계신다고 들었습니다. 저는 지금 이사 갈 아파트를 찾고 있는데요. **당신이 살고 계신 집과 도시에 대한 몇 가지 질문에 답해 주시겠습니까?** 정확하게 어느 지역에 살고 계신가요? 아, 강서구에 사신다고요. 그 지역은 집세가 저렴한가요? **아파트 근처에 식료품점이나 시장이 있습니까?** 대중교통은 어떤가요? **아파트 주변 교육 환경은 어떤가요?** 지금 살고 계신 곳에 대해 장단점을 알려주시면 많은 도움이 될 것 같습니다.

>> F19-2 응용 연습 ▶▶ 스피킹 프레임을 이용해 응용 답변을 직접 만들어보세요.

I'd like to give you a situation and ask you to act it out. You are supposed to move to an apartment, so you are looking for one. You are calling a real estate agency and asking three or four questions to get some information about the apartment.

상황을 하나 드릴 테니 과제를 수행해보시기 바랍니다. 당신은 아파트로 이사를 갈 예정이라 아파트를 알아보고 있습니다. 부동산에 전화해서 아파트에 대한 정보를 알아보기 위해 3~4가지 질문을 해보세요.

안녕하세요. **서울 도심에 다양한 아파트를 보유하고 계신다고 들었습니다.** 급매물로 나와 있는 아파트를 보유하고 계신가요? 저는 지금 이사 갈 아파트를 찾고 있는데요. 지금 보유하고 계신 아파트에 대한 질문 몇 가지에 답해주시겠습니까? **정확하게 어느 지역에 있는 물건인가요?** 아, 강서구에 있다고요. 그 지역은 집세가 저렴한가요? **제가 생각하고 있는 가격대군요.** 아파트 근처에 상점이나 헬스클럽과 같은 시설들이 많습니까? 대중교통은 어떤가요? 아파트의 장단점을 알려주시면 많은 도움이 될 것 같습니다.

▶▶ 능숙하게 답변을 잘 하셨나요?
이번에는 음원을 들으면서 답변을 확인해보세요. 🎧 F19-1, F19-2

20

스피킹 프레임
가정과 이웃

유형: 롤플레이 – 정보 요청

주제: 파티 준비 관련 질문하기

Self Check ☑ ☐ ☐ ☐ ☐

🎧 F20

I'd like to give you a situation and ask you to **act it out**. You are asked ① to help one of your family or relatives with the ② preparation of a party. Call him/her and leave a message by ③ asking three or four questions about the party.

상황을 하나 드릴 테니 과제를 수행해보시기 바랍니다. 당신은 가족이나 친척 한 사람이 파티 준비하는 것을 돕기로 했습니다. 가족에게 전화를 걸어 파티에 대해 3~4가지 질문을 하는 메시지를 남겨보세요.

질문 분석

act it out 연기하기
① help your family or relatives 가족이나 친척 돕기
② preparation of a party 파티 준비
③ ask three or four questions 서너 가지 질문하기

답변 핵심 구성

도입 – 전화를 건 목적

중심 – 파티 장소, 초대 인원, 예약 여부 등 질문

마무리 – 인사

스피킹 프레임 익히기

Q Shadowing → Echoing

>> **F20** 스피킹 프레임을 확인하고 해석을 보면서 읽어보세요. 두 번 섀도잉하고 세 번째 에코잉하면서 스피킹 프레임을 암기합니다.

도입 전화를 건 목적	Hello, Junyoung. This is Jin. **I'm calling to find out what I should do to help you for your party.** I understand you're thinking about having the party this weekend.	안녕, 준영아. 나 진이야. 네가 준비하는 파티에 대해 너를 돕기 위해 내가 해야 할 일이 뭔지 알고 싶어서 전화했어. 네가 이번 주말에 파티를 열 계획이라고 알고 있어.
중심1 장소 질문	**Have you decided on the place?** Will you have the party at home?	장소 정했어? 집에서 할 거야?
질문 후 식당 제안	If not, I'd like to recommend my favorite Italian restaurant to you. I know a good restaurant downtown. Do you like Italian?	그렇지 않다면 내가 좋아하는 이탈리아 레스토랑을 추천하고 싶은데. 내가 시내 근처의 좋은 레스토랑을 알고 있어. 너 이탈리아 음식 좋아하니?
중심2 초대 인원에 대한 질문	**How many people are coming?** They offer a 20% discount for a party of 20.	몇 명이나 올 거야? 거긴 20명 이상의 단체에는 20% 할인해줘.
중심3 도움 제안	**I can make a reservation for you, if you'd like.**	네가 원하면 내가 그 레스토랑을 예약해줄 수 있어.
마무리 감사 인사	So, please let me know what you want me to do. Call me later. Bye.	그럼 내가 어떻게 할지 알려줘. 이따가 전화해. 안녕.

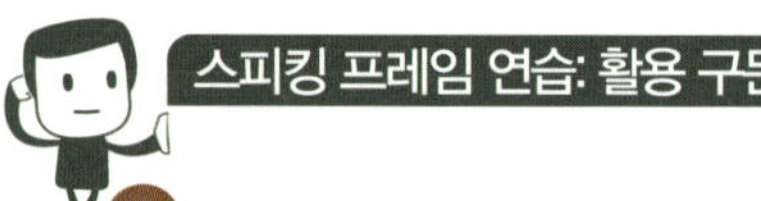

Q Shadowing → Echoing → Switching

20-1 ~ 20-4

주요 구문과 활용 구문을 익히고, 스피킹 프레임에 넣어 답변을 완성해 말해보세요.

도입 전화를 건 목적

I'm calling to want to know what I should + 활용 구문.

내가 ~해야 하는지 알고 싶어서 전화했어.

---

1 I'm calling to find out what I should do to help you for your party.

2 I'm calling to find out what I should make for your party.

3 I'm calling to find out what I should prepare for your birthday party.

4 I'm calling to find out what I should bring to your party.

1 네가 준비하는 파티에 내가 너를 돕기 위해 해야 할 일이 뭔지 알고 싶어서 전화했어.
2 네가 준비하는 파티에 내가 무엇을 만들어야 하는지 알고 싶어서 전화했어.
3 네 생일 파티에 내가 무엇을 준비해야 하는지 알고 싶어서 전화했어.
4 네가 준비하는 파티에 내가 무엇을 가져가야 하는지 알고 싶어서 전화했어.

중심1 파티에 대한 세부사항 질문

Have you decided + 활용 구문?

~ 정했어?

---

1 Have you decided on the place?

2 Have you decided on the date?

3 Have you decided on where you would like to hold your party?

4 Have you decided on which restaurant you'd like to visit?

1 장소 정했어?
2 날짜 정했어?
3 파티를 어디에서 열지 정했어?
4 어떤 식당에 갈 건지 정했어?

중심2 파티에 초대된 인원에 대한 질문

How many people + 활용 구문?
몇 명이나 ~?

1 **How many people** are coming?

2 **How many people** did you invite to the party?

3 **How many people** should we invite to our dinner party?

4 **How many people** will be attending the party?

1 몇 명이나 올 거야?
2 파티에 몇 명이나 초대했어?
3 디너 파티에 몇 명이나 초대해야 되지?
4 파티에 몇 명 참석하는 거야?

중심3 구체적인 도움 제안

I can + 활용 구문, if you'd like.
네가 원하면 내가 ~할 수 있어.

1 **I can** make a reservation for you, **if you'd like.**

2 **I can** contact the manager at the restaurant, **if you'd like.**

3 **I can** give you the number of the store, **if you'd like.**

4 **I can** call and see if they have a big room where we can have a party, **if you'd like.**

1 네가 원하면 내가 그 레스토랑을 예약해줄 수 있어.
2 네가 원하면 내가 매니저한테 연락해줄 수 있어.
3 네가 원하면 내가 그 가게 전화번호를 줄 수 있어.
4 네가 원하면 내가 전화해서 우리가 파티를 할 수 있는 큰 방이 있는지 알아봐줄 수 있어.

응용 답변 가이드

가족이나 친척 등의 파티 준비를 도와주기 위해 질문을 하는 답변입니다. 단순 질문형에서 한 단계 발전해 상황을 설정하고 질문하는 유형으로 볼 수 있는데요. 파티 준비에 필요한 사항을 질문하면서 중간중간 파티에 대한 내용을 덧붙여서 준비하면 최근에 있었던 경험(가족간이나 이웃간에)에 대한 답변으로 응용할 수 있습니다. 질문 내용을 평서문으로 변경하고 경험을 설명하는 한두 문장만 보강하면 파티를 준비하면서 겪은 어려움이나 인상적인 일로 변경할 수도 있습니다.

>> F20-1 활용 구문 적용 연습 ▶▶ 스피킹 프레임에 연습한 활용 구문을 적용해 우리말을 영어로 바꿔 답변을 연습해보세요.

I'd like to give you a situation and ask you to act it out. You are asked to help one of your family or relatives with the preparation of a party. Call him/her and leave a message by asking three or four questions about the party.

상황을 하나 드릴 테니 과제를 수행해보시기 바랍니다. 당신은 가족이나 친척 한 사람이 파티 준비하는 것을 돕기로 했습니다. 가족에게 전화를 걸어 파티에 대해 3~4가지 질문을 하는 메시지를 남겨보세요.

안녕, 준영아. 나 진이야. 네가 준비하는 파티에 대해 내가 너를 돕기 위해 해야 할 일이 뭔지 알고 싶어서 전화했어. 네가 이번 주말에 파티를 열 계획이라고 알고 있어. **어떤 식당에 갈 건지 정했어? 집에서 할 거야? 그렇지 않다면 내가** 좋아하는 이탈리아 레스토랑을 추천하고 싶은데. 내가 시내 근처의 좋은 레스토랑을 알고 있어. 너 이탈리아 음식 좋아하니? 몇 명이나 올 거야? 거긴 20명 이상의 단체에는 20% 할인해줘. **네가 원하면 내가 전화해서 우리가 파티를 할 수 있는 큰 방이 있는지 알아봐줄 수 있어.** 그럼 내가 어떻게 할지 알려줘. 이따가 전화해. 안녕.

>> F20-2 응용 연습 ▶▶ 스피킹 프레임을 이용해 응용 답변을 직접 만들어보세요.

When was the last time you had a talk with your neighbors? Who was it? Tell me everything about it.

이웃과 마지막으로 얘기한 적은 언제인가요? 누구였습니까? 그것에 대해 모든 것을 얘기해주세요.

 *간접화법을 사용하세요.

지난 달, 옆집에 사는 남자와 이야기를 하게 되었습니다. 그의 이름은 준이었습니다. 그가 딸아이의 생일 파티를 열 거라고 했습니다. 저는 그의 가족과 오랫동안 알고 지내서 그의 파티를 위해 제가 도와줄 일이 뭔지 알고 싶었습니다. 그는 주말에 파티를 열 계획이었습니다. 저는 그에게 장소를 정했는지 물었습니다. 그가 정하지 않아서 저는 제가 좋아하는 이탈리아 레스토랑을 추천했습니다. 저는 시내 근처의 좋은 레스토랑을 알고 있었습니다. 저는 그에게 몇 명이나 올 거냐고 물었습니다. 그 식당은 20명 이상의 단체에는 20% 할인해줬기 때문이죠. 저는 그를 위해 레스토랑을 예약해줬습니다. **그래서 그는 정말 좋아했고 고마워했죠. 저도 기뻤습니다.**

▶▶ 능숙하게 답변을 잘 하셨나요?
이번에는 음원을 들으면서 답변을 확인해보세요.  F20-1, F20-2

21 스피킹 프레임
여가 활동

유형: 롤플레이-단순 질문

주제: 영화에 대해 질문하기

Self Check ☑ ☐ ☐ ☐ ☐

🎧 F21

I like to watch movies. ① Ask me three or four questions ② about the movies I watch.

저는 영화 보는 것을 좋아합니다. 제가 보는 영화에 대해 3~4가지 질문을 해보세요.

질문 분석

like to watch movies 영화 보기를 좋아함
① ask three or four questions 서너 가지 질문하기
② about the movie I watch 상대방이 보는 영화

답변 핵심 구성

도입 – 상대방에 대한 정보
중심 – 영화를 보는 빈도, 좋아하는 장르, 이유 등 질문
마무리 – 끝인사

스피킹 프레임 익히기

Q Shadowing → Echoing

>> F21

스피킹 프레임을 확인하고 해석을 보면서 읽어보세요. 두 번 섀도잉하고 세 번째 에코잉하면서 스피킹 프레임을 암기합니다.

도입 상대방에 대한 정보	**I understand you really like to watch movies.**	영화 보는 걸 아주 좋아한다고 하셨는데요.
중심1 영화를 보는 빈도 질문	**How often do you watch movies?**	얼마나 자주 영화를 보시나요?
나의 경우	I watch a movie at least once a week. How about you?	저는 적어도 일주일에 한 번은 봅니다. 당신은 어떤가요?
중심2 좋아하는 영화에 대한 질문	**What kinds of movies do you like?** Oh, you like action films.	어떤 종류의 영화를 좋아하세요? 아, 액션 영화를 좋아하신다고요.
중심3 좋아하는 이유	**Why do you enjoy these kinds of movies?**	왜 그런 종류의 영화를 즐기십니까?
답변에 대한 대응	Very interesting. I love action, too. I think we have very good chemistry between us.	흥미롭군요. 저도 액션 영화를 좋아해요. 우리는 통하는 데가 있는 것 같아요.
마무리 끝인사	Let's make some time to talk more about movies later.	나중에 영화에 대해 이야기를 더 나눌 기회를 가져봅시다.

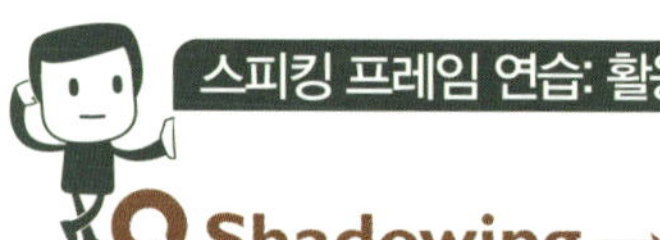

Q Shadowing → Echoing → Switching

🎧 21-1 ~ 21-4

주요 구문과 활용 구문을 익히고, 스피킹 프레임에 넣어 답변을 완성해 말해보세요.

도입　질문하기 전, 말문을 여는 유용한 문장

I understand you really like to + 활용 구문.

〜하는 걸 아주 좋아한다고 하셨는데요.

---

1 I understand you really like to watch movies.

2 I understand you really like to listen to music.

3 I understand you really like to exercise.

4 I understand you really like to go on a trip.

1 영화 보는 걸 아주 좋아한다고 하셨는데요.
2 음악 듣는 걸 아주 좋아한다고 하셨는데요.
3 운동하는 걸 아주 좋아한다고 하셨는데요.
4 여행가는 걸 아주 좋아한다고 하셨는데요.

중심1　영화를 보는 빈도에 대한 질문

How often do you + 활용 구문?

얼마나 자주 〜하나요?

---

1 How often do you watch movies?

2 How often do you go to a theater?

3 How often do you watch romantic comedies?

4 How often do you watch DVDs?

1 얼마나 자주 영화를 보시나요?
2 얼마나 자주 극장에 가시나요?
3 얼마나 자주 로맨틱 코미디 영화를 보시나요?
4 얼마나 자주 DVD를 보시나요?

중심2 영화의 종류에 대한 질문

What + 활용 구문?

어떤/무슨 ~?

1 **What** kinds of movies do you like?

2 **What** is your favorite movie?

3 **What** kinds of movies do you watch often?

4 **What** is the movie you like to see most?

1 어떤 종류의 영화를 좋아하세요?
2 좋아하는 영화가 무엇인가요?
3 자주 보는 영화는 어떤 종류인가요?
4 가장 보기를 좋아하는 영화는 무엇인가요?

중심3 좋아하는 이유에 대한 질문

Why do you + 활용 구문?

왜 ~하나요?

1 **Why do you** enjoy these kinds of movies?

2 **Why do you** like to see these kinds of movies so much?

  = **What makes you** like these kinds of movies so much?

3 **Why do you** think that movie became so successful?

1 왜 그런 종류의 영화를 즐기십니까?
2 왜 그런 종류의 영화를 보는 것을 그렇게나 즐기십니까?
    = 왜 이런 종류의 영화를 그렇게나 즐기십니까?
3 그 영화의 인기 비결이 무엇이라고 생각하시나요?

응용 답변 가이드

영화 보기에 대해 질문하는 답변입니다. 단순 질문형이므로 역시 수험자가 영화에 관련히 받은 질문을 역으로 이용할 수 있으며 여가 활동 관련 주제들에 연계해서 활용할 수도 있습니다. 영화, 공연, 클럽, 스포츠 관람 등이 연계하기 쉬운 대표적인 주제입니다.

>> **F21-1** **활용 구문 적용 연습** ▶▶ 스피킹 프레임에 연습한 활용 구문을 적용해 우리말을 영어로 바꿔 답변을 연습해보세요.

I like to watch movies. Ask me three or four questions about the movies I watch.

저는 영화 보는 것을 좋아합니다. 제가 보는 영화에 대해 3~4가지 질문을 해보세요.

영화 보는 걸 아주 좋아한다고 하셨는데요. **얼마나 자주 극장에 가시나요?** 저는 적어도 일주일에 한 번은 봅니다. 당신은 어떤가요? **자주 보는 영화는 어떤 종류인가요?** 아, 액션 영화를 좋아하신다고요. 왜 그런 종류의 영화를 즐기십니까? 흥미롭군요. 저도 액션 영화를 좋아해요. 우리는 통하는 데가 있는 것 같아요. 나중에 영화에 대해 이야기를 더 나눌 기회를 가져봅시다.

>> **F21-2** **응용 연습** ▶▶ 스피킹 프레임을 이용해 응용 답변을 직접 만들어보세요.

I like music and listening to music. Ask me three or four questions about my favorite music and the way I listen to music.

저는 음악을 좋아하고 음악을 듣는 것을 좋아합니다. 제가 좋아하는 음악과 음악을 듣는 방법에 대해 저에게 3~4가지 질문을 하세요.

음악 듣는 걸 아주 좋아한다고 하셨는데요. **얼마나 자주 음악을 들으시나요? 저는 매일 듣습니다.** 당신은 어떤가요? **어떤 종류의 음악을 좋아하세요?** 아, **발라드를** 좋아하신다고요. 왜 그런 종류의 **음악을** 즐기십니까? 흥미롭군요. 저도 **발라드를** 좋아해요. 우리는 통하는 데가 있는 것 같아요. 나중에 **음악과 발라드에** 대해 이야기를 더 나눌 기회를 가져봅시다.

▶▶ 능숙하게 답변을 잘 하셨나요?

이번에는 음원을 들으면서 답변을 확인해보세요.　🎧 **F21-1, F21-2**

스피킹 프레임
여가 활동

유형: 롤플레이-정보 요청

주제: 온라인 티켓 주문 관련 질문하기

Self Check ☑ ☐ ☐ ☐ ☐

🎧 F22

Pretend that you want to **order some concert tickets online**, but ① you don't know how to order them. Make some ② inquiries about ordering online tickets.

온라인으로 콘서트 티켓 몇 장을 주문하기를 원하는데 어떻게 주문을 하는지 모른다고 가정해보세요. 온라인 티켓 주문에 대한 몇 가지 문의를 하세요.

질문 분석

order concert tickets online 콘서트 입장권 예매
① don't know how to order 예매 방법을 모름
② inquiries about ordering 예매 관련 질문하기

답변 핵심 구성

도입 – 전화를 건 목적
중심 – 예매 관련 웹사이트, 결제 방법, 티켓 수령 등 질문
마무리 – 감사의 인사

스피킹 프레임 익히기

Q Shadowing → Echoing

>> F22 스피킹 프레임을 확인하고 해석을 보면서 읽어보세요. 두 번 섀도잉하고 세 번째 에코잉하면서 스피킹 프레임을 암기합니다.

도입 전화를 건 목적	Hello, I'd like to reserve tickets for this weekend. It's the 8 o'clock concert on Saturday, May 15th.	안녕하세요. 이번 주말 콘서트 입장권을 예약하고 싶은데요. 5월 15일 토요일, 8시 공연입니다.
목적 부연 설명	I'm not used to ordering tickets online. Can I ask you some questions?	온라인으로 표를 주문하는 것에 익숙하지 않으시요. 몇 가지 질문 좀 해도 될까요?
중심1 웹사이트 관련 질문	Is there a web site that I need to access for ticketing?	예매하기 위해 접속해야 할 웹사이트가 있나요?
중심2 결재 방법 관련 질문	And can I use a credit card to pay for the tickets or send money by phone banking?	그리고 입장권 대금을 지불하는 데 신용카드를 사용하거나 폰뱅킹으로 보낼 수 있나요?
중심3 티켓 수령 방법 관련 질문	How do I get those tickets once I finish ordering? Is it possible to print out the tickets from the site?	주문이 끝나면 입장권을 어떻게 받습니까? 웹사이트에서 인쇄할 수 있나요?
마무리 끝인사	Thank you very much. You have been a great help.	정말 감사합니다. 아주 많은 도움이 되었습니다.

스피킹 프레임 연습·활용 구문

Q Shadowing → Echoing → Switching

22-1 ~ 22-4

주요 구문과 활용 구문을 익히고, 스피킹 프레임에 넣어 답변을 완성해 말해보세요.

도입 전화를 건 목적

I'd like to reserve tickets for + 활용 구문.

~을 예약하고 싶습니다.

1 I'd like to reserve tickets for this weekend.

2 I'd like to reserve tickets for tonight's concert.

3 I'd like to reserve tickets for Friday's concert.

4 I'd like to reserve tickets for the pop music concert.

5 I'd like to reserve tickets for the classical music concert.

1 이번 주말 티켓을 예약하고 싶습니다.
2 오늘 밤 콘서트 입장권을 예약하고 싶습니다.
3 금요일 콘서트 입장권을 예약하고 싶습니다.
4 팝 콘서트 입장권을 예약하고 싶습니다.
5 클래식 음악 콘서트 입장권을 예약하고 싶습니다.

중심1 예약이 가능한 웹사이트에 대한 질문

Is there a web site that I need to access for + 활용 구문?

~하기 위해 접속해야 할 웹사이트가 있습니까?

1 Is there a web site that I need to access for ticketing?

2 Is there a web site that I need to access for information about the concert?

3 Is there a web site that I need to access for reservation?

4 Is there a web site that I need to access for confirming my reservations?

5 Is there a web site that I need to access for changing my reservation?

1 예매하기 위해 접속해야 할 웹사이트가 있습니까?
2 콘서트 정보를 얻기 위해 접속해야 할 웹사이트가 있습니까?
3 예약하기 위해 접속해야 할 웹사이트가 있습니까?
4 예약을 확인하기 위해 접속해야 할 웹사이트가 있습니까?
5 예약을 변경하기 위해 접속해야 할 웹사이트가 있습니까?

중심2　결재 방법에 관한 질문

Can I + 활용 구문 + to pay for the tickets?

입장권 대금을 지불하는 데 ~할 수 있나요?

1 **Can I** use credit cards **to pay for the tickets?**

2 **Can I** send money by phone banking **to pay for the tickets?**

3 **Can I** send money through online banking **to pay for the tickets?**

4 **Can I** pay in cash when I get there **to pay for the tickets?**

1 입장권 대금을 지불하는 데 신용카드를 사용할 수 있나요?
2 입장권 대금을 지불하는 데 폰뱅킹으로 돈을 보낼 수 있나요?
3 입장권 대금을 지불하는 데 인터넷 뱅킹으로 돈을 보낼 수 있나요?
4 입장권 대금을 지불하는 데 거기 도착해서 현금 지불할 수 있나요?

중심3　티켓 수령 및 예약 확인에 대한 질문

How do I + 활용 구문 once I finish ordering?

주문이 끝나면 어떻게 ~합니까?

1 **How do I** get those tickets **once I finish ordering?**

2 **How do I** pay for those tickets **once I finish ordering?**

3 **How do I** confirm my order **once I finish ordering?**

4 **How do I** enter all the information **once I finish ordering?**

5 **How do I** cancel my existing reservation **once I finish ordering?**

1 주문이 끝나면 입장권을 어떻게 받습니까?
2 주문이 끝나면 입장권에 대해 어떻게 지불합니까?
3 주문이 끝나면 주문 확인을 어떻게 받습니까?
4 주문이 끝나면 모든 정보를 어떻게 입력합니까?
5 주문이 끝나면 본 예약을 어떻게 취소합니까?

응용 답변 가이드

온라인으로 공연 티켓을 주문하는 과정에 대한 정보를 요청하는 내용입니다. 공연에 대한 질문이지만 영화나 스포츠 관람 등에 연계해서 사용할 수 있습니다. 또한 식당이나 물건 등의 예약과 관련된 질문에 날짜, 시간, 지불 방법 등을 그대로 적용할 수 있는데 온라인에 대한 내용은 전화 상황으로 변경하고 입장권에 대한 것은 테이블이나 물건 등으로 변경하면 됩니다.

>> F22-1 활용 구문 적용 연습 ▶▶ 스피킹 프레임에 연습한 활용 구문을 적용해 우리말을 영어로 바꿔 답변을 연습해보세요.

Pretend that you want to order some concert tickets online, but you don't know how to order them. Make some inquiries about ordering online tickets.

온라인으로 콘서트 티켓 몇 장을 주문하기를 원하는데 어떻게 주문을 하는지 모른다고 가정해보세요. 온라인 티켓 주문에 대한 몇 가지 문의를 하세요.

안녕하세요. **금요일 콘서트 입장권을 예약하고 싶은데요.** 5월 15일, 8시 공연입니다. 온라인으로 표를 주문하는 것에 익숙하지 않아서요. 몇 가지 질문 좀 해도 될까요? **콘서트 정보를 얻기 위해 접속해야 할 웹사이트가 있습니까?** 그리고 입장권 대금을 지불하는 데 신용카드를 사용하거나 폰뱅킹으로 보낼 수 있나요? 주문이 끝나면 입장권을 어떻게 받습니까? 웹사이트에서 인쇄할 수 있나요? 정말 감사합니다. 아주 많은 도움이 되었습니다.

>> F22-2 응용 연습 ▶▶ 스피킹 프레임을 이용해 응용 답변을 직접 만들어보세요.

Pretend that you are going to make a reservation at a restaurant, and you need to find out some information. Call the restaurant and speak with the manager. Make several inquiries to learn more about the restaurant and what is available.

당신은 식당을 예약해야 해서 몇 가지 정보가 필요하다고 가정하세요. 식당에 전화해서 매니저와 이야기해보세요. 식당과 어떤 것이 이용 가능한지에 관해 알기 위해 질문을 몇 가지 하세요.

안녕하세요. **이번 주말에 테이블을 예약하고 싶은데요.** 5월 15일 토요일, 8시에 자리가 있나요? 이렇게 예약하는 것에 익숙하지 않아서요. 몇 가지 질문 좀 해도 될까요? **아이들을 위한 메뉴가 있나요?** 그리고 저희 일행이 분리된 방을 사용할 수 있나요? 일행은 4명입니다. 어떻게 예약을 확인할 수 있나요? 그 날 전에 다시 전화를 해야 하나요, 아니면 현장에서 바로 예약을 확인하면 되나요? 정말 감사합니다. 아주 많은 도움이 되었습니다.

▶ 능숙하게 답변을 잘 하셨나요?
이번에는 음원을 들으면서 답변을 확인해보세요. 🎧 F22-1, F22-2

취미/관심사

유형: 롤플레이–단순 질문

주제: 개에 대해 질문하기

Self Check ☑ ☐ ☐ ☐ ☐

🎧 F23

I have a dog, too. ① Ask me three to four questions ② about my dog.
저도 개를 기르고 있습니다. 제 개에 대해 3~4가지 질문을 하세요.

질문 분석
have a dog 애완견 기름
① ask three or four questions 서너 가지 질문하기
② about my dog 상대방의 개에 대해 질문하기

답변 핵심 구성
도입 – 상대방에 대한 정보
중심 – 애완동물의 종류, 이름, 특징, 관리 등 질문
마무리 – 끝인사

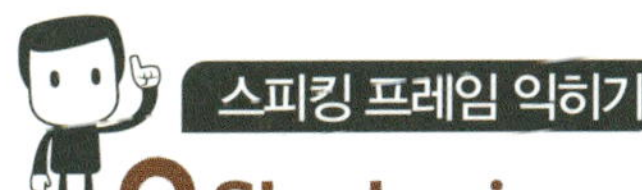

스피킹 프레임 익히기

Q Shadowing → Echoing

>> *F23*
스피킹 프레임을 확인하고 해석을 보면서 읽어보세요. 두 번 섀도잉하고 세 번째 에코잉하면서 스피킹 프레임을 암기합니다.

도입 상대방 정보	Oh, you have a dog! I have one, too.	아, 애완견을 기르시는군요! 저도 한 마리 기르고 있어요.
중심1 종류 질문	What kind of dog is it? What does it look like?	어떤 종류인가요? 어떻게 생겼나요?
중심2 나의 경우 + 이름 질문	I have a Yorkshire Terrier called Sunny. She is very playful. What do you call your dog? Did you give her a certain name?	저도 써니라는 요크셔테리어를 한 마리 기르고 있어요. 매우 장난기가 많아요. 개를 뭐라고 부르세요? 개한테 어떤 이름을 붙여주었나요?
중심3 특징 질문 + 나의 경우	Is there anything particular about your dog? Your dog has long fur. For me, I prefer to keep my dog's fur short. But I'm sure your dog looks great with long fur.	어떤 특징이 있나요? 당신의 개는 털이 길다고요. 저의 경우에는 털을 짧게 유지하는 걸 선호합니다. 그렇지만 당신의 개는 털이 길어서 매우 예쁠 것 같군요.
중심4 애완동물 관리 질문 + 나의 경우	Are you responsible for taking care of her? What does your dog like to do? My dog enjoys playing with toys. Oh, so does yours.	개를 돌보는 것이 당신 책임인가요? 당신 개는 무엇을 하는 것을 좋아하나요? 저희 개는 장난감을 가지고 노는 것을 좋아합니다. 당신 개도 그렇군요.
마무리 끝인사	It's very nice to meet another person who has a dog.	애완견을 기르는 분을 만나다니 반갑네요.

스피킹 프레임 연습: 활용 구문

Q Shadowing → Echoing → Switching

🎧 23-1 ~ 23-4

주요 구문과 활용 구문을 익히고, 스피킹 프레임에 넣어 답변을 완성해 말해보세요.

중심1 애완동물의 종류에 대한 질문

What kind of + 활용 구문?

어떤 종류의 ~입니까?

1 **What kind of** dog is it?

2 **What kind of** cat is it?

3 **What kind of** bird is it?

4 **What kind of** fish is it?

1 어떤 종류의 개입니까?
2 어떤 종류의 고양이입니까?
3 어떤 종류의 새입니까?
4 어떤 종류의 물고기입니까?

중심1 애완동물의 생김새와 성향에 대한 질문

What does it + 활용 구문?

어떻게 ~합니까?

1 **What does it** look like?

2 **What does it** like to eat?

3 **What does it** like to play with?

4 **What does it** like to do?

1 어떻게 생겼습니까?
2 무엇을 잘 먹습니까?
3 무엇을 가지고 노는 것을 좋아합니까?
4 무엇을 하기를 좋아하나요?

중심3 애완동물의 특징에 대한 질문

Is there anything/something + 활용 구문?
〜이 있습니까?

1 **Is there anything** particular about your dog?

2 **Is there anything** you don't like about your dog?

3 **Is there something** you really like about your dog?

4 **Is there something** special for your dog?

1 당신의 개는 어떤 특징이 있습니까?
2 당신의 개에게 싫어하는 어떤 점이 있습니까?
3 당신의 개의 어떤 점이 정말 좋습니까?
4 당신의 개는 어떤 특징이 있습니까?

중심4 애완동물 관리에 대한 질문

Are you responsible for + 활용 구문?
〜하는 것이 당신 책임인가요?

1 **Are you responsible for** taking care of your dog?

2 **Are you responsible for** feeding the dog?

3 **Are you responsible for** washing and blow-drying the dog?

4 **Are you responsible for** styling your dog?

1 개를 돌보는 것이 당신 책임인가요?
2 개에게 먹이를 주는 것이 당신 책임인가요?
3 개를 목욕시키고 말리는 것이 당신 책임인가요?
4 개를 미용시키는 것이 당신 책임인가요?

응용 답변 가이드

애완동물에 대한 단순 질문형 문제에 대한 답변입니다. 단순 질문형 문제에 대해 따로 답변을 준비해둘 때는 연계 문제를 염두에 두고 적절한 내용을 덧붙여서 내용을 풍부하게 준비해두는 것이 좋습니다. 예를 들어 개의 특징에 대해 질문하고 나면 내가 기르는 개는 어떤지 간단히 덧붙여서 맞장구쳐주는 식이죠. 이렇게 하면 답변 내용도 풍부해서 좋은 점수를 받을 수 있을 뿐 아니라 관련 주제에 대한 다른 질문들에 활용할 수 있어 일석이조입니다.

>> F23-1 **활용 구문 적용 연습** ▶ 스피킹 프레임에 연습한 활용 구문을 적용해 우리말을 영어로 바꿔 답변을 연습해보세요.

I have a cat, too. Ask me three to four questions about my cat.

저도 고양이를 기르고 있습니다. 제 고양이에 대해 3~4가지 질문을 하세요.

아, **애완동물을** 기르시는군요! 저도 한 마리 기르고 있어요. **어떤 종류의 고양이입니까?** 어떻게 생겼나요? 저도 써니라는 **고양이** 한 마리를 기르고 있어요. 매우 장난기가 많아요. **고양이를** 뭐라고 부르세요? **고양이**한테 어떤 이름을 붙여주었나요? 어떤 특징이 있나요? 당신의 **고양이**는 털이 길다고요. 저의 경우에는 털을 짧게 유지하는 걸 선호합니다. 당신의 **고양이**는 털이 길어서 매우 예쁠 것 같군요. **고양이를** 돌보는 것이 당신 책임인가요? 당신 **고양이**는 무엇을 하는 것을 좋아하나요? 저희 **고양이**는 장난감을 가지고 노는 것을 좋아합니다. 당신 **고양이**도 그렇군요. **고양이를** 기르는 분을 만나다니 반갑네요.

>> F23-2 **응용 연습** ▶ 스피킹 프레임을 이용해 응용 답변을 직접 만들어보세요.

You indicated in the survey that you have a pet. Tell me all about your pet. What kind of pet is it? What does it look like? Give me as many details as possible.

애완동물이 있다고 하셨습니다. 저에게 당신의 애완동물에 대해 설명해보세요. 어떤 동물입니까? 어떻게 생겼습니까? 가능한 한 자세히 말씀해보세요.

네, 저는 개를 기르고 있어요! 제 개는 써니라는 요크셔테리아에요. 매우 장난기가 많고 온 집안에 가족들을 따라다니는 것을 좋아해요. 써니는 털이 아름답고 길어요. 저의 경우에는 털을 짧게 유지하는 것이 좋지만 저희 어머니는 털이 길어야 보기 좋다고 주장하십니다. 개를 돌보는 것은 제 책임이에요. 써니를 목욕시키고 털을 말리는 건 좀 짜증 나는 일이죠. 써니는 장난감을 가지고 노는 것을 좋아하고 활력이 넘치죠. 가족들이 써니와 함께 행복해하기 때문에 개를 기르는 건 정말 좋은 것 같아요.

▶ 능숙하게 답변을 잘 하셨나요?

이번에는 음원을 들으면서 답변을 확인해보세요. 🎧 F23-1, F23-2

24

스피킹 프레임
취미/관심사

유형: 롤플레이–정보 요청

주제: 음식 재료 구입하기

Self Check ☑ ☐ ☐ ☐ ☐

🎧 F24

You are **at a grocery store** ① to buy stuff to make your favorite food. ② Talk to the clerk about ③ what you want to make and ask some questions ④ to find what you need to buy.

당신은 당신이 좋아하는 음식을 만들 재료를 사기 위해 식료품점에 있습니다. 점원에게 무엇을 만들 것인지 얘기하고 사야 하는 물건을 찾을 수 있도록 질문해보세요.

질문 분석

at a grocery store 식료품점에서
① buy stuff 식재료 사기
② talk to the clerk 점원에게 말하기
③ what you make 만들려는 것
④ find what need 필요한 것 찾기

답변 핵심 구성

도입 – 상황에 대한 배경 설명
중심 – 재료의 위치, 제품 보유 여부 등 질문
마무리 – 감사 인사

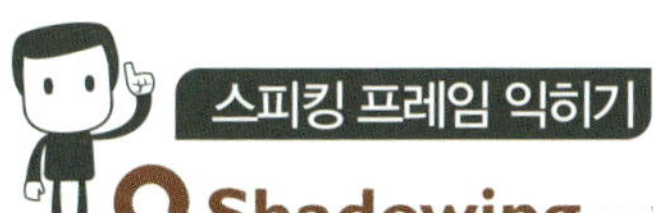

스피킹 프레임 익히기

Q Shadowing → Echoing

>> F24 스피킹 프레임을 확인하고 해석을 보면서 읽어보세요. 두 번 섀도잉하고 세 번째 에코잉하면서 스피킹 프레임을 암기합니다.

도입 배경 설명 및 목적	Excuse me. **Tomorrow is my company's picnic day, and I want to make kimbap. So I'm looking for ingredients for kimbap. Can you help me?**	실례합니다. 내일이 회사 야유회라서 김밥을 만들고 싶어요. 그래서 김밥 재료를 찾고 있어요. 도와주실래요?
나의 상황	**I don't know well how to make kimbap, but I remember probably carrots, spinach, and pickled radish are what I need.**	어떻게 만드는지는 잘 몰라서요. 그런데 당근, 시금치, 단무지가 필요한 것 같군요.
중심1 재료 위치 질문	**Where can I get these things?** Oh, the vegetable section, I see. **And where's some tuna?**	어디서 이것들을 찾을 수 있나요? 야채 코너요, 알았어요. 그리고 참치는 어디에 있나요?
중심2 제품 보유 여부 질문	**Do you have that thing they use to roll the kimbap? Do you sell those?**	김밥을 마는 데 사용하는 물건 있나요? 그 물건도 파나요?
마무리 감사 인사	**Great! I'll pick up one of those, and I'll be all set! Thanks for your help!**	잘됐네요! 이거 하나를 사면 모든 준비가 되겠네요! 도와주셔서 감사합니다!

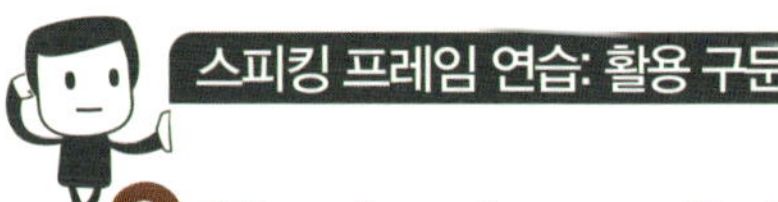

스피킹 프레임 연습: 활용 구문

Q Shadowing → Echoing → Switching

🎧 24-1 ~ 24-4

주요 구문과 활용 구문을 익히고, 스피킹 프레임에 넣어 답변을 완성해 말해보세요.

도입 질문을 하기 전 배경 설명

Tomorrow is + 활용 구문, so I'm looking for + 활용 구문.

내일이 ~라서 ~을 찾고 있습니다.

---

1 **Tomorrow is** my company's picnic day, **so I'm looking for** ingredients for kimbap.

2 **Tomorrow is** my family's picnic day, **so I'm looking for** ingredients for sandwiches.

3 **Tomorrow is** the first day of my vacation, **so I'm looking for** ingredients for bulgogi.

4 **Tomorrow is** my brother's birthday, **so I'm looking for** ingredients for lunch.

1 내일이 회사 야유회라서 김밥 재료를 찾고 있습니다.
2 내일 가족끼리 소풍을 가서 샌드위치 재료를 찾고 있습니다.
3 내일이 휴가 첫날이라 불고기 재료를 찾고 있습니다.
4 내일이 제 동생의 생일이라서 점심 식사 재료를 찾고 있습니다.

추가 문장 필요한 재료 언급

I remember probably + 활용 구문(음식 재료) + are what I need.

~가 필요한 것 같군요.

---

1 **I remember probably** carrots, spinach, and pickled radish **are what I need.**

2 **I remember probably** hotpepper sauce, bean sprouts, sliced cucumbers, and carrot **are what I need.**

3 **I remember probably** rice cake, green onions, boiled eggs, noodles, and fish paste **are what I need.**

4 **I remember probably** cooked rice, fried tofus, vegetables, and vinegar **are what I need.**

1 당근, 시금치, 단무지가 필요한 것 같군요. *김밥 재료
2 고추장, 콩나물, 채를 썬 오이, 당근이 필요한 것 같군요. *비빔밥 재료
3 떡, 양파, 삶은 계란, 면, 어묵이 필요한 것 같군요. *떡볶이 재료
4 밥, 유부, 야채, 식초가 필요한 것 같군요. *유부 초밥 재료

중심1 필요한 물건의 위치에 대한 질문

Where can I + 활용 구문?

어디서 ～할 수 있습니까?

1 **Where can I** get these things?

2 **Where can I** get what I want?

3 **Where can I** look for these ingredients?

4 **Where can I** look for the drinks?

1 어디서 이것들을 찾을 수 있습니까?
2 어디서 제가 원하는 것을 찾을 수 있습니까?
3 어디서 이 재료들을 찾을 수 있습니까?
4 어디서 음료수를 찾을 수 있습니까?

중심2 필요한 물건을 보유하고 있는지에 대한 질문

Do you have that thing + 활용 구문?

～하는 것이 있습니까?

1 **Do you have that thing** they use to roll the kimbap?

2 **Do you have that thing** I can use to make mandu?

3 **Do you have that thing** I can make this food with?

1 김밥을 미는 데 사용하는 물건 있습니까?
2 만두를 만드는 데 사용하는 물건 있습니까?
3 이 음식을 만드는 데 사용하는 물건 있습니까?

응용 답변 가이드

취미나 관심사 영역에서 요리와 관련하여 상황에 맞춰 질문을 하는 답변입니다. 요리라고 해서 요리를 직접 하는 상황만 나오는 것은 아닙니다. 마치 돌발 주제처럼 식료품점에서의 상황에 요리 재료를 구하는 상황이 합쳐졌다고 볼 수 있습니다. 이런 답변은 주제만 달리한 유사한 상황에 얼마든지 응용해서 사용할 수 있습니다. 돌발 주제도 이와 같이 선택 주제들과 유사하게 출제될 수 있어 돌발인지 선택 주제인지 구분이 가지 않는 경우도 있습니다. 돌발이니 선택 주제니 하는 것이 중요한 것이 아니라 어떤 문제가 나와도 하나를 열로 써먹는 응용력이 중요한 것입니다.

>> F24-1 활용 구문 적용 연습 ▶▶ 스피킹 프레임에 연습한 활용 구문을 적용해 우리말을 영어로 바꿔 답변을 연습해보세요.

You are at a grocery store to buy stuff to make your favorite food. Talk to the clerk about what you want to make and ask some questions to find what you need to buy.

당신은 당신이 좋아하는 음식을 만들 재료를 사기 위해 식료품점에 있습니다. 점원에게 무엇을 만들 것인지 얘기하고 사야 하는 물건을 찾을 수 있도록 질문해보세요.

실례합니다. 내일이 제 남동생 생일이라 떡볶이 재료를 찾고 있어요. 도와주실래요? 어떻게 만드는지는 잘 몰라서요. **그런데 떡, 양파, 어묵이 필요한 것 같군요. 어디서 제가 원하는 것을 찾을 수 있습니까?** 야채 코너요, 알았어요. 그리고 **달걀은 어디에 있나요? 만두를 만드는 데 사용하는 물건 있나요?** 그 물건도 파나요? 잘됐네요. 이거 하나를 사면 모든 준비가 되겠네요! 도와주셔서 감사합니다.

>> F24-2 응용 연습 ▶▶ 스피킹 프레임을 이용해 응용 답변을 직접 만들어보세요.

You are at a bike store to buy a birthday present for your son. Talk to the clerk about what you want to buy and ask some questions to find what you need to buy.

당신은 아들에게 생일 선물을 사주려고 자전거 가게에 있습니다. 직원에게 어떤 것을 원하는지 설명하고 필요한 것을 찾기 위해 질문을 몇 가지 하세요.

실례합니다. 내일이 우리 아들 생일이라서 자전거를 선물로 사주고 싶어요. 그래서 아동용 자전거를 찾고 있어요. 도와주실래요? **어떤 종류의 자전거가 가장 적절할지 잘 몰라서요. 그런데 아마 아들 녀석은 가벼운 자전거를 원할 거예요. 보관하기 쉽도록 접을 수 있는 것도 있나요? 어디에서 볼 수 있나요?** 아, 이 섹션에서요. 자전거 헬멧 있어요? 그것도 파시나요? 잘됐네요! 이거 하나 사면 모든 준비가 되겠네요. 도와주셔서 감사합니다.

▶▶ 능숙하게 답변을 잘 하셨나요?

이번에는 음원을 들으면서 답변을 확인해보세요. 🎧 F24-1, F24-2

25

스피킹 프레임
스포츠

유형: 롤플레이-단순 질문

주제: 축구에 대해 질문하기

Self Check ☑ ☐ ☐ ☐ ☐

🎧 F25

I also **like to play soccer**. This time, can you ① ask me three or four questions ② about soccer?
저도 축구를 즐겨 합니다. 이번에는 저에게 축구에 관해 3~4가지 질문을 해보세요.

질문 분석

like to play soccer 축구를 좋아함
① ask three or four questions 서너 가지 질문하기
② about soccer 축구 관련 질문

답변 핵심 구성

도입 – 좋아하는 스포츠 질문

중심 – 축구 하는 장소, 빈도, 같이 하는 사람, 포지션 등 질문

마무리 – 끝인사

스피킹 프레임 익히기

Q Shadowing → Echoing

>> *F25*
스피킹 프레임을 확인하고 해석을 보면서 읽어보세요. 두 번 섀도잉하고 세 번째 에코잉하면서 스피킹 프레임을 암기합니다.

도입	좋아하는 스포츠 질문	Can I ask you a question? What sports do you like?	뭐 물어봐도 되나요? 어떤 스포츠를 좋아하세요?
	답변에 대한 대응	No kidding? I like soccer, too.	장난 아니죠? 저도 축구를 좋아해요.
중심1	축구를 하는 장소, 빈도, 같이 하는 사람 관련 질문	Where do you normally play soccer and how often do you play? Who do you usually play with? Are you on some kind of team?	주로 어디서, 얼마나 자주 축구를 하시는지요? 보통 누구와 함께 축구를 하시나요? 활동하고 있는 팀이 있는지요?
중심2	좋아한 시기, 경기 관람 관련 질문	Was soccer your favorite sport when you were in high school by any chance? Do you also go to watch professional matches?	혹시 고등학교 때 축구를 가장 좋아하셨나요? 프로 경기를 관람하러 가기도 하시나요?
중심3	포지션 관련 질문	Which position do you like playing? Have you ever been a goalkeeper?	어떤 포지션을 주로 맡으시나요? 골키퍼를 맡으신 적도 있나요?
마무리	끝인사	I think we should play soccer together sometime.	언제 같이 축구 하러 갔으면 좋겠네요.

스피킹 프레임 연습: 활용 구문

Q Shadowing → Echoing → Switching

🎧 25-1 ~ 25-4

주요 구문과 활용 구문을 익히고, 스피킹 프레임에 넣어 답변을 완성해 말해보세요.

중심1 경기를 하는 장소와 빈도에 대한 질문

Where do you normally play + 활용 구문 + and how often do you play?

주로 어디서, 얼마나 자주 ~를 하십니까?

1 Where do you normally play soccer and how often do you play?

2 Where do you normally play golf and how often do you play?

3 Where do you normally play badminton and how often do you play?

4 Where do you normally play basketball and how often do you play?

1 주로 어디서, 얼마나 자주 축구를 하십니까?
2 주로 어디서, 얼마나 자주 골프를 하십니까?
3 주로 어디서, 얼마나 자주 배드민턴을 치십니까?
4 주로 어디서, 얼마나 자주 농구를 하십니까?

중심1 소속팀이 있는지 여부에 대한 질문

활용 구문 + some kind of team?

팀에 ~합니까?

1 Are you on some kind of team?

2 Do you belong in some kind of team?

3 Do you play with some kind of team?

4 Do you prefer to play on some kind of team?

1 활동하고 있는 팀이 있습니까?
2 소속되어 있는 팀이 있습니까?
3 활동하고 있는 팀이 있습니까?
4 팀으로 경기하는 것을 선호합니까?

중심2 경기 관람에 대한 질문

Do you also go to watch + 활용 구문?

～를 관람하러 가기도 하십니까?

1 **Do you also go to watch** professional matches?

2 **Do you also go to watch** amateur matches?

3 **Do you also go to watch** international matches?

4 **Do you also go to watch** World Cup Games?

1 프로 경기를 관람하러 가기도 하십니까?
2 아마추어 경기를 관람하러 가기도 하십니까?
3 국제 경기를 관람하러 가기도 하십니까?
4 월드컵 경기를 관람하러 가기도 하십니까?

마무리 경기를 함께 하자고 제안하며 마무리

I think we should play + 활용 구문(운동 종목) + together sometime.

언제 같이 ～하러 가면 좋겠네요.

1 **I think we should play** soccer **together sometime.**

2 **I think we should play** baseball **together sometime.**

3 **I think we should play** basketball **together sometime.**

4 **I think we should play** golf **together sometime.**

1 언제 같이 축구 하러 가면 좋겠네요.
2 언제 같이 야구 하러 가면 좋겠네요.
3 언제 같이 농구 하러 가면 좋겠네요.
4 언제 같이 골프 치러 가면 좋겠네요.

응용 답변 가이드

축구에 대한 단순 질문을 하는 답변으로 스포츠 종목만 바꿔주면 다양한 주제를 한꺼번에 커버할 수 있습니다. 특정 스포츠에만 해당하는 내용만 주의해서 바꿔주면 됩니다. 특히 스포츠 항목을 설문 조사에서 선택할 때 연계성을 염두에 두는 것이 중요합니다. 스포츠에 대한 내용은 스포츠의 경기 규칙이나 경기 방법, 기구 등을 설명하기가 까다롭기 때문이죠. 되도록 유사한 표현을 공유할 수 있는 것끼리 연계해서 선택해야 합니다.

>> F25-1 활용 구문 적용 연습 ▶▶ 스피킹 프레임에 연습한 활용 구문을 적용해 우리말을 영어로 바꿔 답변을 연습해보세요.

I also like to play baseball. This time, can you ask me three or four questions about baseball?

저도 야구를 즐겨 합니다. 이번에는 저에게 야구에 관해 3~4가지 질문을 해보세요.

뭐 물어봐도 되나요? 어떤 스포츠를 좋아하세요? 장난 아니죠? 저도 **야구**를 좋아해요. 주로 어디서, 얼마나 자주 **야구**를 하시는지요? 보통 누구와 함께 **야구**를 하시나요? 활동하고 있는 팀이 있는지요? 혹시 고등학교 때 **야구**를 가장 좋아하셨나요? **아마추어 경기를 관람하러 가기도 하십니까?** 어떤 포지션을 주로 맡으시나요? **투수를** 맡으신 적도 있나요? 언제 같이 **야구** 하러 갔으면 좋겠네요.

>> F25-2 응용 연습 ▶▶ 스피킹 프레임을 이용해 응용 답변을 직접 만들어보세요.

I also like to play basketball. This time, can you ask me three or four questions about basketball?

저도 농구를 즐겨 합니다. 이번에는 저에게 농구에 관해 3~4가지 질문을 해보세요.

뭐 물어봐도 되나요? 어떤 스포츠를 좋아하세요? 장난 아니죠? 저도 **농구**를 좋아해요. 주로 어디서, 얼마나 자주 **농구**를 하시는지요? 보통 누구와 함께 **농구**를 하시나요? 활동하고 있는 팀이 있는지요? 혹시 고등학교 때 농구를 가장 좋아하셨나요? 프로 경기를 관람하러 가기도 하시나요? 어떤 포지션을 주로 맡으시나요? **포인트 가드를** 맡으신 적도 있나요? 언제 같이 **농구** 하러 갔으면 좋겠네요.

▶▶ 능숙하게 답변을 질 하셨나요?

이번에는 음원을 들으면서 답변을 확인해보세요. 🎧 F25-1, F25-2

26

스피킹 프레임
스포츠

유형: 롤플레이 – 정보 요청
주제: 헬스장 가입하기

Self Check ☑ ☐ ☐ ☐ ☐

🎧 F26

You have decided to **join a gym**. ① Call the gym and ② ask three to four questions to ③ get information about the gym.

당신은 헬스장에 가입하기로 결심했습니다. 헬스장에 전화를 걸어 3~4가지 질문을 해서 헬스장에 관한 정보를 얻어보세요.

질문 분석

join a gym 헬스장에 가입하기
① call the gym 헬스장에 전화 걸기
② ask three or four questions 서너 가지 질문하기
③ get information about the gym 헬스장에 대한 정보 얻기

답변 핵심 구성

도입 – 전화를 건 목적

중심 – 비용, 운동 기구, 트레이너 관련 질문

마무리 – 기대

스피킹 프레임 익히기

Q Shadowing → Echoing

>> F26
스피킹 프레임을 확인하고 해석을 보면서 읽어보세요. 두 번 섀도잉하고 세 번째 에코잉하면서 스피킹 프레임을 암기합니다.

도입 전화를 건 목적	Hi. I'm calling to get some information about joining your gym.	안녕하세요. 헬스장 가입에 대해 정보를 얻고자 전화했습니다.
중심1 비용 관련 질문	**First, what are the monthly membership fees?**	우선 한 달에 얼마입니까?
중심2 운동 기구 관련 질문	What kind of equipment and machines do you have at the gym? **Do you have a lot of weights and exercise machines?**	어떤 운동 기구와 기계들이 있나요? 웨이트와 운동 기계들이 많이 있나요?
관심 있는 가구/시설	I'm really interested in joining a gym that has a treadmill. The last gym I joined didn't have one, which was really terrible.	저는 러닝머신이 있는 헬스장에 관심이 있습니다. 제가 지난번 가입했던 곳에는 러닝머신이 없어서 매우 안 좋았습니다.
중심3 트레이너 관련 질문	Oh, one more question. **Are there personal trainers available for customized fitness routines?**	질문 하나 더요. 맞춤형 운동을 위한 개인 트레이너를 쓸 수 있나요?
마무리 기대	If you have those programs, that would be great.	그런 프로그램이 있으면 좋을 것 같습니다.

스피킹 프레임 연습: 활용 구문

Q Shadowing → Echoing → Switching

주요 구문과 활용 구문을 익히고, 스피킹 프레임에 넣어 답변을 완성해 말해보세요.

🎧 26-1 ~ 26-3

중심1 비용 및 조건에 대한 질문

First, what are + 활용 구문?

우선, ~은 무엇입니까?

1 **First, what are** the monthly membership fees?

2 **First, what are** the rules on getting a refund?

3 **First, what are** the dates for accepting members?

4 **First, what are** the benefits for long time members?

1 우선, 한 달에 얼마입니까?
2 우선, 환불은 어떻게 받도록 정해져 있나요?
3 우선, 회원 모집 기간은 어떻게 되나요?
4 우선, 장기 회원에게는 어떤 혜택이 있나요?

중심2 시설에 대한 질문

Do you have + 활용 구문?

~가 있습니까?

1 **Do you have** a lot of weights and exercise machines?

2 **Do you have** a swimming pool as well?

3 **Do you have** a sauna?

4 **Do you have** an individual locker?

1 웨이트와 운동 기계들이 많이 있습니까?
2 수영장도 있습니까?
3 사우나도 있습니까?
4 개인 사물함이 있습니까?

중심3 프로그램에 대한 질문

Are there + 활용 구문?

〜이 있습니까?

1 **Are there** personal trainers available for customized fitness routines?

2 **Are there** customized programs for beginners?

3 **Are there** trainers who can teach me how to use machines and monitor my posture?

4 **Are there** yoga lessons that I can attend in the morning?

1 맞춤형 운동을 위한 개인 트레이너를 쓸 수 있습니까?
2 초보자를 위한 맞춤형 프로그램이 있습니까?
3 기계 사용법과 자세를 봐줄 강사가 있습니까?
4 아침에 들을 수 있는 요가 수업이 있습니까?

응용 답변 가이드

헬스장에 전화해서 그곳에 대한 정보를 얻고자 하는 답변입니다. 상대방이 다니는 헬스장에 대한 난순 질문으로 응용 가능하지만 주의할 점은 시설에 대한 질문을 상대방 개인으로 초점을 이동해 질문해야 한다는 것입니다. 어떻게 운동하는지, 어떤 기구를 사용하는지, 언제 가는지 등 한두 가지 문장만 덧붙여줘도 전체적인 답변의 방향을 조정할 수 있습니다.

>> F26-1 **활용 구문 적용 연습** ▶▶ 스피킹 프레임에 연습한 활용 구문을 적용해 우리말을 영어로 바꿔 답변을 연습해보세요.

You have decided to join a gym. Call the gym and ask three to four questions to get information about the gym.

당신은 헬스장에 가입하기로 결심했습니다. 헬스장에 전화를 걸어 3~4가지 질문을 해서 헬스장에 관한 정보를 얻어보세요.

안녕하세요. 헬스장 가입에 대해 정보를 얻고자 전화했습니다. 우선, 한 달에 얼마입니까? 어떤 운동 기구와 기계들이 있나요? **수영장도 있습니까?** 저는 수영장이 있는 헬스장에 관심이 있습니다. 제가 지난번 가입했던 곳에는 수영장이 없어서 매우 안 좋았습니다. 그리고 질문 하나 더요. 맞춤형 운동을 위한 개인 트레이너를 쓸 수 있나요? 그런 프로그램이 있으면 좋을 것 같습니다.

>> F26-2 **응용 연습** ▶▶ 스피킹 프레임을 이용해 응용 답변을 직접 만들어보세요.

I go to a really fun gym. Please ask me three questions about my gym to find out if you would like to go to my gym as well.

저는 정말 재미있는 체육관에 다닙니다. 당신도 제가 다니는 체육관에 다니고 싶은지 알아내기 위해 체육관에 대한 세 가지 질문을 제게 하세요.

안녕하세요. 헬스장에서 운동을 하신다고 들었습니다. 저도 헬스클럽에 다니는 데 관심이 있어서 당신이 지금 다니시는 곳에 대해 정보를 몇 가지 얻고 싶습니다. 우선, 한 달에 얼마입니까? **어떤 운동 기구와 기계들이 있나요?** 웨이트와 운동 기계들이 많이 있나요? 저는 러닝머신이 있는 헬스장에 관심이 있습니다. 제가 마지막으로 가입했던 곳에는 러닝머신이 없어서 매우 안 좋았습니다. 헬스장에서는 보통 어떤 것을 하시나요? 그리고 질문 하나 더요. **맞춤형 운동을 위한 개인 트레이너를 쓰시나요?** 감사합니다. 나중에 체육관에서 뵐 수 있었으면 좋겠네요.

▶▶ 능숙하게 답변을 잘 하셨나요?

이번에는 음원을 들으면서 답변을 확인해보세요. 🎧 F26-1, F26-2

27

스피킹 프레임
돌발 주제

유형: 롤플레이–단순 질문

주제: 노트북에 대해 질문하기

Self Check ☑ ☐ ☐ ☐ ☐

🎧 F27

I just **bought a new laptop**. Please ① ask me about it.
저는 방금 노트북을 샀습니다. 그것에 대해 질문해보세요.

질문 분석

bought a new laptop 새 노트북 구입
① ask about it (a new laptop) 새 노트북에 대해 질문

답변 핵심 구성

도입 – 상대방에 대한 정보 및 답변 요청

중심 – 종류, 구입 경로, 가격, 사양 등 관련 질문

마무리 – 감사 인사

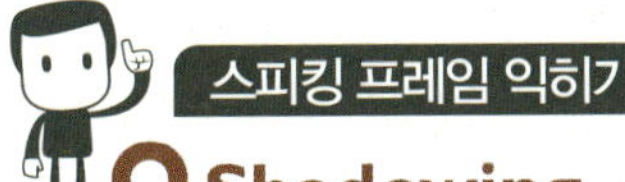

스피킹 프레임 익히기

Q Shadowing → Echoing

>> **F27**

스피킹 프레임을 확인하고 해석을 보면서 읽어보세요. 두 번 섀도잉하고 세 번째 에코잉하면서 스피킹 프레임을 암기합니다.

구분	영어	한국어
도입 상대방 정보 및 답변 요청	You just bought a new laptop? I was thinking about buying a new laptop, too. Can I ask some questions?	방금 새 노트북을 샀다고요? 저도 새 노트북을 사려고 생각하고 있었어요. 몇 가지 물어봐도 될까요?
중심1 종류 질문	What kind of laptop did you buy? Where did you get it?	어떤 종류의 노트북을 샀나요? 어디서 샀나요?
구입 경로에 대한 반응	I heard they have so many computer stores in Yongsan. I'm considering buying one online. Oh, you did online.	용산에 컴퓨터 가게가 많다고 들었어요. 저는 온라인으로 한 대 구입하려고 생각하고 있어요. 아, 온라인으로 사셨군요
중심2 가격 및 사양 관련 질문	Did you buy it at a good bargain? That's good. How many gigs is it? Does it have a lot of RAM?	좋은 가격에 샀나요? 잘 됐네요. 몇 기가바이트인가요? 램이 많나요?
중심3 조언 요청	Can you give me some advice about the latest products?	최신 제품에 대한 조언을 해주시겠어요?
마무리 감사 인사	It would be helpful for me to make a decision on what to buy. Thank you and see you later.	뭘 살지 결정하는 데 도움이 될 것 같아요. 고마워요. 나중에 봐요

스피킹 프레임 연습: 활용 구문

Q Shadowing → Echoing → Switching

주요 구문과 활용 구문을 익히고, 스피킹 프레임에 넣어 답변을 완성해 말해보세요.

🎧 27-1 ~ 27-4

중심1 구입 물건에 대한 질문

What kind of + 활용 구문 + did you buy?

어떤 종류의 ～를 샀나요?

1 **What kind of** laptop **did you buy?**

2 **What kind of** smartphone **did you buy?**

3 **What kind of** book **did you buy?**

4 **What kind of** car **did you buy?**

1 어떤 종류의 노트북을 샀나요?
2 어떤 종류의 스마트폰을 샀나요?
3 어떤 종류의 책을 샀나요?
4 어떤 종류의 자동차을 샀나요?

중심2 세부 사항 질문

Does it have + 활용 구문?

～이 있나요?

1 **Does it have** a lot of RAM?

2 **Does it have** an extra battery?

3 **Does it have** a optical wireless mouse?

4 **Does it huge** storage space?

1 램이 많나요?
2 추가 배터리가 있나요?
3 광학 무선 마우스가 있나요?
4 충분한 저장 공간이 있나요?

중심3 조언 구하기

Can you give me some advice about + 활용 구문?

〜에 대한 조언을 해주시겠어요?

1 **Can you give me some advice about** the latest products?

2 **Can you give me some advice about** how to get it at a good price?

3 **Can you give me some advice about** how to use this machine safely?

4 **Can you give me some advice about** what to buy?

1 최신 제품에 대한 조언을 해주시겠어요?
2 좋은 가격에 그것을 구매하는 법에 대해 조언을 해주시겠이요?
3 이 기계를 안전하게 사용하는 방법에 대해 조언을 해주시겠어요?
4 무엇을 사야 하는지에 대해 조언을 해주시겠어요?

마무리 감사 인사

It would be helpful for me to + 활용 구문.

제가 〜하는 데 도움이 될 것 같아요

1 **It would be helpful for me to** make a decision on what to buy.

2 **It would be helpful for me to** study English.

3 **It would be helpful for me to** get familiar with computers.

4 **It would be helptul in the future for me to** learn faster how to use it.

1 무엇을 살지 결정하는 데 도움이 될 것 같아요.
2 영어를 공부하는 데 도움이 될 것 같아요.
3 컴퓨터와 친해지는 데 도움이 될 것 같아요.
4 앞으로 사용법을 더 빨리 배우는 데 도움이 될 것 같아요.

응용 답변 가이드

돌발 주제로 전자제품에 대한 롤플레이입니다. 노트북에 대한 질문을 하는데 제품을 다양하게 바꿔 주면 다른 주제에도 사용할 수 있는 프레임입니다. 예를 들어 같은 돌발 주제로 출제되는 의복 구입이나 가구 구입에 관한 질문에 사용할 수 있고, 취미나 관심사 영역의 음악을 듣는 기기 구입에 대한 롤플레이 등에 사용할 수 있습니다. 물론 질문 내용은 어떤 물품 구입이냐에 따라 적절히 수정해 주는 것 잊지 마세요.

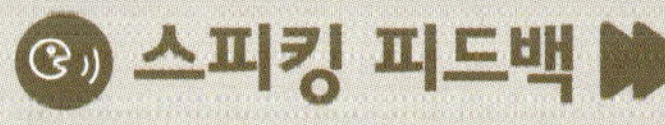 스피킹 피드백 ▶▶ 앞에서 익힌 스피킹 프레임과 활용 구문을 이용해 우리말을 보고 바로바로 영어로 말할 수 있었나요?
답변하기 힘들었다면 스피킹 프레임부터 다시 암기하고, 활용 구문을 다시 연습하세요.

>> F27-1 **활용 구문 적용 연습** ▶▶ 스피킹 프레임에 연습한 활용 구문을 적용해 우리말을 영어로 바꿔 답변을 연습해보세요.

I just bought a new laptop. Please ask me about it.

저는 방금 노트북을 샀습니다. 그것에 대해 질문해보세요.

방금 새 노트북을 샀다고요? 저도 새 노트북을 사려고 생각하고 있었어요. 몇 가지 물어봐도 될까요? 어떤 종류의 노트북을 샀나요? 어디서 샀나요? 용산에 컴퓨터 가게가 많다고 들었어요. 저는 온라인으로 한 대 구입하려고 생각하고 있어요. 아, 온라인으로 사셨군요. 좋은 가격에 샀나요? 잘 됐네요. 몇 기가바이트인가요? 램이 많나요? **이 기계를 안전하게 사용하는 방법에 대해 조언을 해주시겠어요? 컴퓨터에 친숙해지는 데 도움이 될 것 같아요.** 고마워요. 나중에 봐요.

>> F27-2 **응용 연습** ▶▶ 스피킹 프레임을 이용해 응용 답변을 직접 만들어보세요.

You have decided that you want to buy a laptop computer. Contact the store and ask some questions to get more information about purchasing a laptop computer.

당신이 노트북 컴퓨터를 사려고 결심했습니다. 상점에 연락하여 노트북 컴퓨터 구입에 대한 더 많은 정보를 얻기 위해 질문을 하세요.

안녕하세요. 저는 그곳에서 데스크탑 컴퓨터를 샀는데요. 정말 좋아요. 그리고 새 노트북도 사려고 생각하고 있었어요. 몇 가지 물어봐도 될까요? **어떤 종류의 노트북을 가지고 있나요?** 용산에 컴퓨터 가게가 많다고 들었어요. **특별 할인을 제공하시나요? 그리고 제품 목록이나 카탈로그를 받아볼 수 있을까요?** 아, 온라인 쇼핑몰이 있다고요? 좋은 가격을 제공하나요? 잘 됐네요. **어떤 것을 추천하시겠어요?** 그것은 몇 기가바이트인가요? 램이 많나요? **저는 게임을 많이 하기 때문에 램이 많이 필요합니다.** 최신 제품에 대한 조언을 해주시겠어요? 뭘 살지 결정하는 데 도움이 될 것 같아요. 고마워요. **곧 가게에 들를게요.**

▶▶ 능숙하게 답변을 잘 하셨나요?
이번에는 음원을 들으면서 답변을 확인해보세요.   🎧 F27-1, F27-2

다음과 같은 학습 활동을 충실히 했는지, 모범 답변은 어느 정도 익숙해졌는지 적어보고 다음 학습에 참고하세요.

유형 3 – 롤플레이 – 질문하기	학습 날짜	섀도잉/에코잉	암기 정도
F17 학교 생활 – 학교에 대해 질문하기			
F17-1 학교 생활 – 학교에 대해 질문하기			
F17-2 학교 생활 – 학교 친구들에 대해 질문하기			
F18 직장 생활 – 프로젝트에 대해 질문하기			
F18-1 직장 생활 – 프로젝트에 대해 질문하기			
F18-2 학교 생활 – 학교 프로젝트에 대해 질문하기			
F19 가정과 이웃 – 사는 곳 질문하기			
F19-1 가정과 이웃 – 사는 곳 질문하기			
F19-2 가정과 이웃 – 부동산에 질문하기			
F20 가정과 이웃 – 파티 준비 관련 질문하기			
F20-1 가정과 이웃 – 파티 준비 관련 질문하기			
F20-2 가정과 이웃 – 최근 이웃과의 대화			
F21 여가 활동 – 영화에 대해 질문하기			
F21-1 여가 활동 – 영화에 대한 질문하기			
F21-2 취미/관심사 – 좋아하는 음악에 대해 질문하기			
F22 여가 활동 – 온라인 티켓 주문 관련 질문하기			
F22-1 여가 활동 – 온라인 티켓 주문 관련 질문하기			
F22-2 돌발 주제 – 식당 예약 관련 질문하기			
F23 취미/관심사 – 개에 대해 질문하기			
F23-1 취미/관심사 – 고양이에 대해 질문하기			
F23-2 취미/관심사 – 기르는 애완동물에 대해 묘사하기			
F24 취미/관심사 – 음식 재료 구입하기			
F24-1 취미/관심사 – 음식 재료 구입하기			
F24-2 돌발 주제 – 쇼핑가면서 물건 구입하기			
F25 스포츠 – 축구에 대해 질문하기			
F25-1 스포츠 – 야구에 대해 질문하기			
F25-2 스포츠 – 농구에 대해 질문하기			
F26 스포츠 – 헬스장 가입하기			
F26-1 스포츠 – 헬스장 가입하기			
F26-2 스포츠 – 헬스장에 대해 질문하기			
F27 돌발 주제 – 노트북에 대해 질문하기			
F27-1 돌발 주제 – 노트북에 대해 질문하기			
F27-2 돌발 주제 – 노트북 구입 문의하기			

스텝 2 쉽고 재미있게 공부하기

유형 4 – 문제 해결 롤플레이와 과거 경험 유형은 밀월 관계다

무슨 얘기냐고요? 그만큼 밀접한 관계를 가지고 있다는 얘기에요. 물론, 답변 준비에서 말이지 출제 방식과는 아무 관련이 없습니다! 오해하지는 마세요. 롤플레이 유형 중에서도 문제 해결하기 유형은 주어진 문제 상황을 설명하고 해결책이나 대안을 제시하는 유형입니다. 롤플레이 문제 중에서도 고난도 문제에 해당해서 쉽게 포기하는 경향이 있지만 과거형 문제와 연계해서 꼭 준비해두기를 바랍니다. 요령은 이렇습니다. 롤플레이 문제 중에서도 문제 상황을 해결하라는 문제에는 극적인 상황이 등장합니다. 물건이 고장 났는데 수리를 급히 요청한다든지, 약속을 못 지키는 상황에서 친구에게 전화해 상황을 설명한다는 식인데 이러한 내용은 과거 경험 답변에서 소재로 차용하기 딱 좋습니다. 예를 들어보죠.

아파서 수업에 들어가지 못하는 상황입니다. 교수에게 전화해 상황을 설명하고 대안을 제시하는 롤플레이에 대한 답변이 있습니다. 과거에 수업에 빠져야 했거나 문제가 생겼던 경험을 직접적으로 묻는 문제뿐 아니라 학교 수업 중에서 기억에 남는 일을 묻는 문제, 최근 수업 관련해서 생긴 일 등을 묻는 문제에 두루 활용할 수 있겠죠? 그러나 막상 답변을 바꿔보려고 하면 문제가 생기는 것이 바로 '화법'입니다. 롤플레이에서는 직접 상대방에 말하는 직접화법입니다. 그런데 경험을 설명한다면 모든 내용을 마치 글을 쓰듯이 풀어서 써야 합니다. 처음에는 어렵겠지만 프레임 몇 가지만 연습해보면 이 또한 금방 요령이 생깁니다. 롤플레이–과거형 문제로 연계시켜서 응용한 답변을 잘 살펴보고 두 가지를 묶어서 말하기 연습을 해보기 바랍니다. 익숙해지면 마치 장난을 치는 듯, 게임을 하듯 재미있을 것입니다. 말하기도 재미가 있어야 자꾸 말해보고 호기심이 생겨 실력도 느는 법입니다.

28 스피킹 프레임
학교 생활

유형: 롤플레이–문제 해결
주제: 결석하게 된 상황 해결

Self Check ☑ ☐ ☐ ☐ ☐

F28

You will **not be able to attend a class** for some reason. ① Call your professor and ② explain your situation. ③ Offer some alternative to deal with this situation.

어떤 이유 때문에 수업에 출석하지 못하게 되었습니다. 교수님께 전화해서 상황을 설명해보세요. 그 상황을 해결할 수 있는 다른 방안도 제시하세요.

질문 분석

not be able to attend a class 결석해야 함
① call professor 교수에게 전화하기
② explain your situation 상황 설명
③ offer alternative 대안 제시

답변 핵심 구성

도입 – 문제 상황 설명
중심 – 결석해야 하는 상황, 이유, 보충 및 추가 과제 제안
마무리 – 감사 및 사과

스피킹 프레임 익히기

Q Shadowing → Echoing

>> **F28**

스피킹 프레임을 확인하고 해석을 보면서 읽어보세요. 두 번 섀도잉하고 세 번째 에코잉하면서 스피킹 프레임을 암기합니다.

도입 문제 상황 설명	Hello, Professor. This is Kim Changjin. I'm having trouble speaking because I woke up and found my throat badly swollen.	안녕하세요, 교수님. 저는 김창진입니다. 일어났는데 목이 심하게 부어서 말하기가 힘이 들어요.
중심1 결석해야 하는 상황	I'm very sorry to have to tell you this, but I'm afraid I'm going to have to miss your class today.	이런 말씀을 드려야 해서 죄송하지만, 교수님 수업을 오늘 못 갈 것 같아요.
구체적인 이유	I have to go see a doctor. It's actually kind of an emergency situation.	병원에 가야 해요. 진짜 좀 위급한 상황이에요.
중심2 보충 수업 제안	Can I make up the class? I don't want to be marked as absent.	보강을 할 수 있을까요? 결석 처리되고 싶지 않아요.
중심3 추가 과제 제안	I can do any extra work you would like to give me. Or I can write a paper on a topic of your choosing. Whatever you would like me to do, I'll do.	원하시면 추가 과제도 할 수 있어요. 아니면 골라주시는 주제로 리포트를 써도 될까요? 원하시는 걸로 할게요.
마무리 감사 및 사과	Thank you very much for your understanding. I'm sorry, once again, for missing your class.	이해해주셔서 감사합니다. 수업에 출석하지 못해서 다시 한번 죄송합니다.

Q Shadowing → Echoing → Switching

주요 구문과 활용 구문을 익히고, 스피킹 프레임에 넣어 답변을 완성해 말해보세요.

🎧 28-1 ~ 28-4

도입 문제 상황 설명 1

I'm having trouble + 활용 구문 + because + 활용 구문.

~해야 해서 ~하는 데 문제가 있습니다.

---

1 **I'm having trouble** speaking **because** I woke up and found my throat badly swollen.

2 **I'm having trouble** attending class **because** I have to participate in a family event.

3 **I'm having trouble** attending class **because** something urgent came up.

4 **I'm having trouble** walking **because** I have a headache.

1 일어났는데 목이 심하게 부어서 말하기가 힘이 듭니다.
2 가족 행사에 참석해야 해서 수업에 들어갈 수 없습니다.
3 급한 일이 생겨서 수업에 들어갈 수 없습니다.
4 두통이 있어서 걷기가 힘듭니다.

중심1 문제 상황 설명 2

I'm very sorry to have to tell you this, but I'm afraid + 활용 구문.

이런 말씀을 드려야 해서 죄송하지만, ~하지 못할 것 같습니다.

---

1 **I'm very sorry to have to tell you this, but I'm afraid** I'm going to have to miss your class today.

2 **I'm very sorry to have to tell you this, but I'm afraid** I can't enroll in this course this semester.

3 **I'm very sorry to have to tell you this, but I'm afraid** I don't have time to do the assignment you gave us.

4 **I'm very sorry to have to tell you this, but I'm afraid** I have to do an internship instead taking a test.

1 이런 말씀을 드려야 해서 죄송하지만, 교수님 수업을 오늘 못 갈 것 같습니다.
2 이런 말씀을 드려야 해서 죄송하지만, 이번 학기에 이 강의에 등록하지 못할 것 같습니다.
3 이런 말씀을 드려야 해서 죄송하지만, 저희에게 내주신 숙제를 못할 것 같습니다.
4 이런 말씀을 드려야 해서 죄송하지만, 시험을 보는 대신 인턴십에 가야 할 것 같습니다.

중심3 대안 제시

I can + 활용 구문.

〜할 수 있습니다.

1 **I can** do any extra work you would like to give me.

2 **I can** write a paper on a topic of your choosing.

3 **I can** do research on a topic of your choosing.

4 **I can** take the test again.

5 **I can** make up the class during summer.

1 원하시면 추가 과제도 할 수 있습니다.
2 골라주시는 주제로 리포트를 쓸 수 있습니다.
3 골라주시는 주제에 대해 조사를 할 수 있습니다.
4 재시험을 볼 수 있습니다.
5 여름에 보강을 할 수 있습니다.

마무리 사과하기

I'm sorry, once again, for + 활용 구문.

제가 〜하는 데 도움이 될 것 같아요

1 **I'm sorry, once again, for** missing your class.

2 **I'm sorry, once again, for** not attending class.

3 **I'm sorry, once again, for** not attending the meeting.

4 **I'm sorry, once again, for** not handing in your assignment.

1 수업에 출석하지 못해서 다시 한번 죄송합니다.
2 수업에 출하지 못해서 다시 한번 죄송합니다.
3 회의에 참석하지 못해서 다시 한번 죄송합니다.
4 과제를 제출하지 못해서 다시 한번 죄송합니다.

응용 답변 가이드

문제 상황을 나타내는 답변은 롤플레이와 과거 경험 질문에 대한 답변과 짝지어서 연습하면 좋습니다. 예를 들어, 여기에서처럼 문제가 생겨 수업에 참석하지 못하는 상황 해결에 대한 롤플레이 문제의 답변 내용을 응용하여 과거에 수업에 참석할 수 없었던 일에 대한 내용으로 답변을 만들 수 있습니다. 이렇게 과거의 사건으로 바꾸면 인상적인 경험, 어려움이 있었던 경험, 최근 경험에 모두 답변으로 사용할 수 있습니다.

 **스피킹 피드백** ▶▶ 앞에서 익힌 스피킹 프레임과 활용 구문을 이용해 우리말을 보고 바로바로 영어로 말할 수 있었나요?
답변하기 힘들었다면 스피킹 프레임부터 다시 암기하고, 활용 구문을 다시 연습하세요.

>> F28-1 **활용 구문 적용 연습** ▶▶ 스피킹 프레임에 연습한 활용 구문을 적용해 우리말을 영어로 바꿔 답변을 연습해보세요.

You will not be able to attend a class for some reason. Call your professor and explain your situation. Offer some alternative to deal with this situation.

어떤 이유 때문에 수업에 출석하지 못하게 되었습니다. 교수님께 전화해서 상황을 설명해보세요. 그 상황을 해결할 수 있는 다른 방안도 제시하세요.

안녕하세요, 교수님. 저는 김창진입니다. **일어났는데 두통이 있어서 걷기가 힘듭니다.** 이런 말씀을 드려야 해서 죄송하지만, 교수님 수업을 오늘 못 갈 것 같아요. 병원에 가야 해요. 진짜 좀 위급한 상황이에요. 보강을 할 수 있을까요? 결석 처리되고 싶지 않아요. 원하시면 추가 과제도 할 수 있어요. 아니면 골라주시는 주제로 리포트를 써도 될까요? 원하시는 걸로 할게요. 이해해주셔서 감사합니다. 수업에 출석하지 못해서 다시 한번 죄송합니다.

>> F28-2 **응용 연습** ▶▶ 스피킹 프레임을 이용해 응용 답변을 직접 만들어보세요.

Tell me about a difficult situation that you experienced in your school. Begin by telling me when and where it occurred. Describe the situation from start to finish.

학교에서 겪었던 어려움에 대해 말해주세요. 언제, 어디에서 일어났는지에 대한 설명으로 시작하세요. 처음부터 끝까지 자세히 묘사해주세요.

 *간접화법을 사용하세요.

영어 회화 기말 고사가 있었던 어느 날이었습니다. 일어났는데 목이 심하게 부어서 말하기가 힘이 들었습니다. 저는 교수님께 시험을 볼 수 없다고 말해야 해서 당황스러웠지만 수업에 빠질 수밖에는 없었습니다. 저는 병원에 가야 했습니다. 그것은 진짜 좀 위급한 상황이었죠. 그런데 다행히도 저는 보강을 받았습니다. 교수님은 제가 교수님이 골라주시는 주제로 리포트를 쓰도록 허락해주셨습니다. 그리고 **저는 최선을 다해 리포트를 썼고 F를 받는 것을 피할 수 있었습니다.**

▶▶ 능숙하게 답변을 잘 하셨나요?

이번에는 음원을 들으면서 답변을 확인해보세요. 🎧 F28-1, F28-2

29

스피킹 프레임
직장 생활

유형: 롤플레이-문제 해결

주제: 업무 관련 약속에 늦을 상황

Self Check ☑ ☐ ☐ ☐ ☐

F29

It seems that you **will be late for a meeting** you had arranged ① with your business partner. Make a telephone call so that you can ② explain what has happened. ③ Suggest a few alternative ways of fixing the problem.

당신의 업무 파트너와의 약속에 늦을 것 같습니다. 전화를 해서 상황을 설명하세요. 그리고 이 문제를 해결하기 위해 몇 가지 대안을 제시하세요.

질문 분석

will be late for a meeting 회의에 늦는 상황
① with your business partner 업무 파트너와의 회의
② explain what has happened 상황 설명
③ suggest a few alternative ways 대안 제시

답변 핵심 구성

도입 – 문제 상황 설명
중심 – 해결책 제안, 이유, 또 다른 제안 등
마무리 – 사과

스피킹 프레임 익히기

Q Shadowing → Echoing

>> F29

스피킹 프레임을 확인하고 해석을 보면서 읽어보세요. 두 번 섀도잉하고 세 번째 에코잉하면서 스피킹 프레임을 암기합니다.

도입 문제 상황 설명	Hello. Mr. Kim? I know we have an important presentation at 2 p.m. but **my train was delayed for two hours, so I'm not sure I can make it on time.**	여보세요, 김 대리님? 오후 2시에 중요한 프레젠테이션이 있는 건 알고 있는데 제가 타고 가려는 기차가 두 시간 정도 지연됐어요. 그래서 시간에 맞춰서 제시간에 도착할지 모르겠어요.
중심1 해결책 제안	I'd like you to introduce our project instead of me.	대리님이 제 대신 저희 프로젝트를 소개해주시면 좋겠어요.
중심2 제안에 대한 이유 설명	We've been working on this presentation for three months and you know this project better than anyone else.	우리가 세 달 동안 이 프레젠테이션을 함께 해왔기 때문에 대리님이 다른 누구보다 잘 하실 거라고 생각해요.
설득을 위한 설명	I know I'm the one who is supposed to make the presentation, but the Widget is an important client, so I don't want to cancel the meeting.	발표를 하기로 한 사람이 저라는 것을 잘 알지만 위젯이 중요한 고객이라 회의를 취소하고 싶지 않아요.
중심3 다른 제안	**If this situation makes you feel burdened, could you suggest delaying the presentation until an hour later?**	이 상황에 부담을 느끼신다면 한 시간 뒤로 미루자고 제안할 수 있을까요?
마무리 사과	I'm sorry about what happened. Anyway, as soon as I arrive there, I'll call you right away.	이런 일이 생겨서 죄송해요. 어쨌든 제가 도착하자마자 바로 전화 할게요.

스피킹 프레임 연습: 활용 구문

Q Shadowing → Echoing → Switching

🎧 29-1 ~ 29-3

주요 구문과 활용 구문을 익히고, 스피킹 프레임에 넣어 답변을 완성해 말해보세요.

도입　문제 상황 설명

My train was delayed for two hours, so + 활용 구문.

제가 타고 가려는 기차가 두 시간 정도 지연되어 ~.

1 **My train was delayed for two hours, so** I'm not sure I can make it on time.

2 **My train was delayed for two hours, so** I'm not sure I can make the presentation at 2 p.m.

3 **My train was delayed for two hours, so** I think I will be late for the meeting.

4 **My train was delayed for two hours, so** I think I can't arrive until 5 p.m.

1 제가 타고 가려는 기차가 두 시간 정도 지연되어 시간에 맞춰서 제시간에 도착할지 모르겠어요.
2 제가 타고 가려는 기차가 두 시간 정도 지연되어 2시에 있을 프레젠테이션을 할 수 있을지 모르겠어요.
3 제가 타고 가려는 기차가 두 시간 정도 지연되어 회의에 늦을 것 같아요.
4 제가 타고 가려는 기차가 두 시간 정도 지연되어 5시까지 도착할 수 없을 것 같아요.

중심1　대안 제시 1

I'd like you to + 활용 구문.

~해주시면 좋겠습니다.

1 **I'd like you to** introduce our project instead of me.

2 **I'd like you to** make the presentation instead of me.

3 **I'd like you to** reschedule today's meeting.

4 **I'd like you to** take them around our office until I get there.

1 제 대신 저희 프로젝트를 소개해주시면 좋겠습니다.
2 제 대신 프레젠테이션을 해주셨으면 좋겠습니다.
3 오늘 회의 일정을 다시 잡았으면 좋겠습니다.
4 제가 도착할 때까지 그들에게 사무실 주변을 안내해시면 좋겠습니다.

중심3　대안 제시 2

If this situation makes you feel burdened, could you + 활용 구문?

이 상황에 부담을 느끼신다면 ～할 수 있을까요?

1 **If this situation makes you feel burdened, could you** suggest delaying the presentation until an hour later?

2 **If this situation makes you feel burdened, could you** find anyone to handle this situation?

3 **If this situation makes you feel burdened, could you** call the clients to change the meeting time?

4 **If this situation makes you feel burdened, could you** contact Ms. Kim to introduce our project instend of me?

1 이 상황에 부담을 느끼신다면 한 시간 뒤로 미루자고 제안할 수 있을까요?
2 이 상황에 부담을 느끼신다면 이 상황을 해결해줄 누구라도 차아봐줄 수 있을까요?
3 이 상황에 부담을 느끼신다면 회의 시간을 변경하기 위해 고객들에게 전화해주시겠어요?
4 이 상황에 부담을 느끼신다면 제 대신 프로젝트를 소개할 수 있도록 Ms. Kim에게 연락을 취해주시겠어요?

응용 답변 가이드

회의에 늦는 문제 상황을 해결하는 답변이다. 문제 상황에 대해 설명하고 대책을 두세 가지 제시한다. 이런 문제는 문제 상황을 겪은 과거 경험에 대한 답변으로 응용할 수 있다. 회사에서 겪은 인상 깊은 경험, 최근 경험, 어려움을 겪은 경험 등을 문제에 모두 응용해 답변할 수 있다. 다만, 상대에게 말하는 내용을 설명형 답변으로 전환하는 연습은 필요하므로 스피킹 피드백을 통해 연습해보자.

>> F29-1 활용 구문 적용 연습 ▶▶ 스피킹 프레임에 연습한 활용 구문을 적용해 우리말을 영어로 바꿔 답변을 연습해보세요.

It seems that you will be late for a meeting you had arranged with your business partner. Make a telephone call so that you can explain what has happened. Suggest a few alternative ways of fixing the problem. 당신의 업무 파트너와의 약속에 늦을 것 같습니다. 전화를 해서 상황을 설명하세요. 그리고 이 문제를 해결하기 위해 몇 가지 대안을 제시하세요.

여보세요, 김 대리님? 오후 2시에 중요한 프레젠테이션이 있는 건 알고 있는데 **제가 타고 가려는 기차가 두 시간 정도 지연되어 5시까지 도착할 수 없을 것 같아요.** 대리님이 제 대신 저희 프로젝트를 소개해주시면 좋겠어요. 우리가 세 달 동안 이 프레젠테이션을 함께 해왔기 때문에 대리님이 다른 누구보다 잘 하실 거라고 생각해요. 발표를 하기로 한 사람이 저라는 것을 잘 알지만 위젯이 중요한 고객이라 회의를 취소하고 싶지 않아요. **이 상황에 부담을 느끼신다면 제 대신 프로젝트를 소개할 수 있도록 Ms. Kim에게 연락을 취해주시겠어요?** 이런 일이 생겨서 죄송해요. 어쨌든 제가 도착하자마자 바로 전화 할게요.

>> F29-2 응용 연습 ▶▶ 스피킹 프레임을 이용해 응용 답변을 직접 만들어보세요.

Sometimes an extraordinary event happens while one is working at the office. I am interested to see if you have ever experienced anything surprising or embarrassing. Begin by describing to me when and where it happened. Then, explain to me what happened that made the event so memorable.

가끔 사람들이 회사에서 일하는 중에 특별한 일이 생깁니다. 저는 당신이 놀랄 만했거나 황당했던 일을 경험했는지 알고 싶습니다. 언제, 그리고 어디서 일어난 일인지 설명하는 것으로 시작하세요. 그 다음에, 어떤 일이 그 일을 그렇게 기억에 남도록 만들었는지 제게 설명하세요.

 *간접화법을 사용하세요.

두 달 전에 저는 오후 2시에 중요한 프레젠테이션이 있었는데 제가 타고 가려는 기차가 두 시간 정도 지연되었습니다. 그래서 시간에 맞춰서 제시간에 도착할지 알 수가 없었죠. 저는 제 동료에게 전화해서 제 대신 프로젝트를 소개해주시면 좋겠다고 요청했습니다. 우리가 이 프레젠테이션을 함께 해왔기 때문에 그가 저보다 잘 할 거라고 생각했습니다. 발표를 하기로 한 사람이 저였지만 위젯이 중요한 고객이라 회의를 취소하고 싶지 않았습니다. 그러나 그 상황에 동료가 부담을 느꼈기 때문에 그는 프레젠테이션을 다른 날로 미루자고 제안했어요. 이런 일이 생겨서 동료와 회사, 고객에게 미안했습니다. **어쨌든 다음 날 우리는 프레젠테이션을 성공적으로 끝낼 수 있었습니다.**

▶▶ 능숙하게 답변을 잘 하셨나요?
이번에는 음원을 들으면서 답변을 확인해보세요. 🎧 F29-1, F29-2

30

스피킹 프레임
가정과 이웃

유형: 롤플레이–문제 해결

주제: 집안 수리 요청

Self Check ☑ ☐ ☐ ☐ ☐

🎧 F30

A window at your house is broken, so you ① call the repair shop. Unfortunately, ② the repairman won't be able to fix it until later this week. ③ Explain to the repairman why it needs to be fixed right away.

당신 집의 창문이 고장 나서 수리점에 전화를 했습니다. 그런데 불행히도 수리공은 이번 주말까지 고칠 수 없다고 합니다. 수리공에게 왜 창문을 바로 고쳐야 하는지 그 이유를 설명하세요.

질문 분석

a window at your house is broken 집의 창문이 고장 남
① call the repair shop 수리점에 전화
② delaying the fixing 수리 지연
③ explain why to be fixed right away
　　바로 수리해야 하는 이유 설명

답변 핵심 구성

도입 – 전화를 건 목적

중심 – 상황 설명, 급히 수리가 필요한 이유, 제안 등

마무리 – 감사 인사

스피킹 프레임 익히기

Q Shadowing → Echoing

>> F30

스피킹 프레임을 확인하고 해석을 보면서 읽어보세요. 두 번 섀도잉하고 세 번째 에코잉하면서 스피킹 프레임을 암기합니다.

구분	영어	해석
도입 전화를 건 목적	Hello, is this the glass repair shop? I'm calling to ask for a repair. The window of my house needs a repair.	여보세요, 유리 수리점 맞나요? 수리를 요청하려고 전화했어요. 저희 집 유리창을 수리해야 해요.
중심1 급히 수리해야 하는 이유	Last time I called, I heard that you're busy, and you can't do it until later this week, but I'm going to freeze to death in my house.	지난번 전화했을 때 바쁘셔서 이번 주말까지 고칠 수 없다고 들었지만, 전 얼어 죽을 거예요.
중심2 문제 상황 설명	Let me explain my situation; the front window of my house has been smashed and I need it repaired right away.	제 상황을 설명해드릴게요. 저희 집에 전면 창문이 완전히 깨졌는데 지금 바로 수리가 되어야 해요.
당황스러움 설명	If you don't come and fix the window I don't know what to do.	와서 고쳐주시지 않으면 전 어떻게 해야 할지 모르겠어요.
중심3 제안	Is there any chance you could come now or this evening?	지금이나 오늘 저녁에 오실 수는 없나요?
마무리 감사 인사	I would really appreciate it.	그렇게 해주시면 정말 감사할 거예요.

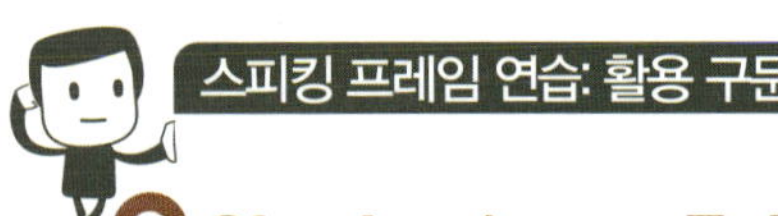

Q Shadowing → Echoing → Switching

🎧 30-1 ~ 30-4

주요 구문과 활용 구문을 익히고, 스피킹 프레임에 넣어 답변을 완성해 말해보세요.

도입 전화를 건 목적

I'm calling to + 활용 구문.

~하려고 전화했습니다.

---

1 **I'm calling to** ask for a repair.

2 **I'm calling to** find out what time you can drop by.

3 **I'm calling to** arrange to have the window fixed.

4 **I'm calling to** assure the repairman's on his way.

> 1 수리를 요청하려고 전화했습니다.
> 2 몇 시에 들르실지 알아보려고 전화했습니다.
> 3 창문을 수리해야 해서 전화했습니다.
> 4 수리공이 오는 중인지 확인하려고 전화했습니다.

중심2 문제 상황 설명

Let me explain my situation; + 활용 구문.

제 상황을 설명해드릴게요. ~.

---

1 **Let me explain my situation;** the front window of my house has been smashed.

2 **Let me explain my situation;** I need it repaired right away.

3 **Let me explain my situation;** my heater is broken and I don't know what is wrong with it.

4 **Let me explain my situation;** my computer is not working properly and I don't know the reason.

> 1 제 상황을 설명해드릴게요. 저희 집에 전면 창문이 완전히 깨졌어요.
> 2 제 상황을 설명해드릴게요. 그것을 바로 수리해야 해요.
> 3 제 상황을 설명해드릴게요. 난방기가 고장 났는데 무엇이 잘못 됐는지 모르겠어요.
> 4 제 상황을 설명해드릴게요. 컴퓨터가 제대로 작동하지 않는데 이유를 잘 모르겠어요.

추가 문장　빠른 방문의 필요성 어필

If you don't come and fix + 활용 구문, + I don't know what to do.
더 빨리 와서 ~을 고쳐주시지 않으면 전 어떻게 해야 할지 모르겠어요.

1 **If you don't come and fix** the window **I don't know what to do.**

2 **If you don't come and fix** the door **I don't know what to do.**

3 **If you don't come and fix** the heater **I don't know what to do.**

1　더 빨리 와서 창문을 고쳐주시지 않으면 전 어떻게 해야 할지 모르겠어요.
2　더 빨리 와서 문을 고쳐주시지 않으면 전 어떻게 해야 할지 모르겠어요.
3　더 빨리 와서 난방기를 고쳐주시지 않으면 전 어떻게 해야 할지 모르겠어요.

중심3　해결책 문의

Is there any chance you could + 활용 구문?
~하실 수는 없나요?

1 **Is there any chance you could** come now or this evening?

2 **Is there any chance you could** contact another repairman who's available?

3 **Is there any chance you could** come here earlier than you told me this morning?

4 **Is there any chance you could** talk to your manager and find a way?

1　지금이나 오늘 저녁에 오실 수는 없나요?
2　올 수 있는 다른 수리공에게 연락하실 수는 없나요?
3　오늘 아침에 말씀하신 것보다 일찍 오실 수는 없나요?
4　매니저에게 말해서 방법을 찾으실 수는 없나요?

응용 답변 가이드

집안 물건이 고장 나서 전화로 수리를 요청하는 상황을 가정한 답변이다. 이 답변은 모든 고장과 관련된 상황에 적용할 수 있다. 가전제품 등이 돌발 주제로 자주 출제되고 스포츠와 관련해 스포츠 기구 등의 고장, 결함 등이 문제로 나오기도 한다. 응용하는 연습을 해두자.

>> **F30-1** **활용 구문 적용 연습** ▶▶ 스피킹 프레임에 연습한 활용 구문을 적용해 우리말을 영어로 바꿔 답변을 연습해보세요.

A window at your house is broken, so you call the repair shop. Unfortunately, the repairman won't be able to fix it until later this week. Explain to the repairman why it needs to be fixed right away.

당신 집의 창문이 고장 나서 수리점에 전화를 했습니다. 그런데 불행히도 수리공은 이번 주말까지 고칠 수 없다고 합니다. 수리공에게 왜 창문을 바로 고쳐야 하는지 그 이유를 설명하세요.

여보세요, 유리 수리점 맞나요? **창문을 수리해야 해서 전화했습니다.** 저희 집 유리창을 수리해야 해요. 지난번 전화했을 때 바쁘셔서 이번 주말까지 고칠 수 없다고 들었지만, 전 얼어 죽을 거예요. 제 상황을 설명해드릴게요. 저희 집에 전면 창문이 완전히 깨졌는데 지금 바로 수리가 되어야 해요. 와서 고쳐주시지 않으신다면 전 어떻게 해야 할지 모르겠어요. **가능한 다른 수리공에게 연락하실 수는 없나요?** 그렇게 해주시면 정말 감사할 거예요.

>> **F30-2** **응용 연습** ▶▶ 스피킹 프레임을 이용해 응용 답변을 직접 만들어보세요.

Your TV set at your house is not working properly so you call the repair shop. Unfortunately, the repairman won't be able to fix it until later this week. Explain to the repairman why it needs to be fixed right away.

당신 집의 텔레비전이 제대로 작동하지 않아서 수리점에 전화를 했습니다. 그런데 불행히도 수리공은 이번 주말까지 고칠 수 없다고 합니다. 수리공에게 왜 텔레비전을 바로 고쳐야 하는지 그 이유를 설명하세요.

여보세요, **ABC 서비스 센터 맞나요?** 수리를 요청하려고 전화했어요. **한 달 전에 산 TV 세트를 수리해야 해서요.** 지난번 전화했을 때 바쁘셔서 이번 주말까지 고칠 수 없다고 들었지만, **이번 금요일에 TV를 봐야 해요. 금요일에 있을 프리미어리그 결승전을 볼 거라서요.** 제 상황을 설명해드릴게요. **TV 화면에 저희 아들이 던진 공이 맞아서 완전히 깨졌는데** 지금 바로 수리가 되어야 해요. 와서 고쳐주시지 않으신다면 전 어떻게 해야 할지 모르겠어요. 지금이나 오늘 저녁에 오실 수는 없나요? 그렇게 해주시면 정말 감사할 거예요.

▶▶ 능숙하게 답변을 잘 하셨나요?
이번에는 음원을 들으면서 답변을 확인해보세요. 🎧 F30-1, F30-2

31

스피킹 프레임
여가 활동

유형: 롤플레이–문제 해결

주제: 공연 약속 취소

Self Check ☑ ☐ ☐ ☐ ☐

🎧 F31

Unfortunately, you realize that you **can't make it on the day of a performance**. ① Make a telephone call to your friend, and tell him/her ② what has happened. ③ Offer two solutions for this situation.

불행히도 공연을 하는 날에 갈 수 없다는 것을 알게 됩니다. 친구에게 전화를 걸어서 무슨 일이 생겼는지 말하세요. 이 상황을 해결할 다른 두 기지 해결책을 제시하세요.

질문 분석

can't make it a performance 공연에 못 감
① call to your friend 친구에게 전화
② what happened 상황 설명
③ offer two solutions 해결책 제시

답변 핵심 구성

도입 – 전화를 건 목적
중심 – 문제 상황 설명, 대안 제시 등
마무리 – 당부

스피킹 프레임 익히기

Q Shadowing → Echoing

>> F31
스피킹 프레임을 확인하고 해석을 보면서 읽어보세요. 두 번 섀도잉하고 세 번째 에코잉하면서 스피킹 프레임을 암기합니다.

구분	영어	해석
도입 전화를 건 목적	Hello, Kyounga. This is Junyoung. I've got something to tell you regarding our appointment.	안녕, 경아야. 나 준영이야. 우리 약속에 대해 할 말이 좀 있어서.
중심1 문제 상황	I'm afraid I can't make it because something urgent has come up at home.	미안하지만 나 집에 급한 일이 생겨서 콘서트에 못 갈 것 같아.
구체적인 상황	My sister is in the hospital and I have to take care of her seven year old son. I'm really sorry. I have to stay at home this weekend. But I reserved two tickets.	언니가 병원에 있어서 내가 일곱 살 조카를 봐야 해. 정말 미안해. 이번 주말에는 꼼짝 않고 집에 있어야 해. 그런데 내가 표를 두 장 예매했어.
중심2 대안 제시	So you had better go with another friend, if possible. You can get the tickets at the box office in front of the theater.	가능하면 네가 다른 친구랑 가면 좋겠어. 극장 앞에 있는 티켓 박스에서 티켓을 받을 수 있어.
중심3 마지막 대안 제시	Or I can get a refund on these tickets up to one day before the concert.	아니면 콘서트를 시작하기 하루 전까지는 티켓을 환불 받을 수 있어.
마무리 당부	So let me know what you want to do. Sorry again.	그러니 어떻게 했으면 좋겠는지 알려줘. 다시 한번 미안해.

스피킹 프레임 연습: 활용 구문

Q Shadowing → Echoing → Switching

🎧 31-1 ~ 31-4

주요 구문과 활용 구문을 익히고, 스피킹 프레임에 넣어 답변을 완성해 말해보세요.

중심1 문제 상황 설명

I'm afraid I can't make it because + 활용 구문.

미안하지만 ~해서 못 갈 것 같아.

1 **I'm afraid I can't make it because** something urgent has come up at home.

2 **I'm afraid I can't make it because** I am sick today.

3 **I'm afraid I can't make it because** the weather is bad.

4 **I'm afraid I can't make it because** I have food poisoning.

1 미안하지만 나 집에 급한 일이 생겨서 콘서트에 못 갈 것 같아.
2 미안하지만 오늘 아파서 못 갈 것 같아.
3 미안하지만 날씨가 나빠서 못 갈 것 같아.
4 미안하지만 식중독에 걸려서 못 갈 것 같아.

중심2 대안 제시 1

So you had better + 활용 구문.

그래서 ~하면 좋겠어.

1 **So you had better** go with another friend, if possible.

2 **So you had better** get a refund from the ticket box.

3 **So you had better** reschedule the appointment for another time.

4 **So you had better** cancel the appointment.

1 그래서 가능하면 네가 다른 친구랑 가면 좋겠어.
2 그래서 티켓 박스에서 환불을 받았으면 좋겠어.
3 그래서 약속을 다른 시간으로 재조정했으면 좋겠어.
4 그래서 약속을 취소했으면 좋겠어요.

중심3　대안 제시 2

Or I can + 활용 구문 + up to + 활용 구문.
아니면 ~까지는 ~할 수 있어.

1 **Or I can** get a refund on these tickets **up to** one day before the concert.

2 **Or I can** get a refund on these tickets **up to** an hour before the start of the concert.

3 **Or I can** cancel the reservation **up to** one day before the start of the concert.

1 아니면 콘서트를 시작하기 하루 전까지는 티켓을 환불 받을 수 있어.
2 아니면 콘서트를 시작하기 한 시간 전까지는 티켓을 환불 받을 수 있어.
3 아니면 콘서트를 시작하기 전에 예약을 취소할 수 있어.

마무리　당부

So let me know what + 활용 구문.
그러니 ~를 알려줘.

1 **So let me know what** you want to do.

2 **So let me know what** you think.

3 **So let me know what** is best for you.

1 그러니 어떻게 했으면 좋겠는지 알려줘.
2 그러니 네 생각을 알려줘.
3 그러니 너는 뭐가 좋은지 알려줘.

응용 답변 가이드

공연에 갈 수 없어 친구에게 해명하고 양해를 구하는 답변이다. 물론 대안을 제시해주는 것으로 마무리해야 한다. 이러한 문제 상황 해결 답변은 과거의 경험을 설명하는 답변으로 응용할 수 있다고 앞에서도 설명했다. 그러한 문제 상황을 겪은 경험이 인상적이었다거나 최근에 있었던 일이라거나 힘든 일이었다고 문제에서 요구하는 내용에 맞춰 설명하면 된다.

>>F31-1 활용 구문 적용 연습 ▶▶ 스피킹 프레임에 연습한 활용 구문을 적용해 우리말을 영어로 바꿔 답변을 연습해보세요.

Unfortunately, you realize that you can't make it on the day of a performance. Make a telephone call to your friend, and tell him/her what has happened. Offer two solutions for this situation.

불행히도 공연을 하는 날에 갈 수 없다는 것을 알게 됩니다. 친구에게 전화를 걸어서 무슨 일이 생겼는지 말하세요. 이 상황을 해결할 다른 두 가지 해결책을 제시하세요.

안녕, 경아야. 나 준영이야. 우리 약속에 대해 할 말이 좀 있어서. 미안하지만 나 집에 급한 일이 생겨서 콘서트에 못 갈 것 같아. 언니가 병원에 있어서 내가 일곱 살 조카를 봐야 해. 정말 미안해. 그래서 이번 주말에는 꼼짝 않고 집에 있어야 해. **그래서 약속을 취소했으면 좋겠어.** 그런데 내가 표를 두 장 예매했어. **극장 앞 티켓 박스에서 네가 표를 받을 수 있어.** 아니면 콘서트를 시작하기 하루 전까지는 내가 티켓을 환불 받을 수 있어. 그러니 어떻게 했으면 좋겠는지 알려 줘. 다시 한번 미안해.

>>F31-2 응용 연습 ▶▶ 스피킹 프레임을 이용해 응용 답변을 직접 만들어보세요.

You really wanted to go to a performance but weren't able to because something happened on that day. Tell me what happened that day in detail.

당신이 정말로 공연에 가고 싶었는데 공연 당일에 무슨 일이 생겨 갈 수 없었습니다. 그날 무슨 일이 있었는지 자세히 말해주세요.

 *간접화법을 사용하세요.

제 친구와 저는 지난 금요일에 콘서트에 가기로 했습니다. 그런데 저희 집에 급한 일이 생겨서 콘서트에 갈 수 없었습니다. 저희 언니가 병원에 있어서 제가 일곱 살 조카를 봐야 했습니다. 친구에게 정말 미안했지만 저는 주말에 꼼짝 않고 집에 있어야 했습니다. 그런데 제가 표를 두 장 예매해서 친구에게 가능하면 다른 친구랑 가거나 아니면 내가 환불 받을 수 있다고 제안했습니다. **친구는 다른 날 저와 함께 가기를 원했고 저는 티켓 박스에 전화해서 예약을 취소했습니다.**

▶▶ 능숙하게 답변을 잘 하셨나요?
이번에는 음원을 들으면서 답변을 확인해보세요. 🎧 F31-1, F31-2

32

스피킹 프레임
취미/관심사

유형: 롤플레이-문제 해결

주제: 잘못 구입한 물건 환불 요청

Self Check ☑☐☐☐☐

🎧 F32

You are back from the grocery store and figured out that **you bought the wrong item**. You ① want to return it but you don't have time. ② Call the store and tell them ③ about the situation and ④ suggest some solutions to the situation.

당신이 식료품점에서 돌아왔는데 물건을 잘못 사왔다는 것을 알게 되었습니다. 환불하고 싶지만 갈 시간이 없습니다. 가게에 전화해서 당신의 상황을 설명하고 그 상황에 대한 해결책을 제시하세요.

질문 분석

you bought the wrong item 물품을 잘못 구입함

① want to return it but don't have time
반품을 원하지만 시간이 없음

② call the store 상점에 전화

③ about the situation 상황 설명

④ suggest solutions 해결책 제시

답변 핵심 구성

도입 – 잘못 구입한 물품 설명

중심 – 직접 갈 수 없는 상황, 배달 가능성 질문

마무리 – 추가 비용 부담

스피킹 프레임 익히기

Q Shadowing → Echoing

>> **F32**
스피킹 프레임을 확인하고 해석을 보면서 읽어보세요. 두 번 섀도잉하고 세 번째 에코잉하면서 스피킹 프레임을 암기합니다.

구분	영어	해석
도입 잘못 구입한 물품 설명	Hello. I was down at your grocery store about an hour ago and I bought a cucumber. **The problem is, I don't need a cucumber, I need a zucchini.**	여보세요. 한 시간 전쯤에 식료품점에 내려가서 오이를 샀는데요. 문제는 제가 필요한 것이 오이가 아니라 호박이 필요해요.
잘못 구입한 이유 설명	They look so similar, so I couldn't tell them apart. I need a zucchini because I'm making porridge for my baby, and the recipe calls for zucchini, not cucumber.	둘이 너무 비슷하게 생겨서 분간하지 못했어요. 지금 아기를 위해 죽을 만들고 있어서 호박이 필요해요. 죽 레시피에는 오이가 아니라 호박이 필요하다고 하거든요
중심1 직접 갈 수 없는 상황	**I'm right in the middle of making the porridge now, so I can't rush back to the store to exchange it.**	지금 한창 만드는 중이라 교환하러 가게에 갈 수가 없어요.
중심2 배달 가능성 질문	**Can you get somebody to deliver it to me?**	호박을 누군가 시켜서 배달해주실 수 있나요?
마무리 추가 비용 부담	**I can pay the delivery fee, if I have to.**	배달 비용을 내야 한다면 지불할게요.

스피킹 프레임 연습·활용 구문

Q Shadowing → Echoing → Switching

 32-1 ~ 32-4

주요 구문과 활용 구문을 익히고, 스피킹 프레임에 넣어 답변을 완성해 말해보세요.

도입　문제 상황 설명

The problem is, + 활용 구문.

문제는 ～.

1　**The problem is,** I don't need a cucumber, I need a zucchini.

2　**The problem is,** the product that I bought there yesterday has some damage.

3　**The problem is,** the clothes that I ordered are the wrong size.

4　**The problem is,** the appliance that I bought there has been broken.

> 1 문제는 제가 필요한 것이 오이가 아니라 호박이 필요해요.
> 2 문제는 제가 제가 어제 구입한 제품에 하자가 있어요.
> 3 문제는 제가 주문한 옷의 사이즈가 잘못되었어요.
> 4 문제는 제가 그곳에서 산 전자제품이 고장 났어요.

중심1　직접 갈 수 없는 상황

I'm right in the middle of + 활용 구문.

지금 한창 ～하는 중이에요.

1　**I'm right in the middle of** making the porridge now.

2　**I'm right in the middle of** taking care of my baby now.

3　**I'm right in the middle of** entertaining visitors now.

4　**I'm right in the middle of** getting ready to go out now.

> 1 지금 한창 죽을 만드는 중이에요.
> 2 지금 한창 아기를 돌보는 중이에요.
> 3 지금 한창 손님을 접대하는 중이에요.
> 4 지금 한창 외출 준비를 하는 중이에요.

중심2 대안 제시 1

Can you + 활용 구문?

~하실 수 있나요?

1 **Can you** get somebody to deliver it to me?

2 **Can you** inform me when it arrives at your store?

3 **Can you** reserve the seat for me?

4 **Can you** get somebody to repair it for me?

1 호박을 누군가 시켜서 배달해주실 수 있나요?
2 그것이 언제 당신 가게에 오는지 알려주실 수 있나요?
3 저를 위해 좌석을 남겨두실 수 있나요?
4 누가 그것을 수리하도록 해주실 수 있나요?

마무리 대안 제시 2

I can + 활용 구문 + , if I have to.

해야 한다면 ~할게요.

1 **I can** pay the delivery fee, **if I have to.**

2 **I can** drop by there, **if I have to.**

3 **I can** pay an extra fee, **if I have to.**

4 **I can** pay the cost of repair, **if I have to.**

1 배달 비용을 내야 한다면 지불할게요.
2 해야 한다면 제가 그곳에 들를 수 있어요.
3 추가 비용을 내야 한다면 지불할게요.
4 수리 비용을 내야 한다면 지불할게요.

응용 답변 가이드

취미나 관심사 주제인 요리하는 상황에서 식품 재료를 구입하는 내용을 다룬 답변이다. 특히 롤플레이 유형으로 식품 재료를 잘못 구입해서 문제를 해결하는 상황을 다룬 답변 내용이다. 이 답변을 변형하면 다른 품목을 구입하는 상황에 다양하게 적용할 수 있다. 다른 모든 주제와 관련하여 물건을 구입하는 상황에서 벌어지는 롤플레이 상황에 적용할 수 있으며, 돌발 주제인 쇼핑에서 문제가 발생한 상황을 해결하는 롤플레이에도 적용할 수 있다.

≫ F32-1 활용 구문 적용 연습 ▶▶ 스피킹 프레임에 연습한 활용 구문을 적용해 우리말을 영어로 바꿔 답변을 연습해보세요.

You are back from the grocery store and figured out that you bought the wrong item. You want to return it but you don't have time. Call the store and tell them about the situation and suggest some solutions to the situation.

당신이 식료품점에서 돌아왔는데 물건을 잘못 사왔다는 것을 알게 되었습니다. 환불하고 싶지만 갈 시간이 없습니다. 가게에 전화해서 당신의 상황을 설명하고 그 상황에 대한 해결책을 제시하세요.

여보세요. 한 시간 전 즈음에 식료품점에 내려가서 오이를 샀는데요. 문제는 제가 필요한 것이 오이가 아니라 호박이 필요해요. 둘이 너무 비슷하게 생겨서 분간하지 못했어요. 지금 아기를 위해 죽을 만들고 있어서 호박이 필요해요. 죽 레시피에는 오이가 아니라 호박이 필요하다고 하거든요. **재고가 떨어졌다고요? 그것이 언제 당신 가게에 오는지 알려 주실 수 있나요? 물건이 오는 대로 누군가 시켜서 배달해주실 수 있나요?** 배달 비용을 내야 한다면 지불할게요.

≫ F32-2 응용 연습 ▶▶ 스피킹 프레임을 이용해 응용 답변을 직접 만들어보세요.

You are back from the store and figured out that you bought the wrong item. You want to return it but you don't have time. Call the store and tell them about the situation and suggest some solutions to the situation.

당신이 상점에서 돌아왔는데 물건을 잘못 사왔다는 것을 알게 되었습니다. 환불하고 싶지만 갈 시간이 없습니다. 가게에 전화해서 당신의 상황을 설명하고 그 상황에 대한 해결책을 제시하세요.

여보세요. 한 시간 전쯤에 그 상점에 내려가서 **운동화를** 샀는데요. 문제는 이건 230 사이즈인데 저는 235가 필요해요. 둘이 너무 비슷해 보여서 분간하지 못했어요. **저는 그게 지금 당장 필요해요. 2시에 체육관에서 친구를 만나기로 했거 든요. 약속을 취소할 수 없어서 지금 당장 바꾸러 들러야 할 것 같아요. 지금 가게에 들러 가져갈 수 있을까요?** 추가 비용을 내야 한다면 지불할게요.

▶▶ 능숙하게 답변을 잘 하셨나요?
이번에는 음원을 들으면서 답변을 확인해보세요. 🎧 F32-1, F32-2

33

스피킹 프레임
스포츠

유형: 롤플레이-문제 해결

주제: 경기장이 폐쇄된 상황

Self Check ☑ ☐ ☐ ☐ ☐

🎧 F33

You have just discovered that **the field** you are going to is **under construction**. ① Contact your friends to ② explain this situation and ③ discuss some alternatives with them.

당신이 가려고 계획했던 운동장이 공사 중이라는 사실을 막 알게 되었습니다. 친구들에게 연락을 해서 이 상황을 설명하고 다른 방법들에 대한 논의를 하세요.

질문 분석

the field under construction 경기장 공사중
① contact your friends 친구에게 전화
② explain situation 상황 설명
③ discuss alternatives 대안 논의

답변 핵심 구성

도입 – 문제 상황 설명
중심 – 다른 친구에게 문의, 다른 경기장 제안 등
마무리 – 설득

스피킹 프레임 익히기

Q Shadowing → Echoing

>> **F33** 스피킹 프레임을 확인하고 해석을 보면서 읽어보세요. 두 번 섀도잉하고 세 번째 에코잉하면서 스피킹 프레임을 암기합니다.

도입 문제 상황 설명	Hi Jihoon, I'm afraid we have a problem. **Did you hear that the field we usually go to is under construction, so we can't go there?**	안녕, 지훈아. 우리 문제가 있는 것 같아. 우리 보통 가던 경기장이 공사를 하고 있어서 못 가게 됐다는 얘기 들었어?
문의	What do you think we should do?	우리 어떻게 하면 좋겠어?
중심1 다른 친구에게 문의 제안	**Should we ask the others if there are other fields nearby?**	근처에 다른 경기장도 있는지 다른 멤버들한테 물어볼까?
중심2 다른 경기장 제안	I saw a high school just around the corner from where we usually play. We could go there.	우리 보통 가는 경기장 있는 모퉁이에 고등학교가 하나 있는 걸 봤어. 거기 가도 될 것 같아.
시설 설명	Actually, the facilities there look better.	사실 거기가 시설은 더 좋아 보여.
마무리 설득	**You know, we didn't play last weekend because of bad weather, so I think we should get together this week.** Let me know what you think.	지난 주말에도 날씨가 나빠서 못했는데, 이번 주에는 꼭 모였으면 좋겠어. 어떻게 생각하는지 알려줘.

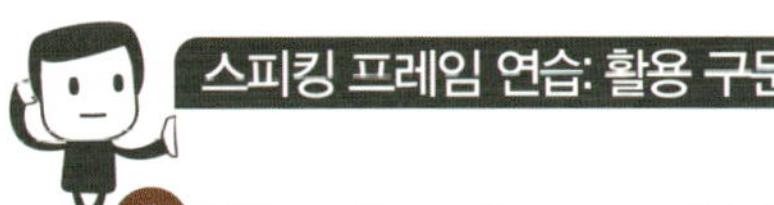

Q Shadowing → Echoing → Switching

주요 구문과 활용 구문을 익히고, 스피킹 프레임에 넣어 답변을 완성해 말해보세요.

도입   문제 상황 설명

Did you hear that the field we usually go to + 활용 구문?

우리 보통 가던 경기장이 ~하다는 얘기 들었어?

---

1 Did you hear that the field we usually go to is under construction, so we can't go there?

2 Did you hear that the field we usually go to is blocked for repair work?

3 Did you hear that the field we usually go to is closed until repair work has been carried out?

4 Did you hear that the field we usually go to is closed for extensive renovations?

1 우리 보통 가던 경기장이 공사를 하고 있어서 못 가게 됐다는 얘기 들었어?
2 우리 보통 가던 경기장이 수리 작업으로 인해 폐쇄되었다는 얘기 들었어?
3 우리 보통 가던 경기장이 수리 작업이 진행될 때까지 문을 닫을 거라는 얘기 들었어?
4 우리 보통 가던 경기장이 보수 공사 때문에 문을 닫는다는 얘기 들었어?

중심1   대안 제시

Should we ask the others if + 활용 구문?

다른 멤버들한테 ~인지 물어볼까?

---

1 Should we ask the others if there are other fields nearby?

2 Should we ask the others if we can try something else?

3 Should we ask the others if there is other stadium we can use?

4 Should we ask the others if we should go to see a movie instead?

1 근처에 다른 경기장도 있는지 다른 멤버들한테 물어볼까?
2 다른 것을 할지 다른 멤버들한테 물어볼까?
3 우리가 사용할 수 있는 다른 경기장이 있는지 다른 멤버들한테 물어볼까?
4 대신 영화를 보러 갈지 다른 멤버들한테 물어볼까?

마무리 설득하기

You know, we didn't play last weekend because of bad weather, so I think we should + 활용 구문.

지난 주말에도 날씨가 나빠서 못했는데, ~했으면 좋겠어.

1 You know, we didn't play last weekend because of bad weather, so I think we should get together this week.

2 You know, we didn't play last weekend because of bad weather, so I think we should try a new facility this time.

3 You know, we didn't play last weekend because of bad weather, so I think we should find another place to play.

4 You know, we didn't play last weekend because of bad weather, so I think we should do something to solve this problem.

1 지난 주말에도 날씨가 나빠서 못했는데, 이번 주에는 꼭 모였으면 좋겠어.
2 지난 주말에도 날씨가 나빠서 못했는데, 이번에는 새로운 시설에서 해봤으면 좋겠어.
3 지난 주말에도 날씨가 나빠서 못했는데, 경기를 할 다른 곳을 알아봤으면 좋겠어.
4 지난 주말에도 날씨가 나빠서 못했는데, 이 문제를 해결하기 위해 뭔가를 했으면 좋겠어.

응용 답변 가이드

문제 상황 해결 답변은 과거 경험을 묻는 다양한 문제에 대한 답변으로도 활용할 수 있다. 또한 경기장 폐쇄 등의 상황으로 다른 대안을 찾아야 하는 설정은 어떠한 스포츠 종목에서든 출제될 가능성이 높다. 따라서 스포츠 종목과 운동 장소의 이름만 바꿔서 문제에 맞춰 답변할 수 있도록 연습해두어야 한다. 특히 설문 조사에서 스포츠 항목을 많이 고르게 될 경우 반드시 응용 답변에 활용할 수 있도록 연습해두어야 한다.

>> F33-1 활용 구문 적용 연습 ▶▶ 스피킹 프레임에 연습한 활용 구문을 적용해 우리말을 영어로 바꿔 답변을 연습해보세요.

You have just discovered that the field you are going to is under construction. Contact your friends to explain this situation and discuss some alternatives with them.

당신이 가려고 계획했던 운동장이 공사 중이라는 사실을 막 알게 되었습니다. 친구들에게 연락을 해서 이 상황을 설명하고 다른 방법들에 대한 논의를 하세요.

안녕, 지훈아. 우리 문제가 있는 것 같아. **우리 보통 가던 경기장이 수리 작업이 진행될 때까지 문을 닫을 거라는 얘기 들었어?** 우리 어떻게 하면 좋겠어? 근처에 다른 경기장도 있는지 다른 멤버들한테 물어볼까? 우리 보통 가는 경기장이 있는 모퉁이에 고등학교가 하나 있는 거 봤는데 거기 가도 될 것 같아. 사실 거기가 시설은 더 좋아 보여. **지난 주말에도 날씨가 나빠서 못했는데, 경기를 할 다른 곳을 알아봤으면 좋겠어.** 어떻게 생각하는지 알려줘.

>> F33-2 응용 연습 ▶▶ 스피킹 프레임을 이용해 응용 답변을 직접 만들어보세요.

Discuss a memorable situation you had while you were playing soccer. Maybe it was an exciting game, or some problems you had. Describe the entire experience from start to finish.

당신이 축구를 하면서 있었던 기억에 남는 상황에 대해 얘기하세요. 아마 흥미진진한 경기였을 수도, 아니면 당신이 문제를 겪은 일일 수도 있을 것입니다. 처음부터 끝까지 전체를 설명하세요.

 *간접화법을 사용하세요.

제 친구들과 저는 매주 토요일에 고등학교 운동장으로 축구를 하러 갑니다. 하루는 우리가 보통 가던 야구장이 공사를 하고 있어서 못 가게 됐습니다. 우리는 어떻게 하면 좋을지 몰랐죠. 날씨가 안 좋아서 몇 주간 축구를 못했었기 때문에 **모여서 축구를 하고 싶었거든요.** 우리는 다른 사람들한테 근처에 다른 야구장도 있는지 물어봤습니다. 그리고 나서 저는 우리가 보통 경기를 하는 모퉁이에 고등학교가 하나 있는 것을 봤던 기억이 났습니다. 그리고 우리는 그곳에 갔죠. 사실 거기가 시설은 더 좋았고 **그날 정말 재미있는 경기를 했습니다.**

▶▶ 능숙하게 답변을 잘 하셨나요?
　　이번에는 음원을 들으면서 답변을 확인해보세요.　🎧 F33-1, F33-2

34

스피킹 프레임
휴가/출장

유형: 롤플레이–문제 해결

주제: 항공편 취소 상황

Self Check ☑ ☐ ☐ ☐ ☐

🎧 F34

You've just **arrived at the airport** and found out that your **flight was cancelled**. ① Call your travel agency and ② explain the situation and ③ give three or more alternatives to the situation.

당신이 공항에 막 도착했는데 당신의 항공편이 취소되었다는 것을 알았습니다. 여행사에 전화해서 상황을 설명하고 3~4개의 다른 방안을 제시하세요.

질문 분석

arrived at the airport and flight cancelled
공항 도착, 항공편 취소

① call travel agency 여행사에 전화
② explain situation 상황 설명
③ give three or more alternatives 대안 제시

답변 핵심 구성

도입 – 배경 설명(공항)

중심 – 문제 상황 설명 및 대안 제시

마무리 – 당부 및 감사 인사

Q Shadowing → Echoing

스피킹 프레임 익히기

>> *F34*

스피킹 프레임을 확인하고 해석을 보면서 읽어보세요. 두 번 섀도잉하고 세 번째 에코잉하면서 스피킹 프레임을 암기합니다.

도입 배경 설명	Hello, this is Choi, Jung Seok. I booked a flight with your company going to Busan from Seoul this afternoon at 3:00 p.m. on Busan Airlines.	여보세요, 최정석입니다. 부산 항공으로 서울에서 부산으로 가는 3시 항공편을 예약했습니다.
중심1 문제 상황	The problem is, I'm at the airport right now, and the flight has been cancelled.	문제는 지금 제가 공항에 있는데 항공편이 취소가 되었네요.
급한 상황	The airline did not give an explanation. This is a business trip, and I can't reschedule my plans. So what do I do?	항공사에서는 아무런 설명이 없었습니다. 이것은 출장이고 제 계획을 다시 잡을 수가 없습니다. 어떻게 해야 할까요?
중심2 첫 번째 제안	The way I see it, there are some alternatives. First, you can call the airline, and book me another ticket on the same airline.	제 생각에는 몇 가지 대안이 있는데요. 우선 항공사에 전화해서 똑같은 항공사로 다른 티켓을 예약해주세요.
중심3 또 다른 제안	Otherwise, you can book a ticket for me on a different airline.	그렇지 않으면, 다른 항공사의 티켓을 예약해주셔도 좋고요.
마무리 당부 및 감사 인사	Once again, would you hurry up and let me know? Thanks for your help.	다시 한번, 서둘러서 알려주시겠어요? 도와주셔서 감사합니다.

Q Shadowing → Echoing → Switching

🎧 34-1 ~ 34-4

주요 구문과 활용 구문을 익히고, 스피킹 프레임에 넣어 답변을 완성해 말해보세요.

중심1 문제 상황 설명

The problem is, + 활용 구문.

문제는 ~에요.

1 **The problem is,** I'm at the airport right now, and the flight has been cancelled.

2 **The problem is,** the flight has been delayed due to a mechanical problem.

3 **The problem is,** I'm left off of the list.

4 **The problem is,** the fog has delayed our flight another twenty minutes.

1 문제는 지금 제가 공항에 있는데 항공편이 취소가 되었네요.
2 문제는 기계 결함으로 비행기가 연착되었어요.
3 문제는 예약자 명단에 제 이름이 빠져 있습니다.
4 문제는 안개 때문에 비행기가 20분 더 연착된대요.

추가 문장 해결해야 하는 이유 설명

This is a business trip, and I + 활용 구문.

이것은 출장이고 ~ 저는 ~.

1 **This is a business trip, and I** can't reschedule my plans.

2 **This is a business trip, and I** can't miss the meeting.

3 **This is a business trip, and I** have to attend the conference on time.

4 **This is a business trip, and I** can't wait for another two hours.

1 이것은 출장이고 제 계획을 다시 잡을 수가 없습니다.
2 이것은 출장이고 회의를 놓치면 안 돼요.
3 이것은 출장이고 제시간에 회의에 참석해야 해요.
4 이것은 출장이고 두 시간을 더 기다릴 수 없어요.

중심2 대안 제시 1

There are some alteratives. First, you + 활용 구문.
몇 가지 대안이 있는데요. 우선 당신은 ~.

1 **There are some alteratives. First, you** can book me another ticket.

2 **There are some alteratives. First, you** can find out why they cancelled the flight.

3 **There are some alteratives. First, you** tell me what I should do now.

4 **There are some alteratives. First, you** can contact your manager and tell him I want to talk to him.

1 몇 가지 대안이 있는데요. 우선 다른 티켓을 예약해주실 수 있습니다.
2 몇 가지 대안이 있는데요. 우선 당신은 비행기가 왜 취소되었는지 알아봐주실 수 있습니다.
3 몇 가지 대안이 있는데요. 우선 당신은 제가 지금 어떻게 해야 하는지 말씀해주실 수 있습니다.
4 몇 가지 대안이 있는데요. 우선 당신은 매니저에게 연락해 제가 그와 얘기하고 싶어한다고 전해주실 수 있습니다.

중심3 대안 제시 2

Otherwise you can + 활용 구문.
그렇지 않으면 당신은 ~할 수 있습니다.

1 **Otherwise, you can** book a ticket for me on a different airline.

2 **Otherwise, you can** book me another ticket on the same airline.

3 **Otherwise, you can** refund my money to my debit card.

4 **Otherwise, you can** arrange me other transportation from the airport to the conference center.

1 그렇지 않으면 당신은 다른 항공사에서 티켓을 예약해주실 수 있습니다.
2 그렇지 않으면 당신은 같은 항공사에서 다른 티켓을 예약해주실 수 있습니다.
3 그렇지 않으면 당신은 제 돈을 직불카드로 환불해주실 수 있습니다.
4 그렇지 않으면 당신은 공항에서 회의장까지 다른 교통편을 마련해주실 수 있습니다.

응용 답변 가이드

여행 중에 비행기 취소로 생긴 문제와 해결에 대한 답변 내용이다. 문제에서 언급된 대로 해결책 또는 대안을 정확하게 제시해야 한다. 이 답변을 과거 경험으로 바꿔서 응용할 수 있는데, 그럴 경우에는 제시한 3~4가지의 해결책/대안 중 하나만을 골라 어떻게 해결하게 되었는지 설명하고 답변을 마무리 지을 수 있어야 한다.

>> **F34-1** **활용 구문 적용 연습** ▶▶ 스피킹 프레임에 연습한 활용 구문을 적용해 우리말을 영어로 바꿔 답변을 연습해보세요.

You've just arrived at the airport and found out that your flight was delayed. Call your travel agency and explain the situation and give three or more alternatives to the situation.

당신이 공항에 막 도착했는데 당신의 항공편이 연착되었다는 것을 알았습니다. 여행사에 전화해서 상황을 설명하고 3~4개의 다른 방안을 제시하세요.

여보세요, 최지연입니다. **제주 항공**으로 서울에서 **제주도**로 가는 3시 항공편을 예약했습니다. **문제는 비행기가 기계 결함으로 연착되었어요.** 항공사에서는 아무런 설명이 없었습니다. **이것은 출장이고 회의를 놓치면 안 돼요.** 어떻게 해야 할까요? 제 생각에는 몇 가지 대안이 있는데요. 우선 항공사에 전화해서 똑같은 항공사로 다른 티켓을 예약해주세요. 그렇지 않으면, 다른 항공사의 티켓을 예약해주셔도 좋고요. 다시 한번, 서둘러서 알려주시겠어요? 도와주셔서 감사합니다.

>> **F34-2** **응용 연습** ▶▶ 스피킹 프레임을 이용해 응용 답변을 직접 만들어보세요.

I am interested to see if you have ever experienced anything eventful or surprising during a trip of yours. Begin by describing to me when and where you were traveling. Then, explain to me what happened that made the trip so memorable.

저는 당신이 여행 중에 뭔가 사건이 될 만했거나 놀랄 만한 일을 경험했는지 알고 싶습니다. 언제, 그리고 어디서 당신이 여행을 하고 있었는지 설명하는 것으로 시작하세요. 그 다음에, 어떤 일이 그 여행을 그렇게 기억에 남도록 만들었는지 제게 설명하세요.

 *간접화법을 사용하세요.

2년 전에 저는 유럽으로 여행을 가기로 했습니다. 저는 **서울에서 파리로** 가는 비행기를 예약했습니다. 문제는 제가 공항에 도착했는데 항공편이 취소가 된 것이었습니다. 항공사에서는 아무런 설명이 없었습니다. 아무런 설명도 없이 그냥 항공편이 취소가 되었다고 말했기 때문에 저는 당황스러웠습니다. 이것은 첫 번째 해외 여행이었고 제 계획을 다시 잡을 수가 없었습니다. 그러나 다행히 그들은 항공사에 전화해서 왜 취소했는지 알아냈고 다른 항공사로 티켓을 예약해주었습니다. **마침내 저는 파리로 떠날 수 있었고 그곳에서 좋은 시간을 보냈습니다.**

▶▶ 능숙하게 답변을 잘 하셨나요?

이번에는 음원을 들으면서 답변을 확인해보세요. 🎧 F34-1, F34-2

35

스피킹 프레임
돌발 주제

유형: 롤플레이–문제 해결
주제: 구입한 옷에 하자 발견

Self Check ☑ ☐ ☐ ☐ ☐

🎧 F35

You **bought a shirt** and when you **got home** you found out that ① there was a stain on the shirt. ② Call the clothing store and ③ describe the problem and ④ suggest other alternatives to the problem.

당신이 셔츠를 사서 집에 왔는데 셔츠에 얼룩이 있는 것을 발견했습니다. 옷 가게에 전화해서 문제를 설명하고 문제에 대한 다른 대안을 제시하세요.

질문 분석

bought a shirt and got home 셔츠 구입 후 귀가
① a stain on the shirt 셔츠에 얼룩
② call the clothing store 옷가게에 전화
③ describe the problem 문제 설명
④ suggest alternatives 대안 제시

답변 핵심 구성

도입 – 문제 상황 설명
중심 – 해결을 위한 제안
마무리 – 요구 사항

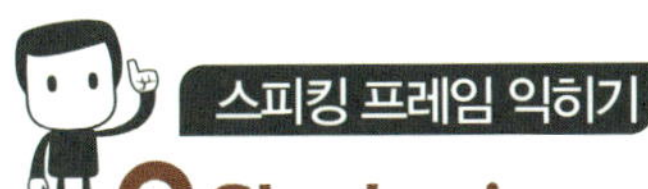

스피킹 프레임 익히기

Q Shadowing → Echoing

>> F35   스피킹 프레임을 확인하고 해석을 보면서 읽어보세요. 두 번 섀도잉하고 세 번째 에코잉하면서 스피킹 프레임을 암기합니다.

도입 문제 상황 설명	Hi. I bought a shirt at your store an hour ago, but I realized there's a stain on the shirt after I got home.	안녕하세요. 한 시간 전에 거기서 셔츠를 하나 샀는데요. 집에 와서 셔츠에 얼룩을 발견했어요.
추가 설명	Unfortunately, this is the shirt I really like because it fits me well. So what should I do?	공교롭게도 이게 저한테 잘 맞아서 정말 마음에 드는 옷이었는데요. 어떻게 하면 좋을까요?
중심1 두 가지 제안	Listen, I have a couple of suggestions. **Either you can give me my money back, or you can pay for dry cleaning.**	자, 저한테 두 가지 생각이 있어요. 제 돈을 돌려주시거나, 드라이클리닝 비용을 지불해주시는 건 어때요?
중심2 또 다른 제안	**Otherwise, can you check your stock and exchange this for a new one?**	아니면 제고를 확인하시고 이것을 새 것으로 교환해주시겠어요?
마무리 최종 요구사항	I tell you what, why don't I come down to the store and you can just give me my money back. I think it's for the best.	그냥 제가 가게로 가서 돈을 환불받아야겠어요. 그게 제일 좋을 것 같습니다.

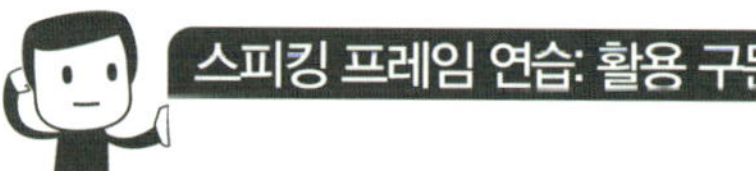

Q Shadowing → Echoing → Switching

🎧 35-1 ~ 35-3

주요 구문과 활용 구문을 익히고, 스피킹 프레임에 넣어 답변을 완성해 말해보세요.

도입 배경 설명 및 문제점

I bought + 활용 구문 + at your store an hour ago, but I realized there's + 활용 구문.

한 시간 전에 거기서 ~를 하나 샀는데요, 집에 와서 셔츠에 ~을 발견했습니다.

1 **I bought** a shirt **at your store an hour ago, but I realized there's** a stain on the shirt after I got home.

2 **I bought** a computer **at your store an hour ago, but I realized there's** some damage on it after I got home.

3 **I bought** a smartphone **at your store an hour ago, but I realized there's** a crack on the screen after I got home.

4 **I bought** a stove **at your store an hour ago, but I realized there's** something wrong with the stove after I got home.

1 한 시간 전에 거기서 셔츠를 하나 샀는데요, 집에 와서 셔츠에 얼룩을 발견했습니다.
2 한 시간 전에 거기서 컴퓨터를 샀는데 집에 와서 하자가 있다는 것을 알게 되었습니다.
3 한 시간 전에 거기서 스마트폰을 샀는데 집에 와서 스크린에 금이 간 것을 발견했습니다.
4 한 시간 전에 거기서 스토브를 샀는데 집에 와서 스토브에 뭔가 이상이 있다는 것을 알게 되었습니다.

중심1 대안 제시 1

Either you can give me my money back, or you can + 활용 구문.

제 돈을 돌려주시거나, ~해주실 수 있어요.

1 **Either you can give me my money back, or you can** pay for the dry cleaning.

2 **Either you can give me my money back, or you can** pay for a repair.

3 **Either you can give me my money back, or you can** get me a new one from another store.

4 **Either you can give me my money back, or you can** put me on the waiting list.

1 제 돈을 돌려주시거나, 드라이클리닝 비용을 지불해주실 수 있어요.
2 제 돈을 돌려주시거나 수리 비용을 내주실 수 있어요.
3 제 돈을 돌려주시거나 다른 가게에서 새 것을 구해주실 수 있어요.
4 제 **돈을** 돌려주시거나 저를 대기자 목록에 올려주실 수 있어요.

중심2　대안 제시 2

Otherwise, can you check + 활용 구문?

아니면 ～를 확인해주시겠어요?

1 **Otherwise, can you check** your stock and exchange this for another one?

2 **Otherwise, can you check** your stock and call me again?

3 **Otherwise, can you check** your franchise stores and let me know what they have?

4 **Otherwise, can you check** your catalog and tell me what you'd like to recommend?

1 아니면 재고를 확인하시고 이것을 새 것으로 교환해주시겠어요?

2 아니면 재고를 확인하시고 다시 전화 주시겠어요?

3 아니면 프랜차이즈에서 재고를 확인하시고 무엇을 가지고 있는지 알려주시겠어요?

4 아니면 카탈로그를 확인하시고 무엇을 추천해주실지 알려주시겠어요?

응용 답변 가이드

구입한 물건의 하자에 대해 해결책을 요구하는 답변이다. 물건의 종류만 바꿔서 유사한 유형의 다양한 문제에 대비할 수 있다. 예를 들어, 스포츠에서 자전거를 선택했다면 자전거 관련 문제가 세 개의 콤보로 출제되는데 그 중에서 자전거 구입 후 고장이 난 상황을 제시하여 상점에 전화해서 문제를 해결하라는 문항이 출제될 수 있다. 또한 종목을 바꿔 요가라면 요가 관련 콤보 문제 중에서 구입한 요가복에 하자가 있는 경우가 출제될 수 있다. 따라서 운동 종목에 따라 적절히 수정해서 답변할 수 있도록 잘 익혀두어야 한다.

≫ F35-1 활용 구문 적용 연습 ▶▶ 스피킹 프레임에 연습한 활용 구문을 적용해 우리말을 영어로 바꿔 답변을 연습해보세요.

You bought a shirt and when you got home you found out that there was a stain on the shirt. Call the clothing store and describe the problem and suggest other alternatives to the problem.

당신이 셔츠를 사서 집에 왔는데 셔츠에 얼룩이 있는 것을 발견했습니다. 옷 가게에 전화해서 문제를 설명하고 문제에 대한 다른 대안을 제시하세요.

안녕하세요, 한 시간 전에 거기서 셔츠를 하나 샀는데요, 집에 와서 셔츠에 얼룩을 발견했어요. 공교롭게도 이게 저한테 잘 맞아서 정말 마음에 드는 옷이었는데요. 어떻게 하면 좋을까요? 자, 저한테 두 가지 생각이 있어요. **제 돈을 돌려주시거나 다른 가게에서 새 것을 구해주실 수 있어요. 아니면 카탈로그를 확인하시고 무엇을 추천해주실지 알려주시겠어요?** 그냥 제가 가게로 가서 돈을 환불 받아야겠어요. 그게 제일 좋을 것 같습니다.

≫ F35-2 응용 연습 ▶▶ 스피킹 프레임을 이용해 응용 답변을 직접 만들어보세요.

You purchased a bike and took it home. However, you find that it does not function properly. Contact the bike shop, discuss the problems with the bike, and suggest two to three ways to solve the problem.

당신이 자전거를 한 대 구입해서 집으로 갖고 왔는데 제대로 작동하지 않는다는 사실을 알게 되었습니다 자전거를 구입한 상점에 연락을 해서 자전거에 대한 문제를 설명하고 이 문제를 해결하기 위해 2~3가지 해결책을 제시하세요.

안녕하세요, 한 시간 전에 거기서 **자전거 한 대를** 샀는데요, 집에 와서 **핸들에 문제가 있는 것을** 발견했어요. **공교롭게도 이게 새로 나온 것이고 정말 좋아 보여서 정말 마음에 들었는데요.** 어떻게 하면 좋을까요? 자, 저한테 두 가지 생각이 있어요. 제 돈을 돌려주시거나 **수리 비용을** 지불해주시는 건 어때요? 아니면 제고를 확인하시고 이것을 새 것으로 교환해주시겠어요? 그냥 제가 가게로 가서 돈을 환불 받아야겠어요. 그게 제일 좋을 것 같습니다.

▶▶ 능숙하게 답변을 잘 하셨나요?

이번에는 음원을 들으면서 답변을 확인해보세요. 🎧 F35-1, F35-2

다음과 같은 학습 활동을 충실히 했는지, 모범 답변은 어느 정도 익숙해졌는지 적어보고
다음 학습에 참고하세요.

유형 4 – 롤플레이 – 문제 해결	학습 날짜	섀도잉/에코잉	암기 정도
F28 학교 생활 – 견석하게 된 상황 해결			
F28-1 학교 생활 – 결석하게 된 상황 해결			
F28-2 학교 생활 – 학교에서 겪은 어려움			
F29 직장 생활 – 업무 관련 약속에 늦을 상황			
F29-1 직장 생활 – 업무 관련 약속에 늦을 상황			
F29-2 직장 생활 – 회사에서 겪은 기억에 남는 경험			
F30 가정과 이웃 – 집안 수리 요청			
F30-1 가정과 이웃 – 집안 수리 요청			
F30-2 돌발 주제 – 가전제품 수리 요청			
F31 여가 활동 – 공연 약속 취소			
F31-1 여가 활동 – 공연 약속 취소			
F31-2 여가 활동 – 공연 관련 경험			
F32 취미/관심사 – 잘못 구입한 물건 환불 요청			
F32-1 취미/관심사 – 잘못 구입한 물건 환불 요청			
F32-2 돌발 주제 – 쇼핑 후 상품 환불 요청			
F33 스포츠 – 경기장이 폐쇄된 상황			
F33-1 스포츠 – 경기장이 폐쇄된 상황			
F33-2 스포츠 – 축구 관련 기억에 남는 경험			
F34 휴가/출장 – 항공편 취소 상황			
F34-1 휴가/출장 – 항공편 연착 상황			
F34-1 휴가/출장 – 기억에 남는 여행 경험			
F35 돌발 주제 – 구입한 옷에 하자 발견			
F35-1 돌발 주제 – 구입한 옷에 하자 발견			
F35-2 스포츠 – 구입한 자전거에 하자 발견			

🔊 응용 연습 샘플 답변

>> F1-1 Tell me about your daily routine at school. What do you do, and what do the professors do?

I usually get to school in the morning because most of my classes are in the morning. Before class starts, I arrive at my first class, and talk with my classmates. During the class, the professors open their classes by reviewing the previous lesson, and then they engage their students in discussion. When class is over, I'll usually go to my next class. After my last class, I'll go to the library and review what I've just learned. I usually head to the English institute around six o'clock. I can't skip going to the institute every day because English is very necessary for getting a good job. It sounds like it is a long and tiring day, doesn't it?

>> F1-2 Discuss what you usually do at school on a day-to-day basis. What do you do during the week and on the weekend? Provide as many details as you can.

During the week, I usually get to school in the morning because most of my classes are in the morning. Before class starts, I arrive at my first class, and talk with my classmates. During the class, the professors open their classes by reviewing the previous lesson, and then they start teaching the new lesson. When class is over, I'll usually go to my next class. After my last class, I'll go to the library to study from Monday to Friday. On the weekend, I'll hang out with friends. During the week, I usually head to the English institute around six o'clock after school. I can't skip going to the institute every day because English is very necessary for getting a good job. But I can do nothing but relax or do whatever I want to during the weekend. It sounds like it is a long and tiring week, doesn't it?

>> F2-1 You indicated you're currently working. Describe the company you work for. Tell me as many details about the company as possible. What's the company's name? Where is it located? What kind of business is it?

I work for the Soup & Cereal Company at Gangnam station in Seoul, of which the headquarters are located in the U.S. The building where I work overlooks the whole city. We sell good quality food at reasonable prices. Our main line is cereal, which is a popular breakfast food. There are over 1,000 employees in Seoul, Korea and over 10,000 employees all over the world. We develop healthy food for our customers because we value them and are concerned about their health. Recently, our company was reorganized and started business in Europe. I think I am very lucky to work for a company like that.

   I work for a company that produces food. Now please ask me several questions about my compay.

Hi, I'd like to know about your company. Can I ask you some questions? I work for the Soup & Cereal Company in Seoul, of which the headquarters are located in Europe. The building where I work is located at Gangnam station. Is your company in Seoul, too? We sell many different kinds of instant food. What kind of company do you work for? Oh, your company also produces food! Our main line is cereal. How about your company? I think I know your company. I heard from the TV news recently your company opened a new office in Brazil and started doing business in South America. I think you are very lucky to work for a company like that. Don't you think so?

   I'm curious about where you live. Please tell me as much information about the place as you can. How long have you lived there? Where is it located and what does it look like? Give me all the details.

I moved into a new house when I married. I was attracted to this place for several reasons; it is close to my office. It only takes one hour to get to Seoul where I work. And there are broad fields of green by the river. Recently the subway has been opened to traffic and the station is located right next to my apartment complex. I live in a large apartment on the 14th floor. The apartment has three bedrooms, two bathrooms, a kitchen and a living room. It is quite old, but I remodeled when I moved here. I redecorated it by putting on new paint, so it is nice. It is also very spacious, which I like. As I said, it is old but very nice.

   Describe how your house looked when you first moved in. How has it changed from then? Give me all the details.

I moved into our current apartment in Kyunggi-do six years ago and I have lived here for about five years. I was attracted to this place for several reasons; it is close to my office. It only takes one hour to get to Seoul where I work. When I moved here then, there were no conveniences. But now there are a lot of conveniences like markets and a park. I love that! In addition, recently the subway has been opened to traffic and the station is located right next to my apartment complex. After getting the subway, life has been much more comfortable. I live in a large apartment on the 14th floor. The apartment has three bedrooms, two bathrooms, a kitchen and a living room. It was quite new at that time, but the wallpaper came off, so I had to replace it last month. I redecorated it with new wall-paper in light colors and flooring, so it is nice now. It also becomes very spacious after the expansion work. As I said, it is old but very nice.

>> F4-1 You indicated that you like to watch movies. What kind of movies do you like to watch? Tell me about your favorite movie genre in detail.

I like to watch romantic comedy movies. Because most romantic comedies depict a woman of my age glamorously, I like romantic comedies. I like all kinds of romantic comedies, from the recently released movies like "Friends with Benefits" to old-style black and white movies like "Roman Holiday." My favorite movies are the ones that deal with love that starts unexpectedly. Examples of this are the "The Holiday", or films like "Letters to Juliet." Probably my favorite romantic comedy movie is "While You Were Sleeping." It's got a great story, and the characters, especially, Lucy keep you smiling. I just love this movie, and will keep it on hand to see time and time again.

>> F4-2 You indicated in the survey that you go to concerts. What kind of concerts do you usually go to, and why? Please tell me about the concerts you like in detail.

I like to go see musical performances. Because of the story, dances and songs, musicals are amazing. I like all kinds of the musical performances, from the recently released musical movies like "Mamma Mia" to old-style musicals like "Les Miserables." My favorite musicals are the ones that deal with love that starts unexpectedly. Examples of this are "Step Up", or musicals like "My Fair Lady." Probably my favorite musical is "AIDA." It's got a great story, and the characters, especially the main character, keep you smiling. I just love this musical, and will keep going to watch it again.

>> F5-1 You indicated in the survey that you like to listen to music. What kind of music do you like and when do you usually listen to it? Where do you get your music? Give as many details as you can.

I like many different kinds of music, especially a lot of ballads. The reason I like ballad music is because it touches my heart. I can feel their honest feeling and listen to them sing about their love and life. My favorite singer is Beak Jiyoung. She sings a lot of different kinds of music, even dance music. But the most beloved music of her songs is sad love ballads. They are full of love and poetry - I love them! I like to listen to music when I am stressed out because it helps me relax. I usually listen to music either on my smartphone or on my computer. I get my music online, usually by downloading it from one of the music sites.

>> F5-2 **What kind of musical device do you use when you listen to music? When and where do you listen to music?**

I like many different kinds of music, especially a lot of ballads. When I listen to music, I usually use my computer. The reason I like to listen to music using my computer is because it has great speakers, and I can easily focus on the music itself. When I listen to these songs with the good audio system of my computer, it seems they are full of love and poetry - I love them! I like to listen to music while I am working because it helps me concentrate. When I work at the office, I usually listen to music either on my smartphone or on my computer. These are convenient. Sometimes, I get my music online, usually by downloading it from one of the music sites.

>> F6-1 **You indicated in the survey that you travel for business internationally. Describe all the things you pack in your suitcase for a trip and how you prepare for it.**

When I go on a business trip internationally, I first Google some information about the city or country where I will go. I check the weather report to find out the temperature there. When I find out what the weather is like, I pack the clothes I need. Then I pack more underwear than I need. I make sure I read travel guidebooks. In my carryon bag, I pack my laptop and business documents. My laptop and battery are very important because I can't work without them. These things are all that I take when I go on a business trip.

>> F6-2 **Let's say you are preparing to take a trip somewhere. What kind of things do you usually bring when you go on a trip? Please name all the things you pack in your bag or suitcase.**

When I go on a trip nationally or internationally, I first Google some information about the city or country where I will go. I check the weather report to find out what the temperature is like. When I find out what the weather is like, I pack the clothes I need. Then I pack my toiletries. I make sure I have my toothbrush, shaving cream, and razor as well. In my carryon bag, I pack my camera. I always make sure I pack my laptop and battery. My laptop and battery are very important because I can't stand staying bored in a hotel without them. These things are all that I take when I go on a business trip.

>> F7-1 What steps are required in order for you to acquire an identification card? Do you need other items such as a birth certificate etc. in order to get the card? Please provide a detailed description of what is required for you to get an identification card.

When you register for an identification card, there is a set of steps you have to follow. First, you have to go to your local community center. At the registration office of the center, you take a number and then fill in the registration form while you wait. Oh, remember that you need to bring a form of government-issued identification and your picture. If you don't have one, you can have a picture taken there, because they have a camera there. When it's your turn, submit the forms to the clerk. After that, they send the card that is processed and you can pick it up or you can ask them to mail it to your house.

>> F7-2 What steps are required in order for you to acquire a credit card? What particular procedures do you need to follow? Do you need other items such as a birth certificate, etc. in order to get the card? Please provide a detailed description of what is required for you to get a credit card.

When you register for a credit card, there is a set of steps you have to follow. First, you have to go to your local bank. At the bank, you take a number and then fill in the registration form while you wait. Oh, remember that you need to bring your identification card. If you don't have one, you'll have to visit with it the other day. When it's your turn, the clerk collects your identification card and forms. After that, they send the card that is processed and you can pick it up or you can ask them to mail it to your house.

>> F8-1 Tell me about your first visit to your school. When was it? What did you do and what were your first impressions?

The first time I visited Hankuk University was three years ago. My first day, I attended the entrance ceremony and then took a tour of the campus and I checked out where all the buildings are. In order to get to my school, I had to walk up a steep mountain. Once I entered the main gate, I saw an administration office with red bricks. I was impressed by the historical buildings in front of me. The school looked a little old, but a new library building was under construction. The old and new buildings in our school matched well, which gave a unique atmosphere. Hankuk University is actually a good school, and I've made lots of friends.

>> **F8-2** Can you recall a memorable event that happened in your school? This could have been something surprising, comical, or noteworthy for any reason. Tell me many details about that event from start to finish, in particular the elements that made the event so memorable.

I think I should tell you about my first day at my university. The first time when I visited Hankuk University, three years ago there was an entrance ceremony. My first day, I took a tour of the campus and I checked out where all the buildings are. In order to attend the event, I had to walk up a steep mountain and get to the auditorium. Once I was at the top of the mountain, I could see the whole university. I was impressed by the historical building in front of me. The auditorium looked very old, but it gave a unique atmosphere and many people took pictures in front of the building. It seemed like this old building showed everything about the school. Since that day, we have been very proud of the history of our school.

>> **F9-1** What was the most memorable project at work that you were involved in? Tell me what the project was and why that particular project was memorable.

My company has four big meetings every year. For the first meeting of this year, my responsibility was to organize meetings. This was quite a big job because we had to listen to multilevel groups from around the country. I had to make sure the hotel had a conference room, and I scheduled it. But just when we needed it most, the receptionist of the hotel said there was no record of my reservation. I couldn't believe it. I was embarrassed. I called and checked all the other hotels downtown. I managed to get one, 10 minutes' walk from my hotel. I'm not sure what would have happened if I hadn't gotten a conference room. It would have been a disaster. But it turned out the conference was successful in the end. We finished the event, made an excellent pitch, and won several new accounts.

>> **F9-2** You are probably involved in some projects or assignments. What is a project or assignment that you are working on these days? What is it about? How do you do it? Tell me everything about it.

My company has four big meetings every year. For the meetings, my responsibility is to organize. This is quite a big job because we have over 400 salesmen from the all parts of the country. I have to make sure the hotel has a conference room, and schedule it. If there's no availability of the conference room. I call and check all the other hotels downtown and have to find one. It is not an easy job, but it always has turned out that the conference is successful in the end. When we finish the event, we will make an excellent pitch, and win several new accounts as we have been always before.

>> F10-1 I'd like to know about the last time you redecorated your house or rearranged the furniture. Why did you redecorate your house? Who did you do it with? Describe the process in as much detail as you can.

The last home project I had was spring-cleaning. My mom decided to clean the house, so she asked my brother and me to clear a Saturday for her. I was responsible for the floors. I had to scrub and mop all the floors until they were spic and span. My mother is particular about housework. My brother wiped off the walls and windows. My mother washed clothes and wiped off any of the appliances that were dirty. Honestly, my mom did most of the work because she wasn't satisfied with our work. I thought it would be fun, but it was really hard work.

>> F10-2 Discuss the chores that you had to do at home when you were a child. What specific chores were assigned to you? How did you handle them?

Usually my brother and I didn't do much, but once a year, the home project we had was spring-cleaning. When my mom decided to clean the house, she asked my brother and me to clear a Saturday for her. I was responsible for the floors. I had to scrub and mop all the floors until my mom said they were OK. My mother was particular about housework. My brother wiped off the walls and windows. My mother washed clothes and wiped off any of the appliances that were dirty. Honestly, my mom did most of the work because she wasn't satisfied with our work. I thought we were lucky that we didn't have to do these things every day.

>> F11-1 Tell me about a memorable experience watching your favorite game. Where did you watch it? Who was playing? Who won and who lost? Who did you watch it with? Describe in detail the experience including why it was memorable.

The most memorable game I ever saw was when Korea played France in the 2002 World Cup. We struggled early, because of the opening goal from a free kick. Nobody thought we could win, but we did and went all the way to the semi-final round. We were ahead by a goal at the end of the match with five minutes left. I was at a bar in Seoul and when the final seconds ticked down and we won, people were hugging each other and crying. It was a great and unforgettable game.

>> F11-2 Tell me about a memorable experience watching your favorite game. Where did you watch it? Who was playing? Who won and who lost? Who did you watch it with? Describe the experience in detail including why it was memorable.

The most memorable game I ever saw was when we played Japan in the world championship game, a couple of years ago. We struggled early, because of the injury of main players. Nobody thought we could win, but we did and went all the way to the semi-final round. My favorite player scored a dramatic winning goal at the end of the match with five minutes left. I was at a bar in Seoul and when the final seconds ticked down and we won, people were hugging each other and crying. It was the most interesting game I've ever seen.

>> F12-1 Tell me about the first concert you ever attended. Take me back to that time or place. Who were you with? What was it like? How did you feel? Did anything memorable happen?

The first concert I ever attended was at a small venue. I was there with one of my best friends. The band's name was Earthquake, or something like that. The band was great. They played really loud, and their melodies were very catchy. I remember there was a line of people waiting to get in, and the line stretched down the street. When the band finished playing, we stood up and clapped and clapped. After the show, we shook hands with them and told them how much we liked the show. They were very nice, and signed autographs for us.

>> F12-2 Tell me about a concert you went to recently. What kind of concert was it and whom did you go with? Give me all the details.

A recent concert I attended was at the Music Festival on New Year's Day. I didn't have anything to do that day. My roommate asked me if I wanted to go and we went together. There were several participants and the name of one of the bands was Earthquake, or something like that. The band was great. I remember the lead singer had a stunning and charismatic stage presence. When the band finished playing, we stood up and clapped and clapped. After the show, I couldn't wait to see them perform again.

>> F13-1 Describe a recent cooking experience. What did you cook? Who did you cook it for? Was it good? Tell me about the experience in detail.

I wanted to cook some pasta for my mother on her birthday, so I was making spaghetti. I was not a good cook, and checked out the recipe online. After I was done preparing all the ingredients and seasonings, I put it in a frying pan with oil. All I had to do was to fry it in the hot oil until it was tender and golden. In the meantime, I was talking with mom in the living room, so I didn't notice something was going wrong. Suddenly, my mom smelled something burning. I ran to the kitchen only to find out that it was burnt. Fortunately mom recooked it and it wasn't as bad as I thought. Thanks to mom's magic, we didn't go to McDonalds. My family seemed to like it and my father told to me it was delicious. I was relieved at what he said.

>> F13-2 You indicated that you cook. What kinds of dishes do you like to cook? Please tell me about the best dish you can cook and explain how you make it.

When I want to cook a big meal for my family, I make bulgogi. As I am not a good cook, I usually check out the recipe online before cooking. Here's the recipe. After I am done preparing all the ingredients and seasonings, I put them in a large bowl. Then, I season the meat with special soy sauce and marinate for 2 hours. After 2 hours, put it on the stove. All I have to do next is to wait for it to be cooked. In the meantime, I usually talk with mom or my friend on the phone. But you have to be careful it doesn't burnt. My family always likes it and tells me it is delicious. Then, I feel happy.

>> F14-1 Explain your most memorable experience playing basketball. When and where did it take place? Why was the game the most memorable? Please describe the situation at the time in detail.

The most memorable game I played was when our team played Hankuk University. Everybody came to the game: professors, students, and administration. I played pretty well and scored many points. But when I turned to pass to another player I felt pain in my ankle. It really hurt! My team coach insisted on taking me to the hospital but I wanted to watch our team win the game. After all, we won, and then I was taken to the hospital and given an x-ray. My ankle was broken and I had to walk on crutches for three months. It seemed like three years. It still hurts sometimes. Even today, however, it brings a smile to my face when I think of that time because it was a great and very exciting game.

>> *F14-2* **Explain your most memorable experience playing soccer. When and where did it take place? Why was the game the most memorable? Please describe the situation at the time in detail.**

The most memorable soccer game I played was in college. Everybody came to the game, professors, students, and administration. I played pretty well and scored a point. But when I turned to pass to another player I felt pain in my ankle. It really hurt! My team coach insisted on taking me to the hospital but I wanted to watch our team win the game. After all, we won, and then I was taken to the hospital and given an x-ray. My ankle was sprained and I had to walk on crutches for three months. It seemed like three years. It still hurts sometimes. Even today, however, it brings a smile to my face when I think of that time because it was the greatest moment in my life.

>> *F15-1* **Please describe one of your most memorable trips. Where did you go and where did you stay? Why was it so memorable?**

My family took a trip in the family car last summer. It wasn't a good memory because my mother ended up in the hospital. Let me tell you the story. Last year, we decided to drive to Anmyundo in the West Sea. Once we went to highway service area, we had lunch and some snacks. When we got on the car back and started driving, my mother started feeling sick. She turned pale and we worried, even though she said she was OK. On the highway, however, we couldn't help keeping going until we found out a way off. Finally we arrived at the beach and took her to the hospital. It turned out that she had food poisoning. The doctor advised that she should rest for a couple of days, so we all stayed at the hotel and read comic books the whole vacation. It wasn't like a vacation, but we were just pleased that she got better well.

>> *F15-2* **Please describe one of your most memorable business trips. Where did you go and where did you stay? What did you do? Why was it so memorable?**

I took a business trip to Kangwondo driving my car last summer. It wasn't a good memory because my partner ended up in the hospital. Let me tell you the story. Last year, we had to visit our client in Kangwondo. My coworker and I took turns driving. Once we went to highway service area, we had lunch and some snacks. When we got back in the car and I started driving, my partner started feeling sick. He turned pale and I worried, even though he said he was OK. On the highway, however, we couldn't help keeping going until we found out a way off. Finally we arrived at Kangwondo and I took him to the hospital. It turned out that he had food poisoning. The doctor advised that he should rest for a couple of days, so he stayed at the hotel and I had to deal with all the works. I was so busy and it wasn't like a normal business trip, but I was just pleased that he became healthy again.

>> F16-1 What kind of transportation did you use to use when you were a child? Is it different from the transportation you use now? How are they different? Discuss about the differences in detail.

When I was a child, the transportation I used to use was a bike, which I rode to school every day. These days I drive a car. To me, the bike seems like a big toy because whenever I rode my bike, I felt excited. I used to see all the buildings and trees going past quickly. Riding a bike is totally different from my car because I don't feel excited when I'm driving it. Instead, I have to be very careful so I don't get into an accident. When I'm driving, I can't look at the surroundings. All I can look at is the road. But the car is way more convenient than riding a bike these days. So I would never want to give up my car.

>> F16-2 How do people normally travel in the area you live in? Do they drive a car or take public transportation?

In our neighborhood, the transportation many people use is a bus, which is quite convenient and fast. In my case, I drive a car. To me, the bus seems so crowded because my work place is located downtown and so many people ride the bus during rush hour. But except during rush hour, I also use a bus and enjoy seeing all the buildings and trees going past quickly. This is totally different from my car because I can feel excited when I'm on the bus. When I'm driving, I can't look at the surroundings. In addition, many people in my town also like to use the subway. I think the subway is way more convenient than riding a bus these days. You don't need to wait for a bus.

>> F17-1 I go to school, too. Now please ask me several questions about my school.

You go to Hankuk University? I've heard the business school is really top notch. I'm interested in your university because I am considering taking the exam for special admission to another college next year. So I'd like to ask some questions about your school. Do you enjoy going to Hankuk University? I have been there once, and I was surprised by its huge campus. Are there many different clubs? What is the present enrollment of the university? Are there excellent faculty and staff? Are there diverse special admission courses in your school? Thank you very much, indeed; you have been a great help.

>> **F17-2**   I go to school, too. Now please ask me several questions about my classmates.

You go to Hankuk University? I've heard that's a really good university. I'm interested in your university and your school life because I am considering taking the exam for special admission to another college next year. So I'd like to ask some questions about your school and your classmates. Do you enjoy going to Hankuk University? Do you get along with your classmates? Are they intelligent? I have been there once, and I was surprised by its huge campus. Do you know each other well, or do you feel distant? University can be tough, I know that. Thank you very much indeed, you have been a great help.

>> **F18-1**   Now, please ask me three questions about the projects that I do at work.

I've also done many projects at work. Can you tell me a little bit more about what you are doing with your projects? Are you participating in group projects or individual projects? What's the most interesting part of the projects? Have any problems occurred regarding the project? And how are your colleagues helping you with the project? Did you get paid for the project or receive bonuses after you finished it? Wow, you receive a generous bonus with an excellent result. Thank you for sparing your precious time for me.

>> **F18-2**   Now, please ask me three questions about projects that I do at the university.

I've also done many group or individual projects at school. Can you tell me a little bit more about what you are doing with your projects? Are you participating in group projects or individual projects? What's the most difficult thing about the projects? Have any problems occurred regarding the project? And how are you handling the problems? Did you get a good grade for the project after you finished it? Wow, you received an A+ with an excellent result in your recent project. Thank you for sparing your precious time for me.

>> **F19-1**   You've told me a lot about where you live. Now, ask me three or four questions to find out about where I live.

Hi, I heard you live in an apartment in downtown Seoul. I am looking for an apartment to move into, so would you mind answering a few questions about your house and the city where you live? What district are you living in exactly? Oh, you live in Gansu-gu. Is the area cheap to rent housing in? Are there grocery stores or markets located near your apartment? How about the public transportation? How about the educational environment around your apartment? think it would be helpful if you told me advantages and disadvantages about where you live now.

>> F19-2 I'd like to give you a situation and ask you to act it out. You are supposed to move to an apartment, so you are looking for one. You are calling a real estate agency and asking three or four questions to get some information about the apartment.

Hi, I heard you have a variety of apartments in downtown Seoul. Do you have an apartment put on the market priced for quick sale? I am looking for an apartment to move into, so would you mind answering a few questions about the apartment you have at the moment? What district is it in? Oh, it is located in Gansu-gu. Is the area cheap to rent housing in? That's right in my price range. Are there many facilities like stores or health clubs located near your apartment? How about the public transportation? I think it would be helpful if you told me advantages and disadvantages about the apartment.

>> F20-1 I'd like to give you a situation and ask you to act it out. You are asked to help one of your family or relatives with the preparation of a party. Call him/her and leave a message by asking three or four questions about the party.

Hello, Junyoung. This is Jin. I'm calling to find out what I should do to help you for your party. I understand you're thinking about having the party this weekend. Have you decided on which restaurant you'd like to visit? Will you have the party at home? If not, I'd like to recommend my favorite Italian restaurant to you. I know a good restaurant downtown. Do you like Italian? How many people are coming? They offer a 20% discount for a party of 20. I can call and see if they have a big room where we can have a party, if you'd like. So, please let me know what you want me to do. Call me later. Bye.

>> F20-2 When was the last time you had a talk with your neighbors? Who was it? Tell me everything about it.

Last month, I happened to talk with a man who lives next to me. His name was Jun. He said he was going to throw a party for his daughter's birthday. I've known his family for a long time and I wanted to know what I should do to help him for her party. He was thinking about having the party that weekend. I asked him if he had decided on the place. He hadn't, so I recommended my favorite Italian restaurant to him. I knew a good restaurant downtown. I asked him how many people would be coming because the restaurant offered a 20% discount for a party of 20. I made a reservation for him. So, he was really pleased and thanked me. I was also happy for him.

>>*F21-1* **I like to watch movies. Ask me three or four questions about the movies I watch.**

I understand you really like to watch movies. How often do you go to a theater? I watch a movie at least once a week. How about you? What kinds of movies do you watch often? Oh, you like action films. Why do you enjoy these kinds of movies? Very interesting. I love action, too. I think we have very good chemistry between us. Let's make some time to talk more about movies later.

>>*F21-2* **I like music and listening to music. Ask me three or four questions about my favorite music and the way I listen to music.**

I understand you really like to listen to music. How often do you listen to music? I listen to music every day. How about you? What kinds of music do you like? Oh, you like ballads. Why do you enjoy that kind of music? Very interesting. I love ballads, too. I think we have very good chemistry between us. Let's make some time to talk more about music and ballads later.

>>*F22-1* **Pretend that you want to order some concert tickets online, but you don't know how to order them. Make some inquiries about ordering online tickets.**

Hello, I'd like to reserve tickets for Friday's concert. It's the 8 o'clock concert on May 15th. I'm not used to ordering tickets online. Can I ask you some questions? Is there a web site that I need to access for information about the concert? And can I use a credit card to pay for the tickets or send money by phone banking? How do I get those tickets once I finish ordering? Is it possible to print out the tickets from the site? Thank you very much. You have been a great help.

>>*F22-2* **Pretend that you are going to make a reservation at a restaurant, and you need to find out some information. Call the restaurant and speak with the manager. Make several inquiries to learn more about the restaurant and what is available.**

Hello, I'd like to reserve a table for this weekend. Is there a table available at 8 o'clock on Saturday, May 15th? I'm not used to reserving this way. Can I ask you some questions? Is there a menu for children? And can I use separated room for our party? We have four people. How do I confirm my reservation? Do I have to call again before the day or is it possible to check my reservation on the spot? Thank you very much. You have been a great help.

>> F23-1   I have a cat, too. Ask me three to four questions about my cat.

Oh, you have a pet! I have one, too. What kind of cat is it? What does it look like? I have a cat called Sunny. She is very playful. What do you call your cat? Did you give her a certain name? Is there anything particular about your cat? Your cat has long fur. For me, I prefer to keep my cat's fur short. But I'm sure your cat looks great with long fur. Are you responsible for taking care of her? What does your cat like to do? My cat enjoys playing with toys. Oh, so does yours. It's very nice to meet another person who has a cat.

>> F23-2   You indicated in the survey that you have a pet. Tell me all about your pet. What kind of pet is it? What does it look like? Give me as many details as possible.

Yes, I have a dog! My dog is a Yorkshire Terrier called Sunny. She is very playful and likes to follow my family all over the house. She has beautiful long fur. For me, I prefer to keep my dog fur short, but my mom insists Sunny looks great with long fur. I am the one who is responsible for taking care of her. It's annoying to scrub and below-dry her. My dog enjoys playing with toys and is very energetic. It's very nice to have a dog because my family feels happy with her.

>> F24-1   You are at a grocery store to buy stuff to make your favorite food. Talk to the clerk about what you want to make and ask some questions to find what you need to buy.

Excuse me. Tomorrow is my brother's birthday, so I'm looking for ingredients for tteokbokki. Can you help me? I don't know well how to make tteokbokki, but I remember probably tteok, onion, and fish cake are what I need. Where can I get what I want? Oh, the vegetable section, I see. And where's some eggs? Do you have that thing I can use to make mandu? Do you sell those? Great! I'll pick up one of those, and I'll be all set! Thanks for your help!

>> F24-2   You are at a bike store to buy a birthday present for your son. Talk to the clerk about what you want to buy and ask some questions to find what you need to buy.

Excuse me. Tomorrow is my son's birthday, and I want to buy him a bike as a present. So I'm looking for a bicycle for children. Can you help me? I don't know well what kind of bike would be best for him, but I remember probably a lightweight bicycle is what he wants. Do you have ones that can be folded so the storage is easy? Where can I get these things? Oh, this section, I see. Do you have a bicycle helmet? Do you sell those? Great! I'll pick up one of those, and I'll be all set! Thanks for your help!

 I also like to play baseball. This time, can you ask me three or four questions about baseball?

Can I ask you a question? What sports do you like? No kidding? I like baseball, too. Where do you normally play baseball and how often do you play? Who do you usually play with? Are you on some kind of team? Was baseball your favorite sport when you were in high school by any chance? Do you also go to watch amateur matches? Which position do you like playing? Have you ever been a pitcher? I think we should play baseball together sometime.

>> F25-2 I also like to play basketball. This time, can you ask me three or four questions about basketball?

Can I ask you a question? What sports do you like? No kidding? I like basketball, too. Where do you normally play basketball and how often do you play? Who do you usually play with? Are you on some kind of team? Was basketball your favorite sport when you were in high school by any chance? Do you also go to watch professional matches? Which position do you like playing? Have you ever been a point guard? I think we should play basketball together sometime.

>> F26-1 You have decided to join a gym. Call the gym and ask three to four questions to get information about the gym.

Hi. I'm calling to get some information about joining your gym. First, what are the monthly membership fees? What kind of equipment and machines do you have at the gym? Do you have a swimming pool as well? I'm really interested in joining a gym that has a swimming pool. The last gym I joined didn't have one, which was really terrible. Oh, one more question. Are there personal trainers available for customized fitness routines? If you have those programs, that would be great.

>> F26-2 I go to a really fun gym. Please ask me three questions about my gym to find out if you would like to go to my gym as well.

Hi. I heard you are doing exercise at a gym. I'm interested in going to a gym and I want to get some information about the gym where you go now. First, what are the monthly membership fees? What kind of equipment and machines are there at the gym? Does it have a lot of weights and exercise machines? I'm really interested in joining a gym that has a treadmill. The last gym I joined didn't have one, which was really terrible. What do you usually do at the gym? Oh, one more question. Are you using personal trainers for customized fitness routines? Thank you and I hope to see you at the gym later.

>> F27-1 I just bought a new laptop. Please ask me about it.

You just bought a new laptop? I was thinking about buying a new laptop, too. Can I ask some questions? What kind of laptop did you buy? Where did you get it? I heard they have so many computer stores in Yongsan. I'm considering buying one oline. Oh, you did online. Did you buy it at a good bargain? That's good. How many gigs is it? Does it have a lot of RAM? Can you give me some advice about how to use this machine safely? It would be helpful for me to get familiar with computers. Thank you and see you later.

>> F27-2 You have decided that you want to buy a laptop computer. Contact the store and ask some questions to get more information about purchasing a laptop computer.

Hi, I bought a desktop computer there. It is really good and I was thinking about buying a new laptop, too. Can I ask some questions? What kinds of laptops do you have? I heard they have so many computer stores in Yongsan. Does your store offer any special discount? And can I see your product list or catalog? Oh, you have an online store. Do you offer it at a good bargain? That's good. What do you recommend to me? How many gigs is it? Does it have a lot of RAM? I need one with a lot of RAM because I enjoy playing computer games so much. Can you give me some advice about the latest products? It would be helpful for me to make a decision on what to buy. Thank you and I'll visit your store soon.

>> F28-1 You will not be able to attend a class for some reason. Call your professor and explain your situation. Offer some alternative to deal with this situation.

Hello, Professor. This is Kim Changjin. I'm having trouble walking because I woke up and I have a headache. I'm very sorry to have to tell you this, but I'm afraid I'm going to have to miss your class today. I have to go to see a doctor. It's actually kind of an emergency situation. Can I make up the class? I don't want to be marked as absent. I can do any extra work you would like to give me. Or I can write a paper on a topic of your choosing. Whatever you would like me to do, I'll do. Thank you very much for your understanding. I'm sorry, once again, for missing your class.

>> F28-2 **Tell me about a difficult situation that you experienced in your school. Begin by telling me when and where it occurred. Describe the situation from start to finish.**

On the day I had a final exam on English conversation, I was having trouble speaking because I woke up and found my throat badly swollen. I was very embarrassed to have to tell the professor that I could not take the exam, but I didn't have any other choice but miss the class. Instead, I had to go see a doctor. It was actually kind of an emergency situation. Fortunately, however, I made up the class. The professor allowed me to write a paper on a topic of his choosing. And I did my best to write the report and I avoided getting an F.

>> F29-1 **It seems that you will be late for a meeting you had arranged with your business partner. Make a telephone call so that you can explain what has happened. Suggest a few alternative ways of fixing the problem.**

Hello. Mr. Kim? I know we have an important presentation at 2 p.m. but my train was delayed for two hours, so I think I can't arrive until 5 p.m. I'd like you to introduce our project instead of me. We've been working on this presentation for three months and you know this project better than anyone else. I know I'm the one who is supposed to make the presentation, but the Widget is an important client, so I don't want to cancel the meeting. If this situation makes you feel burdened, could you contact Ms. Kim to introduce our project instead of me? I'm sorry about what happened. Anyway, as soon as I arrive there, I'll call you right away.

>> F29-2 **Sometimes an extraordinary event happens while one is working at the office. I am interested to see if you have ever experienced anything surprising or embarrassing. Begin by describing to me when and where it happened. Then, explain to me what happened that made the event so memorable.**

Two months ago, I had an important presentation at 2 p.m. but my train was delayed for two hours. So I was not sure I could make it on time. I called my partner and asked him to introduce our project instead of me. We had been working on this presentation for three months and I thought he knew this project better than anyone else. I believed he would do better than me. I was the one who was supposed to make the presentation, but the Widget was an important client, so I didn't want to cancel the meeting. But the situation made him feel burdened, so he suggested delaying the presentation another day. I was sorry about what happened to my partner, my company, and the client. Anyway, the next day we could finish the presentation successfully.

>> F30-1 A window at your house is broken so you call the repair shop. Unfortunately, the repairman won't be able to fix it until later this week. Explain to the repairman why it needs to be fixed right away.

Hello, is this the glass repair shop? I'm calling to arrange to have the window fixed. The window of my house needs a repair. Last time I called, I heard that you're busy, and you can't do it until later this week, but I'm going to freeze to death in my house. Let me explain my situation. The front window of my house has been smashed and I need it repaired right away. If you don't come and fix the window, I don't know what to do. Is there any chance you could contact another repairman who's available? I would really appreciate it.

>> F30-2 Your TV set at your house is not working properly so you call the repair shop. Unfortunately, the repairman won't be able to fix it until later this week. Explain to the repairman why it needs to be fixed right away.

Hello, is this the ABC service center? I'm calling to ask for a repair. The TV set that I bought a month ago needs a repair. Last time I called, I heard you're busy, and you can't do it until later this week, but I need my TV this Friday. I'm going to watch the Premier League final match on Friday. Let me explain my situation. The screen of my TV has been smashed by a ball my son threw and I need it repaired right away. If you don't come and fix it, I don't know what to do. Is there any chance you could come now or this evening? I would really appreciate it.

>> F31-1 Unfortunately, you realize that you can't make it on the day of a performance. Make a telephone call to your friend, and tell him/her what has happened. Offer two solutions for this situation.

Hello, Kyounga. This is Junyoung. I've got something to tell you regarding our appointment. I'm afraid I can't make it because something urgent has come up at home. My sister is in the hospital and I have to take care of her seven year old son. I'm really sorry. I have to stay at home this weekend. So you had better cancel the appointment. But I reserved two tickets. You can get the tickets at the box office in front of the theater. Or I can get a refund on these tickets up to one day before the concert. So let me know what you want to do. Sorry again.

  You really wanted to go to a performance but weren't able to because something happened on that day. Tell me what happened that day in detail.

My friend and I were supposed to go to a concert last Friday. But I couldn't make it because something urgent came up at home. My sister was in the hospital and I had to take care of her seven year old son. I was really sorry for my friend, but I had to stay at home during the weekend. But I reserved two tickets. So I suggested her that she had better go with another friend, if possible, or that I could get a refund. She wanted to go with me another day and I called the box office and cancelled the reservation.

  You are back from the grocery store and figured out that you bought the wrong item. You want to return it but you don't have time. Call the store and tell them about the situation and suggest some solutions to the situation.

Hello. I was down at your grocery store about an hour ago and I bought a cucumber. The problem is, I don't need a cucumber, I need a zucchini. They look so similar, so I couldn't tell them apart. I need a zucchini because I'm making porridge for my baby, and the recipe calls for zucchini, not cucumber. Is that out of stock? Can you inform me when it arrives at your store? Can you get somebody to deliver it to me as soon as it arrives? I can pay the delivery fee, if I have to.

  You are back from the store and figured out that you bought the wrong item. You want to return it but you don't have time. Call the store and tell them about the situation and suggest some solutions to the situation.

Hello. I was down at your store about an hour ago and I bought sneakers. The problem is, they are size 230, but I need size 235. They look so similar, so I couldn't tell them apart. I need them right away because I'm going to go to the gym and meet my friend at 2 o'clock. I can't cancel my appointment, so I think I should rush back to the store to exchange them. Can I drop by and get it now? I can pay an extra fee, if I have to.

>> F33-1 You have just discovered that the field you are going to is under construction. Contact your friends to explain this situation and discuss some alternatives with them.

Hi, Jihoon. I'm afraid we have a problem. Did you hear that the field we usually go to is closed until repair work has been carried out? What do you think we should do? Should we ask the others if there are other fields nearby? I saw a high school just around the corner from where we usually play. We could go there. Actually, the facilities there look better. You know, we didn't play last weekend because of bad weather, so I think we should find another place to play. Let me know what you think.

>> F33-2 Discuss a memorable situation you had while you were playing soccer. Maybe it was an exciting game, or some problems you had. Describe the entire experience from start to finish.

My friends and I go to the field at the high school and play soccer every Saturday. One day, the field we usually go to was under construction, so we couldn't go there. We didn't know what we should do. We hadn't played for several weekends because of bad weather, so we really wanted to get together and play soccer. We asked the others if there were other fields nearby. Then I remembered I saw a high school just around the corner from where we usually played. And we went there. Actually, the facilities there were better and we really had a great game that day.

>> F34-1 You've just arrived at the airport and found out that your flight was delayed. Call your travel agency and explain the situation and give three or more alternatives to the situation.

Hello, this is Choi, Jee Yeon. I booked a flight with your company going to Jejudo from Seoul this afternoon at 3:00 p.m. on Jeju Airlines. The problem is, the flight has been delayed due to a mechanical problem. The airline did not give an explanation. This is a business trip, and I can't miss the meeting. So what do I do? The way I see it, there are some alternatives. First, you can call the airline, and book me another ticket on the same airline. Otherwise, you can book a ticket for me on a different airline. Once again, would you hurry up and let me know? Thanks for your help.

>> *F34-2*   I am interested to see if you have ever experienced anything eventful or surprising during a trip of yours. Begin by describing to me when and where you were traveling. Then, explain to me what happened that made the trip so memorable.

Two years ago, I decided to travel to Europe. I booked a flight going to Paris from Seoul. The problem was, when I arrived at the airport, the flight had been cancelled. The airline had not given an explanation to me before. I was so embarrassed because they just said the flight had cancelled without any explanation. That was my first trip aboard, and I couldn't reschedule my plans. Fortunately, however, they called the airline, found out why they had cancelled the flight, and booked a ticket for me on a different airline. Finally, I was able to leave for Paris and had a good time there.

>> *F35-1*   You bought a shirt and when you got home you found out that there was a stain on the shirt. Call the clothing store and describe the problem and suggest other alternatives to the problem.

Hi. I bought a shirt at your store an hour ago, but I realized there's a stain on the shirt after I got home. Unfortunately, this is the shirt I really like because it fits me well. So what should I do? Listen, I have a couple of suggestions. Either you can give me my money back, or you can get me a new one from another store. Otherwise, can you check your catalog and tell me what you'd like to recommend? I tell you what, why don't I come down to the store and you can just give me my money back. I think it's for the best.

>> *F35-2*   You purchased a bike and took it home. However, you find that it does not function properly. Contact the bike shop, discuss the problems with the bike, and suggest two to three ways to solve the problem.

Hi. I bought a bike at your store an hour ago, but I realized there's a problem with the handlebars after I got home. Unfortunately, this is the bike I really like because it is brand new bike and looks really nice. So what should I do? Listen, I have a couple of suggestions. Either you can give me my money back, or you can pay for repairing it. Otherwise, can you check your stock and exchange this for a new one? I tell you what, why don't I come down to the store and you can just give me my money back. I think it's for the best.

Step 3

오픽 스피킹

실전 훈련 3단계

콤보 형식 바로 알기

학교 생활 콤보

학생 관련 문제들로 강의실 묘사, 학생의 일과, 주중과 주말에 하는 일, 학교 생활 관련 문제 상황 등의 내용을 Step 1과 2에서 학습했습니다. 설문 조사에서 학생이라고 직업을 선택하면 위의 내용들 중에서 3가지 문제가 연달아 출제될 수 있는데 이 중에서 가장 빈도가 높은 문제를 먼저 골라 콤보로 연습해봅시다.

학생 콤보 문제 보기

주제에 대한 3단 콤보 문제를 먼저 파악한 후, 어떤 문제들이 묶여서 출제되는지 살펴보고 앞에서 학습한 스피킹 프레임을 응용해 답변해보세요.

콤보 문제 1 *F 1 >>* 단순/세부 묘사 – 학교에서의 일과

Tell me about your daily routine at school. What do you do, and what do the professors do?

콤보 문제 2 *F 1-2 >>* 단순/세부 묘사 – 주중/주말에 하는 일

Discuss what you usually do at school on a day-to-day basis. What do you do during the week and on the weekend? Provide as many details as you can.

콤보 문제 3 *F 28-2 >>* 과거 경험 – 학교 생활 관련 문제를 겪은 경험

Tell me about a difficult situation that you experienced in your school. Begin by telling me when and where it occurred and how old you were at the time. Detail the situation from beginning to end.

콤보 1 Tell me about your daily routine at school. What do you do, and what do the professors do?

학교에서의 일과에 대해 얘기해주세요. 당신은 무엇을 하고, 교수님들은 무엇을 합니까?

I usually get to school in the morning because **I can avoid traffic jams in the morning**. Before class starts, I arrive at my first class, and **prepare for the classes beforehand**. During the class, the professors open their classes by reviewing the previous lesson, and then they **often use visual aids to learn new things quickly**. When class is over, I'll usually go to my next class. After my last class, **I'll go to work part time**, or I'll sometimes hang out with friends. I usually head to the English institute around six o'clock. I can't skip going the institute every day because English is very necessary for getting a good job. It sounds like it is a long and tiring day, doesn't it?

해석

아침에는 교통체증을 피할 수 있기 때문에 저는 보통 아침에 학교에 갑니다. 수업이 시작되기 전에 첫 수업에 도착해 미리 수업 준비를 합니다. 수업 중에 교수님들께서는 이전 수업 내용을 복습하면서 강의를 시작하신 다음 새로운 내용을 빨리 배울 수 있도록 시각 자료를 이용하십니다. 수업이 끝나면 저는 보통 다음 수업을 들으러 갑니다. 마지막 수업이 끝나고 나서, 아르바이트를 하러 가거나 가끔은 친구들과 어울리기도 합니다. 저는 보통 6시에 영어 학원에 갑니다. 좋은 직업을 얻기 위해서는 영어가 중요하므로 매일 학원에 가는 것을 빠뜨릴 수 없습니다. 하루 참 길고 지칠 것 같이 들리죠, 그렇죠?

콤보 문제 가이드

학생 3단 콤보의 첫 번째 문제로 학교에서의 일과를 물어보는 문제입니다. 주의할 것은 학생인 내가 하는 일과 교수님의 일과 내용을 모두 포함해야 한다는 것입니다. 스피킹 프레임 F 1이 학생이 주중에 하는 일에 대해 단순 설명하는 내용이었는데 이 프레임을 기본으로 Step 1에서 익힌 교수님의 일과에 대한 답변 및 문장을 적용해볼 수 있습니다.

- traffic jams 교통체증
- review 복습하다
- previous 이전의
- be over 끝나다

<u>F I-2 >></u> 단순/세부 묘사 – 주중/주말에 하는 일 단순 묘사 – 학생　　　🎧 01-2

콤보 2 Discuss what you usually do at school on a day-to-day basis. What do you do during the week and on the weekend? Provide as many details as you can.

학교에서 매일 하는 일에 대해 이야기해보세요. 주중과 주말에 무엇을 하나요? 가능한 한 자세히 설명해보세요.

During the week, I usually get to school in the morning because most of my classes are in the morning. Before class starts, I arrive at my first class, and talk with my classmates. During the class, **we start by reviewing the previous lesson, and then we listen to professor's teaching the new lesson.** When class is over, I'll usually go to my next class. After my last class, I'll go to the library to study from Monday to Friday. On the weekend, I'll hang out with friends. During the week, I usually head to the English institute around six o'clock after school. I can't skip going to the institute every day because English is very necessary for getting a good job. But I can do nothing but relax or do whatever I want to during the weekend. It seems like it is a long and tiring week, doesn't it?

해석

주중에는 수업이 대부분 아침에 있기 때문에, 저는 보통 아침에 학교에 갑니다. 수업이 시작되기 전에 첫 수업에 도착해 친구들과 얘기를 합니다. 수업 중에 우리는 이전 수업 내용을 복습하면서 시작하고 그런 다음 교수님이 새로 배울 내용을 가르치시는 것을 듣습니다. 수업이 끝나면 저는 보통 다음 수업을 들으러 갑니다. 마지막 수업이 끝나고 나서, 월요일부터 금요일까지 도서관으로 가서 공부를 합니다. 주말에는 친구들과 어울립니다. 주중에는 학교가 끝나고 보통 6시에 영어 학원에 갑니다. 좋은 직업을 얻기 위해서는 영어가 중요하므로 매일 학원에 가는 것을 빠뜨릴 수 없습니다. 하지만 주말에는 아무것도 안 하고 쉬거나 제가 원하는 것을 할 수 있습니다. 한 주가 참 길고 지칠 것 같이 들리죠, 그렇죠?

 **콤보 문제 가이드**

첫 번째 문제에서 학생과 교수가 매일 하는 일에 대해 물었다면 이번 문제는 학생이 주중에 하는 일과 주말에 하는 일로 나눠서 자세히 설명하라는 문제입니다. 앞의 것과 같은 프레임을 기본으로 하여 하루 일과의 내용을 주중의 내용으로 바꿔서 말합니다. during a week, on Friday 등의 시간 부사구를 사용해서 간단히 주중의 일과로 바꿀 수 있습니다.

- during the week 주중에
- from Monday to Friday 월요일부터 금요일까지
- On the weekend 주말에

콤보 3 Tell me about a difficult situation that you experienced in your school. Begin by telling me when and where it occurred and how old you were at the time. Detail the situation from beginning to end.

학교에서 겪었던 어려움에 대해 말해주세요. 언제, 어디에서 일어났고 당시에 몇 살이었습니까? 처음부터 끝까지 자세히 말해주세요.

On the day I had a presentation on English conversation, **I was having trouble walking because I woke up and I had a headache.** I was very embarrassed to have to tell the professor **and my team members** that I could not **attend the class,** but I didn't have other choice but miss the class. Instead, I had to go to see a doctor. It was actually kind of an emergency situation. Fortunately, however, **our team made a successful presentation without me and** I made up the class. The professor allowed me to **replace the group project with essay.** And I did my best to write the report and I avoided getting an F.

해석

어느 날 영어 회화 프레젠테이션이 있었는데 일어났는데 두통이 있어서 걷기가 힘이 들었습니다. 저는 교수님과 팀원들에게 수업에 들어갈 수 없다고 말해야 해서 당황스러웠지만 수업에 빠질 수밖에는 없었습니다. 저는 병원에 가야 했습니다. 그것은 진짜 좀 위급한 상황이었죠. 그런데 다행히도 저희 팀은 저 없이도 프레젠테이션을 성공적으로 해냈고 저는 보강을 받았습니다. 교수님은 제가 교수님이 골라주시는 주제로 리포트를 쓰도록 허락해주셨습니다. 그리고 저는 최선을 다해 리포트를 썼고 F를 받는 것을 피할 수 있었습니다.

콤보 문제 가이드

앞의 두 문제는 단순 설명을 해주면 되는 문제였다면 이번 문제는 과거 경험에 대해 설명하는 문제입니다. 스피킹 프레임 F 28의 변형인 F 28-2를 기본으로 회사 프레젠테이션에 참석하지 못했던 상황에 대한 설명으로 답변을 만들었습니다. 두통이 있다거나 집에 급한 일이 생겼다는 등의 이유는 자신에게 맞게 바꿀 수 있습니다. 스피킹 프레임을 질문에 맞춰 바꿔서 말해보는 연습이 중요합니다.

▫ wake up 일어나다, 잠을 깨다

▫ attend class 수업에 참석하다

▫ allow A to B A가 B하도록 허락하다

오픽 출제 형식

직장인 콤보

직장 관련 문제들로 회사 소개, 사무실 묘사, 직장에서의 일과, 상사의 일과, 직장 생활 관련 문제 상황 등의 내용을 Step 1과 2에서 학습했습니다. 설문 조사에서 직장인이라고 직업을 선택하면 위의 내용들 중에서 3가지 문제가 연달아 출제될 수 있는데 이 중에서 가장 빈도가 높은 문제를 먼저 골라 콤보로 연습해봅시다.

직장인 콤보 문제 보기

주제에 대한 3단 콤보 문제를 먼저 파악한 후, 어떤 문제들이 묶여서 출제되는지 살펴보고 앞에서 학습한 스피킹 프레임을 응용해 답변해보세요.

콤보 문제 1 *F 2 >>* 단순/세부 묘사 – 직장인의 회사 소개

You indicated you're currently working. Describe the company you work for. Tell me as many details about the company as possible. What's the company's name? Where is it located? What kind of business is it?

콤보 문제 2 *F 29 >>* 롤플레이–문제 해결 – 업무 관련 약속에 늦을 상황

It seems that you will be late for the meeting you had arranged with your business partner. Make a telephone call so that you can explain what has happened. Suggest a few alternative ways of fixing the problem.

콤보 문제 3 *F 29-2 >>* 과거 경험 – 업무 관련 어려움이 있었던 경험

Sometimes an extraordinary event happens while one is working at the office. I am interested to see if you have ever experienced anything surprising or embarrassing. Please tell me the details of that experience. Begin by describing to me when and where it happened. Then, explain to me all the particular details of that memory, especially exactly what happened that made the event so memorable.

콤보 1 You indicated you're currently working. Describe the company you work for. Tell me as many details about the company as possible. What's the company's name? Where is it located? What kind of business is it?

일을 한다고 했습니다. 일하는 회사에 대해 얘기해보세요. 회사에 관해 최대한 자세히 얘기해보세요. 회사의 이름은 무엇인가요? 어디에 있나요? 어떤 사업을 하나요?

I work for Sky Company in Seoul, which controls the entire telephone industry. The building where I work is located at Gangnam station. It is made of glass, and looks very modern. **We sell many different kinds of cell phones. Our main line is the smart phone, which is a popular state-of-the-art technology.** There are over 1,000 employees in Seoul, Korea and over 10,000 employees all around the world. **We focus on making our customers' life more convenient.** Recently, our company opened a new office in Brazil and started doing business in South America. I think I am very lucky to work for a company like that.

해석

저는 서울에 있는 스카이 사에서 근무하는데, 모든 전화 산업을 지배하고 있는 회사입니다. 저희 사무실 건물은 강남역에 위치해 있습니다. 그것은 유리로 만들어졌고 매우 현대적으로 보입니다. 저희 회사는 다양한 휴대 전화를 판매합니다. 주력 품목은 스마트폰으로 인기 있는 최첨단 기술입니다. 한국의 서울에는 1,000명 이상의 직원이 있고 전 세계에는 10,000명 이상의 직원이 있습니다. 저희는 고객의 삶을 더욱 편리하게 만드는 데 주력하고 있습니다. 최근에 저희 회사는 브라질에 새 사무실을 열었고 남미에서 사업을 시작했습니다. 저는 이와 같은 회사에서 일하는 것이 매우 행운이라고 생각합니다.

콤보 문제 가이드

직장인 관련 3단 콤보 중 첫 번째 문제로 다니고 있는 회사에 대해 소개해보라는 문제입니다. 스피킹 프레임 F 2를 그대로 사용해도 좋고 회사 이름과 취급 제품 및 서비스에 대한 설명만 바꿔서 사용할 수 있습니다.

- state-of-the-art 최첨단의, 최신식의
- make + 명사 + 형용사 ~를 ~하게 만들다
- focus on -ing ~하는 데 주력하다

F 29 >> 롤플레이 – 문제 해결 – 업무 관련 약속에 늦을 상황   🎧 02-2

콤보 2 It seems that you will be late for a meeting you had arranged with your business partner. Make a telephone call so that you can explain what has happened. Suggest a few alternative ways of fixing the problem.

당신의 업무 파트너와의 약속에 늦을 것 같습니다. 전화를 해서 상황을 설명하세요. 그리고 이 문제를 해결하기 위해 몇 가지 대안을 제시하세요.

Hello. Mr. Kim? I know we have an important presentation at 2 p.m. but my train was delayed for two hours **due to the bad weather, so I think I will be late for the meeting.** So, I'd like you to **take our clients around our office until I get there. I believe I will be there until 3 p.m.** I know I'm the one who is supposed to make the presentation, but the Widget is an important client, so I don't want to cancel the meeting. If this situation makes you feel burdened, could you suggest **rescheduling the presentation next day**? I'm sorry about what happened. Anyway, as soon as I arrive there, I'll call you right away.

해석

여보세요, 김 대리님? 오후 2시에 중요한 프레젠테이션이 있는 건 알고 있는데 제가 타고 가려는 기차가 날씨가 안 좋아서 두 시간 정도 지연됐어요. 그래서 시간에 맞춰서 제시간에 도착할지 모르겠어요. 그래서 대리님이 우리 고객들을 3시까지만 사무실 주변을 구경 시켜주셨으면 좋겠어요. 3시까지는 도착할 수 있을 것 같아요. 발표를 하기로 한 사람이 저라는 것을 잘 알지만 위젯이 중요한 고객이라 회의를 취소하고 싶지 않아요. 이 상황에 부담을 느끼신다면 그들에게 다음 날로 미루자 제안할 수 있을까요? 이런 일이 생겨서 죄송해요. 어쨌든 제가 도착하자마자 바로 전화 할게요.

콤보 문제 가이드

직장인 콤보 두 번째 문제로 회의 약속 시간에 늦는 상황을 설정하여 대안을 제시하라는 문제가 나왔습니다. 스피킹 프레이즈 20를 그대로 사용해도 되고 늦는 이유, 대안 등을 적절히 바꿔서 말해도 됩니다. 이런 롤플레이 문제에서는 제시된 상황이 실제인 것처럼 연기를 해주는 것이 좋습니다.

▫ **due to** ~때문에

▫ **reschedule** 일정을 변경하다

콤보 3 Sometimes an extraordinary event happens while one is working at the office. I am interested to see if you have ever experienced anything surprising or embarrassing. Begin by describing to me when and where it happened. Then, explain to me what happened that made the event so memorable.

가끔 사람들이 회사에서 일하는 중에 특별한 일이 생깁니다. 저는 당신이 놀랄 만했거나 황당했던 일을 경험했는지 알고 싶습니다. 그 경험을 제게 자세하게 이야기해주세요. 언제, 그리고 어디서 일어난 일인지 설명하는 것으로 시작하세요. 그 다음에, 특히 정확하게 어떤 일이 그 일을 그렇게 기억에 남도록 만들었는지 그 기억의 특별한 사항을 구체적으로 제게 설명하세요.

Two months ago, I had an important presentation at 2 p.m. but my train was delayed for two hours. So I was not sure I could make it on time. I called my partner and asked him to introduce our project instead of me. We had been working on this presentation for three months and I thought he knew this project better than anyone else. I believed he would do better than me. **I didn't want to cancel the meeting because the Widget was an important client.** But **he didn't want to do what he's not in charge of,** so he suggested delaying the presentation another day. I was sorry about what happened to my partner, my company, and the client. Anyway, the next day we could finish the presentation successfully.

해석

두 달 전에 저는 오후 2시에 중요한 프레젠테이션이 있었는데 제가 타고 가려는 기차가 두 시간 정도 지연되었습니다. 그래서 시간에 맞춰서 제시간에 도착할지 알 수가 없었죠. 저는 제 동료에게 전화해서 제 대신 프로젝트를 소개해주시면 좋겠다고 요청했습니다. 우리가 이 프레젠테이션을 3개월간 함께 해왔기 때문에 그가 누구보다 잘 할 거라고 생각했습니다. 발표를 하기로 한 사람이 저였지만 위젯이 중요한 고객이라 회의를 취소하고 싶지 않았습니다. 그러나 그 상황에 동료가 부담을 느꼈기 때문에 그는 프레젠테이션을 다른 날로 미루자고 제안했어요. 이런 일이 생겨서 동료와 회사 그리고 고객에게 미안했습니다. 어쨌든 다음 날 우리는 프레젠테이션을 성공적으로 끝낼 수 있었습니다.

콤보 문제 가이드

직장인 콤보 마지막 문제로 직장에서 생긴 특별한 일에 대해 설명하라는 문제입니다. 스피킹 프레임 F 29의 내용이 프레젠테이션 시간에 늦을 것 같아 동료에게 대신 발표를 해줄 것을 부탁하는 내용이었습니다. 이러한 문제 상황 롤플레이는 과거 경험으로 바꿔서 설명하기 좋은 내용입니다. 이 답변은 F 29를 과거의 일로 바꾼 답변입니다.

03 오픽 출제 형식

가정과 이웃 콤보

가정과 이웃 관련 문제들로 동네/집안 묘사, 처음 이사온 집, 동네 사람들의 일과, 동네에서의 일과, 동네 사람들이 이용하는 교통 수단, 이웃과의 최근 대화, 동네 및 이웃 관련 문제 상황 등의 내용을 Step 1과 2에서 학습했습니다. 설문 조사에서 거주 형태를 선택할 때 주로 가족과 주택이나 아파트 거주, 독신자로 주택이나 아파트 거주 등을 선택하게 되는데, 위의 내용들 중에서 3가지 문제가 연달아 출제될 수 있습니다. 이 중에서 가장 빈도가 높은 문제를 먼저 골라 콤보로 연습해봅시다.

가정과 이웃 콤보 문제 보기

주제에 대한 3단 콤보 문제를 먼저 파악한 후, 어떤 문제들이 묶여서 출제되는지 살펴보고 앞에서 학습한 스피킹 프레임을 응용해 답변해보세요.

콤보 문제 1 *F 3 >>* 단순/세부 묘사 – 지금 사는 곳

I'm curious about where you live. Please tell me as much information about it as you can. How long have you lived there? Where is it located and what does it look like? Give me all the details.

콤보 문제 2 *F 3-2 >>* 과거 경험 – 처음 이사했을 때의 동네와 집

Describe how your house looked when you first moved in. How has it changed from then? Give me all the details.

콤보 문제 3 *F 20-2 >>* 과거 경험 – 이웃 사람과의 대화

When was the last time you had a talk with your neighbors? Who was it? Tell me everything about it.

콤보 1 I'm curious about where you live. Please tell me as much information about it as you can. How long have you lived there? Where is it located and what does it look like? Give me all the details.

당신이 지금 사는 곳에 대해 궁금합니다. 가능한 많은 정보를 얘기해주세요. 얼마나 오래 살았나요? 어디에 있고 어떻게 생겼나요? 모든 세부사항에 대해 얘기해주세요.

I live in suburb that is just outside of Seoul. I was attracted to this place for several reasons; it is close to my office. It only takes one hour to get to Seoul where I work. **In addition, it's cheap to rent housing.** And **there are broad fields of green by the river.** Recently the subway has **been opened to traffic** and the station is located right next to my apartment complex. I live in a large apartment on the 14th floor. The apartment has three bedrooms, two bathrooms, a kitchen, and a living room. It is quite old, but **our apartment buildings have been redecorated with new paint, so it is nice.** It is also very spacious, which I like. As I said, it is old but very nice.

해석

저는 서울 외곽에 살고 있습니다. 저는 여러 가지 이유로 이곳에 끌렸습니다. 이곳은 제 직장과 가깝습니다. 제가 일하는 서울까지 한 시간밖에 안 걸립니다. 게다가 집세도 쌉니다. 그리고 녹지가 많습니다. 최근에 지하철이 개통되었는데 지하철역이 아파트 단지 바로 옆에 있습니다. 저는 큰 아파트 14층에 살고 있습니다. 아파트에는 세 개의 침실과 두 개의 화장실 그리고 부엌과 거실이 있습니다. 아파트가 좀 낡았지만 새로 페인트 칠을 해서 좋습니다. 그리고 매우 널찍해서 저는 그것이 좋습니다. 말씀 드린 대로 이것은 오래되었지만 매우 좋습니다.

콤보 문제 가이드

'가정과 이웃'에 해당하는 콤보 첫 번째 문제로 지금 살고 있는 곳에 대한 질문입니다. 스피킹 프레임 F 3을 그대로 이용해도 되고 거주 지역, 주거 형태나 주변 환경 등에 대한 내용을 변경하여 답변할 수도 있습니다.

- suburb 교외(중심지를 벗어난 주택 지역)
- broad 넓은
- be opened to traffic (교통수단)이 개통되다
- redecorate 재단장하다

_F 3-2_ >> 과거 경험 – 처음 이사했을 때의 동네와 집 🎧 03-2

콤보 2 Describe how your house looked when you first moved in. How has it changed from then? Give me all the details.

처음 이사했을 때 여러분의 집이 어땠는지 설명해주세요. 어떻게 변했나요? 자세히 설명해주세요.

I moved into our current apartment in Kyunggi-do six years ago and I have lived here for about five years. **As I said, it was close to my office and was cheap to rent housing. Most of all, I liked here because** there were a lot of conveniences like markets and a park. I love that! I live in a large apartment on the 14th floor. **So, we have a very beautiful view. The first day when I moved here, I fell in love with the view from my room.** It was quite new at that time, but the wallpapers came off, so I had to replace it. I redecorated it with new wall-paper in light colors and flooring, so it is nice now. **It had a small living room, but now it** became very spacious after the expansion work. **I'm still satisfied with my neighborhood and my apartment.**

해석

저는 경기도에 있는 지금의 아파트에 6년 전에 이사 왔고 여기서 5년 동안 살았습니다. 말씀 드렸듯이 이곳은 제 직장과 가깝고 집세도 쌉니다. 무엇보다 마트나 공원과 같은 편의시설이 많아서 이곳이 좋았습니다. 저는 그 점이 좋았습니다! 저는 14층의 큰 아파트에 살고 있습니다. 그래서 전망이 매우 좋습니다. 제가 이곳에 이사온 첫날 저는 제 방에서 보이는 전망에 반해버렸어요. 그 당시에는 꽤 새 집이었지만 벽지가 벗겨져서 벽지를 갈아야 했습니다. 밝은 색 새 벽지와 장판으로 새로 꾸며서 지금은 좋습니다. 그리고 확장 공사를 하고 나니 매우 널찍해져서 저는 그것이 좋습니다. 말씀 드린 대로 이것은 오래되었지만 매우 좋습니다.

콤보 문제 가이드

처음 이사했을 때의 집이 어땠고 어떻게 변했는지를 설명하라는 문제입니다. 집에 대한 설명이므로 앞에서 사용한 것과 같은 스피킹 프레임을 사용할 수 있습니다. F 3-2는 앞의 답변에 비해 과거의 집에 대한 설명에 집중해야 한다는 것만 기억하세요. F 3에서 동네에 대한 설명을 빼고 대신 처음 이사 왔던 집의 특징을 몇 가지 추가해줍니다.

- fall in love with ~와 사랑에 빠지다, ~에게 반하다
- replace ~을 교체하다
- expansion work 확장 공사

콤보 3 When was the last time you had a talk with your neighbors? Who was it? Tell me everything about it.

이웃과 마지막으로 얘기한 때는 언제인가요? 누구였습니까? 자세하게 얘기해주세요.

Last month, I happened to talk with a man who lives next to me. His name was **Jinsu**. He said he was going to throw a party for his daughter's birthday. I've known his family for a long time and I wanted to know what I should do to help him for his party. He was thinking about having the party that weekend. I asked him if he had decided on the place. He hadn't, so I recommended my favorite Italian restaurant to him. I knew a good restaurant downtown. I asked him how many people would be coming because the restaurant offered a 20% discount for a party of 20. I made a reservation for him. So, he was really pleased and thanked me. I was also happy for him.

해석

지난 달, 옆집에 사는 남자와 이야기를 하게 되었습니다. 그의 이름은 진수였습니다. 그가 딸아이의 생일 파티를 열 거라고 했습니다. 저는 그의 가족과 오랫동안 알고 지내서 그의 파티를 위해 제가 도와줄 일이 뭔지 알고 싶었습니다. 그는 주말에 파티를 열 계획이었습니다. 저는 그에게 장소를 정했는지 물었습니다. 그가 정하지 않아서 저는 제가 좋아하는 이탈리아 레스토랑을 추천했습니다. 저는 시내 근처의 좋은 레스토랑을 알고 있었습니다. 저는 그에게 몇 명이나 올 거냐고 물었습니다. 그 식당은 20명 이상의 단체에는 20% 할인해줬기 때문이죠. 저는 그를 위해 레스토랑을 예약해줬습니다. 그래서 그는 정말 좋아했고 제게 고마워했죠. 저도 기뻤습니다.

콤보 문제 가이드

'가정과 이웃' 콤보 마지막 문제로 이웃과의 대화 경험을 물어보는 문제가 나왔습니다. F 20-2를 그대로 사용할 수도 있고 대화 내용을 적절히 바꿔도 좋습니다. F 20-2는 파티에 대해 어떤 도움이 필요한지를 물어보는 롤플레이 답변이었던 F 20의 변형입니다. 이와 같이 롤플레이의 답변 내용은 주제별로 다양한 상황이 연출되기 때문에 인상적인 과거 경험을 묻는 문제에 변경하여 사용하기가 좋습니다.

오픽 출제 형식

공연 콤보

설문 조사에서 여가 활동 항목 중 공연 보기를 선택하면 관련 문제들이 출제됩니다. 공연 보기와 관련하여 기억에 남는 공연에 대해 설명하는 답변을 Step 2에서 학습했는데, 같은 여가 활동 영역에 속하는 영화 보기, 공연 보기, 콘서트 보기, 클럽 가기, 공원 가기, 스포츠 관람 등의 내용은 서로 유사한 문제에 대한 답변을 응용해서 사용하면 간단히 준비할 수 있습니다. 여기서도 여가 활동 영역의 답변을 모두 응용해서 답변을 준비해보았습니다. 3단 콤보로 연결된 문제에 스피킹 프레임을 어떻게 응용해서 답변했는지에 집중해서 연습해 보시기 바랍니다.

공연 콤보 문제 보기

주제에 대한 3단 콤보 문제를 먼저 파악한 후, 어떤 문제들이 묶여서 출제되는지 살펴보고 앞에서 학습한 스피킹 프레임을 응용해 답변해보세요.

콤보 문제 1 *F 22 >>* 롤플레이-정보 요청 – 온라인 티켓 주문 관련 질문

Pretend that you want to order some movie tickets online, but you don't know how to order. Make some inquiries about ordering online tickets.

콤보 문제 2 *F 31 >>* 롤플레이-문제 해결 – 약속에 못 가는 상황 해결하기

You made an appointment with a friend in order to see a movie. Unfortunately, however, you realize that you can't make it on the day. Make a telephone call to your friend, and tell him or her what has happened. Offer two solutions for this situation.

콤보 문제 3 *Step1의 전후 과정-영화 >>* 단순/세부 묘사 – 영화를 보기 전후에 하는 일

What do you typically do when going to see a movie? Discuss what you do before and after going to the movie.

콤보 1 Pretend that you want to order some movie tickets online, but you don't know how to order them. Make some inquiries about ordering online tickets.

온라인으로 영화 티켓 몇 장을 주문하기를 원하는데 어떻게 주문을 하는지 모른다고 가정해보세요. 온라인 티켓 주문에 대한 몇 가지 문의를 하세요.

Hello, I'd like to reserve tickets for this weekend. It's the 8 o'clock **movie "Les Miserables"** on Saturday, May 15th. I'm not used to ordering tickets online. Can I ask you some questions? Is there a web site that I need to access for ticketing? **And from the site, can I get some information about the movie that I am going to watch?** Can I use a credit card to pay for the tickets or send money by phone banking? How do I get those tickets once I finish ordering? Is it possible to print out the tickets from the site? Thank you very much. You have been a great help.

해석

안녕하세요. 이번 주말 영화 티켓을 예매하고 싶은데요. 5월 15일 토요일, 8시 영화 "레미제라블"입니다. 온라인으로 표를 주문하는 것에 익숙하지 않아서요. 몇 가지 질문 좀 해도 될까요? 예매하기 위해 접속해야 할 웹사이트가 있나요? 그리고 그 사이트에서 제가 보려는 영화에 대한 정보도 얻을 수 있나요? 입장권 대금을 지불하는 데 신용카드를 사용하거나 폰뱅킹으로 보낼 수 있나요? 주문이 끝나면 입장권을 어떻게 받습니까? 웹사이트에서 인쇄할 수 있나요? 정말 감사합니다. 아주 많은 도움이 되었습니다.

콤보 문제 가이드

영화 관련 콤보 첫 번째 문제로 온라인으로 티켓을 예매하는 상황이 주어진 롤플레이 유형입니다. 티켓을 주문하기 위해 필요한 정보를 물어봐야 하는데, 여기서는 공연에서 티켓을 주문하는 상황의 답변을 그대로 이용했습니다. 공연 제목을 영화 제목으로 바꾸고 concert에 해당하는 내용을 movie로 바꾸면 됩니다. 티켓 관련 상황은 영화나 공연뿐 아니라 스포츠 관람 등에서도 자주 나올 수 있는 상황이므로 하나의 답변을 익혀두면 활용도가 높습니다.

F31 >> 롤플레이-문제 해결 – 약속에 못 가는 상황 해결하기　　🎧 04-2

콤보 2 You made an appointment with a friend in order to see a movie. Unfortunately, however, you realize that you can't make it on the day. Make a telephone call to your friend, and tell him or her what has happened. Offer two solutions for this situation.

친구와 영화를 보러 가기로 약속을 했습니다. 그런데 불행히도 영화를 보러 가는 날에 갈 수 없다는 것을 알게 됩니다. 친구에게 전화를 걸어서 무슨 일이 생겼는지 말하세요. 이 상황을 해결할 다른 두 가지 해결책을 제시하세요.

Hello, Kyounga. This is Junyoug. I've got something to tell you regarding our appointment. I'm afraid I can't make it because something urgent came up at home. My sister has gone on a business trip and I have to do a lot of house chores. I'm really sorry. I have to stay at home this weekend. But I reserved two tickets. So you had better go with another friend, if possible. You can get the tickets at the box office in front of **the ticket box**. Or I can get a refund on these tickets up to three hours before the theater. So let me know what you want to do. Sorry again.

해석

안녕, 경아야. 나 준영이야. 우리 약속에 대해 할 말이 좀 있어서. 미안하지만 나 집에 급한 일이 생겨서 못 갈 것 같아. 언니가 출장 중이라 내가 집안일을 많이 해야 해. 정말 미안해. 그래서 이번 주말에는 꼼짝 않고 집에 있어야 해. 그런데 내가 표를 두 장 예매했어. 그래서 가능하면 네가 다른 친구랑 가면 좋겠어. 극장 앞에 있는 티켓 박스에서 티켓을 받을 수 있어. 아니면 콘서트를 시작하기 세 시간 전까지는 티켓을 환불 받을 수 있어. 그러니 어떻게 했으면 좋겠는지 알려줘. 다시 한번 미안해.

콤보 문제 가이드

친구와 영화를 보러 가기로 했는데 사정이 생기는 상황을 제시한 롤플레이 문제입니다. 유사한 내용의 롤플레이 문제인 공연 약속 취소 상황이었던 스피킹 프레임 F 것을 영화로 바꾸어 답변을 제시했습니다. 앞서 여러 번 강조했듯이 여가 활동에 포함되는 주제들, 특히 영화, 공연, 공원, 스포츠 관람 등은 서로 연계해서 답변할 수 있어 한 가지 프레임으로 다양한 주제로 활용할 수 있습니다. 여기서도 concert에 대한 내용을 movie, movie theater로 바꿔서 적절한 답변을 만들었습니다.

콤보 3 What do you typically do when going to see a movie? Discuss what you do before and after going to the movie.

영화를 보러 가서 보통 무엇을 합니까? 영화 보러 가기 전과 후에 하는 일에 대해 이야기해보세요.

We usually see an action movie on the weekend. We go to a movie theater located downtown. Before we go to the theater, we choose a movie first. At the theater, we buy tickets at the box office. Before the movie starts, we also make sure to buy some snacks. **We never see a movie without snacks.** When movie starts, we concentrate on the movie. After the movie finishes, we go to a cafe to drink coffee and talk about the movie. **Sometimes, we post some review about the movie we watched on our blogs.**

해석

우리는 보통 주말에 액션 영화를 봅니다. 저희는 시내에 있는 영화관에 갑니다. 극장에 가기 전에 우리는 영화를 정합니다. 극장에서 우리는 박스 오피스에서 표를 삽니다. 영화가 시작되기 전에 꼭 군것질거리를 삽니다. 간식 없이 영화를 볼 수는 없죠. 영화가 시작되면 우리는 영화에 집중합니다. 영화가 끝나면 우리는 카페에 가서 커피를 한 잔 하면서 영화에 관해 이야기를 합니다. 때때로 우리가 본 영화에 대한 리뷰를 우리 블로그에 올리기도 합니다.

콤보 문제 가이드

영화 콤보 세 번째 문제로 영화를 보기 전후에 하는 일에 대해 설명하라는 질문입니다. Step 1에서 단순 설명 위주의 답변에 대해 연습했는데 그 답변을 그대로 활용해도 좋고, 영화를 보기 전후에 하는 행위를 나열하는 적절한 문장을 문장 사이에 덧붙여서 좀 더 길게 답변해도 좋습니다.

음악 감상 콤보

설문 조사에서 취미와 관심사 항목 중 음악 감상을 선택하면 관련 문제들이 출제됩니다. 음악 감상과 관련하여 좋아하는 음악, 음악을 듣는 기기 등에 대해 설명하는 답변을 Step 2에서 학습했는데, 이를 응용하거나 그대로 사용해 답변할 수 있습니다. 또한 같은 영역은 아니지만 유사한 내용이기도 한 공연 보기, 콘서트 보기, 클럽 가기의 내용도 충분히 활용할 수 있습니다. 여기서도 콤보 마지막 문제로 콘서트와 관련 있는 문제를 준비했으니 응용해서 답변하는 연습을 해보세요. 3단 콤보로 연결된 문제에 스피킹 프레임을 어떻게 응용해서 답변했는지에 집중해서 연습해보시기 바랍니다.

음악 감상 콤보 문제 보기

주제에 대한 3단 콤보 문제를 먼저 파악한 후, 어떤 문제들이 묶여서 출제되는지 살펴보고 앞에서 학습한 스피킹 프레임을 응용해 답변해보세요.

콤보 문제 1 *F 5 >>* **단순/세부 묘사 – 좋아하는 음악 감상**

You indicated in the survey that you like to listen to music. What kind of music do you like and when do you usually listen to it? Give as many details as you can.

콤보 문제 2 *F 5-2 >>* **단순/세부 묘사 – 음악을 듣는 기기**

What kind of musical device do you use when you listen to music? When and where do you listen to music?

콤보 문제 3 *F 12 >>* **과거 경험 – 기억에 남는 공연**

Try to recall a particularly memorable time when you heard live music. When was it, where were you, who were you with, who did you hear, what happened, and specifically what made that performance so unforgettable or unique?

콤보 1 You indicated in the survey that you like to listen to music. What kind of music do you like and when do you usually listen to it? Give as many details as you can.

설문조사에 음악 감상하는 것을 좋아한다고 답했습니다. 어떤 음악을 좋아하고 언제 음악을 듣나요? 가능한 자세히 얘기해주세요.

I like many different kinds of music, especially a lot of **R&B**. The reason I like **R&B** music is because **it makes me relax and comfortable.** My favorite singer is **Alicia Keys.** She sings a lot of different kinds of music, but the most beloved music of her songs is sad **love songs.** They are full of love and poetry — I love them! **I like to listen to music before I go to sleep because it helps me get a good night's sleep.**

해석

저는 다양한 종류의 음악을 좋아하는데 특히 R&B 음악을 많이 좋아합니다. R&B 음악을 좋아하는 이유는 긴장을 풀어주고 안정감을 주기 때문입니다. 제가 가장 좋아하는 가수는 알리샤 키즈입니다. 그녀는 많은 다양한 노래를 부르는데, 그녀의 노래들 중에 가장 사랑받는 장르는 슬픈 사랑 노래입니다. 그 곡들은 사랑과 시로 가득하고 저는 그 노래들을 정말 좋아해요! 저는 잠을 자기 전에 음악을 듣는 것을 좋아하는데, 숙면을 취하는 데에 도움이 되기 때문입니다.

콤보 문제 가이드

여가 활동에 포함되는 음악 감상 관련 3단 콤보 중 첫 번째 문제입니다. 음악 관련 문제 중에서도 좋아하는 음악을 설명하는 것은 기본 중에 기본에 속하므로 바로 바로 답변이 나올 수 있도록 연습해두는 것이 중요합니다. 기본 스피킹 프레임 F 5를 이용해서 좋아하는 음악 장르와 음악을 듣는 때 등을 바꿔서 말할 수 있습니다. 활용 구문을 이용해 바꿔 말하는 연습을 해보세요.

F 5-2 >> 단순/세부 묘사 – 음악을 듣는 기기　🎧 05-2

콤보 2 What kind of musical device do you use when you listen to music? When and where do you listen to music?

음악을 들을 때 어떤 종류의 기기를 사용하나요? 언제, 어디에서 음악을 듣습니까?

As I said, I like many different kinds of music, especially a lot of **R&B**. When I listen to music, I usually use my computer. The reason I like to listen to music using my computer is because it has great speakers, and I can easily focus on the music itself. **Especially when it is R&B songs, I can feel their honest feeling and listen to them sing about their love and life.** When I listen to these songs with the good audio system of my computer, **the sound is great and really touches my heart.** I like to listen to music while I am working because it helps me concentrate. When I work at the office, I usually listen to music either on my smartphone or on my computer. These are convenient. Sometimes, **I get my music online, usually by accessing the Internet radio station.**

해석

말씀 드렸듯이 저는 다양한 종류의 음악을 좋아하는데 특히 R&B를 많이 좋아합니다. 저는 음악을 들을 때 주로 컴퓨터를 사용합니다. 컴퓨터로 음악을 듣기를 좋아하는 이유는 보통 큰 스피커가 있어서 음악을 들을 때 쉽게 음악 자체에 집중할 수 있기 때문입니다. 특히 R&B를 들을 때면 그들의 진솔한 감정을 느낄 수 있고 그들의 사랑과 삶에 대해 들을 수 있습니다. 이 곡들을 제 컴퓨터의 좋은 오디오 시스템으로 들으면 소리가 훌륭해서 정말 감동을 받습니다. 저는 일을 할 때 음악을 듣는 것을 좋아하는데, 집중하는 데에 도움이 되기 때문입니다. 사무실에서 일할 때 저는 보통 스마트폰이나 컴퓨터로 음악을 듣습니다. 그것들은 편리합니다. 저는 인터넷에서 음악을 다운 받는데 종종 음악 사이트에서 다운 받습니다.

콤보 문제 가이드

음악 감상 콤보의 두 번째 문제로 음악을 들을 때 사용하는 기기를 묻는 질문입니다. 좋아하는 음악에 대한 답변인 F 5에서 음악을 들을 때 사용하는 기기에 대한 설명이 있었는데, 이번에는 기기 설명에 보다 집중해서 답변을 응용할 수 있습니다.

콤보 3 Try to recall a particularly memorable time when you heard live music. When was it, where were you, who were you with, who did you hear, what happened, and specifically what made that performance so memorable or unique?

라이브 음악을 들었을 때 특별히 기억에 남는 시기를 떠올려보세요. 그것이 언제였으며, 장소는 어디고, 누구와 함께 있었고, 누구 연주였고 어떤 일이 일어났으며 그 공연을 특별히 잊지 못하는 이유는 무엇인가요?

The most memorable concert I ever attended was at a small concert hall at my university. I was there with my girlfriend. The band's name was Japan Earthquake, or something like that. They played rock music. The band was great. They played really loud, and their melodies were very catchy. I remember there were not many people there, but the band didn't seem disappointed. They played their hearts out. When the band finished playing, we stood up and clapped and clapped. After the show, we shook hands with them and told them how much we liked the show. They were very nice, and signed autographs for us.

해석

가장 기억에 남는 공연은 저희 대학교에서 열린 작은 공연이었습니다. 저는 여자친구와 함께 갔습니다. 밴드의 이름은 저팬 어스퀘이크 또는 이와 비슷한 것이었습니다. 그 밴드는 록 음악을 연주했습니다. 그 밴드는 매우 멋있었습니다. 그들은 큰 소리로 연주했고 멜로디는 기억하기 쉬웠습니다. 사람이 그렇게 많지 않았던 걸로 기억하는데 밴드는 실망한 것처럼 보이지 않았습니다. 그들은 끝까지 해냈습니다. 밴드가 연주를 마쳤을 때 우리는 일어서서 계속해서 박수를 쳤습니다. 공연이 끝난 후 우리는 그들과 악수를 하고 공연을 얼마나 좋아했는지 말했습니다. 그들은 매우 친절했고 우리에게 사인을 해주었습니다.

콤보 문제 가이드

음악 감상 관련 마지막 문제입니다. 혼자 음악을 듣는 것뿐 아니라 공연장 같은 곳을 갈 수도 있겠죠. 공연에 갔던 경험을 설명하면 됩니다. 공연 가기와 음악 감상은 다른 주제이기는 하지만 이렇게 연계해서 답변을 이용할 수 있습니다.

오픽 출제 형식

스포츠

설문 조사에서 스포츠 항목 중 헬스클럽을 선택하면 관련 문제들이 출제됩니다. 헬스클럽과 관련하여 헬스클럽의 내부 묘사, 헬스클럽에 다니게 된 계기, 헬스클럽에 전화해서 문의하기 등에 대해 설명하는 답변을 Step 2에서 학습했는데, 이를 응용하거나 그대로 사용해 답변할 수 있습니다. 특히 스포츠 관련 문제들은 운동 종목 이름만 바꿔서 얼마든지 응용해서 말할 수 있으므로 3단 콤보로 연결된 문제에 스피킹 프레임을 어떻게 응용해서 답변했는지에 집중해서 연습해보시기 바랍니다.

스포츠 콤보 문제 보기

주제에 대한 3단 콤보 문제를 먼저 파악한 후, 어떤 문제들이 묶여서 출제되는지 살펴보고 앞에서 학습한 스피킹 프레임을 응용해 답변해보세요.

콤보 문제 1 *F 26 >>* 롤플레이-정보 요청 – 헬스클럽에 전화해 정보 요청

You have decided to join a gym. Call the gym and ask three to four questions to get information about the gym.

콤보 문제 2 *F 34 >>* 롤플레이-문제 해결 – 헬스클럽이 폐쇄된 상황

You have just discovered that the gym you are going to is under construction. Contact your friends to explain this situation and discuss some alternatives with them.

콤보 문제 3 *Step1의 실내 공간-헬스클럽 >>* 단순/세부 묘사 – 헬스클럽 내부 묘사

What does your health club or gym look like? Where is it located? Describe all the things at the gym in detail.

콤보 1 You have decided to join a gym. Call the gym and ask three to four questions to get information about the gym.

당신은 헬스클럽에 가입하기로 결심했습니다. 헬스클럽에 전화를 걸어 3~4가지 질문을 해서 헬스클럽에 관한 정보를 얻어보세요.

Hi. I'm calling to get some information about joining your gym. First, what are the monthly membership fees? What kind of equipment and machines do you have at the gym? Do you have a lot of weights and exercise machines? I'm really interested in joining a gym that has a treadmill. **And do you have a sauna?** The last gym I joined didn't have one. **I really enjoy the sauna after or before exercising. If you have one, I will immediately join. When are you usually busy?** Oh, one more question. Are there personal trainers available for customized fitness routines? If you have those programs, that would be great.

해석

안녕하세요. 헬스클럽 가입에 대해 정보를 얻고자 전화했습니다. 우선, 한 달에 얼마입니까? 어떤 운동기구와 기계들이 있나요? 웨이트와 운동 기계들이 많이 있나요? 저는 러닝머신이 있는 헬스클럽에 관심이 있습니다. 그리고 사우나가 있나요? 제가 마지막으로 가입했던 곳에는 사우나가 없어서 매우 안 좋았습니다. 저는 운동하기 전이나 후에 사우나 하는 것을 정말 좋아하거든요. 사우나가 있다면 당장 가입하고 싶어요. 보통 언제 붐비나요? 그리고 질문 하나 더요. 맞춤형 운동을 위한 개인 트레이너를 쓸 수 있나요? 그런 프로그램이 있으면 좋을 것 같습니다.

콤보 문제 가이드

헬스클럽 관련 콤보의 첫 번째 문제로 헬스클럽에 전화해서 정보를 요청하는 문제입니다. 단순히 질문만 나열하는 것이 아니라 제시된 상황에 맞춰서 상황을 설명해줄 필요가 있습니다. 이와 같이 콤보 문제 중에 롤플레이로 시작하는 경우에는 문제 난이도가 높기 때문에 당황하기 쉬운데 연습해둔 스피킹 프레임에 맞춰 말하면 어려울 것 없습니다. 평소에 연습을 많이 해두는 것이 그래서 중요한 것이죠!

F 34 >> 롤플레이-문제 해결 – 헬스클럽이 폐쇄된 상황 🎧 06-2

콤보 2 You have just discovered that the gym you are going to is under construction. Contact your friends to explain this situation and discuss some alternatives with them.

당신이 가려고 계획했던 헬스클럽이 공사 중이라는 사실을 막 알게 되었습니다. 친구들에게 연락을 해서 이 상황을 설명하고 다른 방법들에 대한 논의를 하세요.

Hi Jihoon, I'm afraid we have a problem. Did you hear that **the gym** we usually go to is under construction, so we can't go there? What do you think we should do? Should we ask the others if there are other **gyms** nearby? I saw **one** just around the corner from where we usually go. We could go there. Actually, the facilities there look better. You know, we didn't **do any exercise last week because we had no time**, so I think we should get together this week. Let me know what you think.

해석

안녕, 지훈아. 우리 문제가 있는 것 같아. 우리 보통 가던 헬스클럽이 공사를 하고 있어서 못 가게 됐다는 얘기 들었어? 우리 어떻게 하면 좋겠어? 근처에 다른 헬스클럽도 있는지 다른 친구들한테 물어볼까? 우리 보통 가는 헬스클럽이 있는 모퉁이에 하나 있는 거 봤는데 거기 가도 될 것 같아. 사실 거기가 시설은 더 좋아 보여. 지난 주말에도 시간이 없어서 못했는데, 이번 주에는 꼭 모였으면 좋겠어. 어떻게 생각하는지 알려줘.

콤보 문제 가이드

헬스클럽 콤보의 두 번째 문제입니다. 스포츠 관련 문제들은 종목에 상관 없이 유사한 문제에는 종목만 바꿔서 답변을 활용할 수 있습니다. 특별히 실내에 시행하는 운동이니 표현 등을 바꿔주고 운동 이름을 바꿔주기만 하면 됩니다. 하나의 답변을 준비할 때 다른 질문의 답변에도 사용할 수 있을지, 어떻게 응용할 수 있을지를 연두에 두고 작성하여 다양한 종목에 응용해서 답하는 연습을 해두는 것이 중요합니다. 특히 스피킹 실력이 아직 낮은 단계일 때는 답변을 하나 외우고 단어만 바꿔 말해보고 구 뒤의 표현을 바꿔보고, 실력이 늘면 문장을 바꿔 말해보는 연습을 꾸준히 하는 것이 좋습니다.

콤보 3 What does your health club or gym look like? Where is it located? Describe all the things at the gym in detail.

당신이 다니는 헬스클럽이나 체육관이 어떻습니까? 어디에 있습니까? 체육관에 있는 모든 것을 자세히 묘사하세요.

The health club where I go has been remodeled recently, so it is nice and well organized. The walls are light yellow and the floors are gray. In the corner of the health club is an amplifier system. On the opposite side, there is a huge mirror, several bikes, rowing machines, and treadmills. **At this area I usually work out using those machines.** In the club, there is a lounge where we can take a rest. We have central heating, but the club doesn't have air conditioning, so it is very hot in summer. Overall, it is very nice and cozy.

해석

제가 다니는 헬스클럽은 최근에 리모델링되어서 멋지고 잘 정리되어 있습니다. 벽은 밝은 노란색이고 바닥은 회색입니다. 헬스클럽의 구석에는 엠프 시스템이 있습니다. 반대편에는 큰 거울과 자전거 여러 대와 노젓기 기계, 러닝머신이 있습니다. 이 공간에서 이런 기계들을 사용해 주로 운동을 하죠. 헬스클럽에는 우리가 휴식을 취할 수 있는 라운지가 있습니다. 중앙 난방이지만 헬스클럽에 에어컨이 없어서 여름에는 매우 덥습니다. 전체적으로 매우 멋지고 아늑합니다.

콤보 문제 가이드

헬스클럽 콤보 마지막 문제로 헬스클럽 내부 묘사 문제입니다. Step 1에서 단순 묘사 관련 문제 중 내부 공간 묘사에서 연습했던 답변을 그대로 사용할 수 있습니다. 단순히 문장을 나열하지 말고 내용을 자연스럽게 이어주는 문장을 덧붙여주면 문장 구사력을 보여줄 수 있어 좋습니다.

여행/출장

설문 조사에서 휴가나 출장 항목 중 여행 관련 항목을 선택하면 관련 문제들이 출제됩니다. 출장/여행에 챙기는 물건, 기억에 남는 여행, 항공편 취소 상황 등에 대해 설명하는 답변을 Step 2에서 학습했는데, 이를 응용하거나 그대로 사용해 답변할 수 있습니다. 특히 여행이나 출장 관련 문제들은 trip, business trip만 살짝 바꿔도 자연스럽게 응용 답변이 완성되는 경우가 많습니다. 출장의 경우 업무에 대한 내용만 빼주면 되겠죠. 이번에도 3단 콤보로 연결된 문제에 스피킹 프레임을 어떻게 응용해서 답변했는지에 집중해서 연습해보시기 바랍니다.

여행/출장 콤보 문제 보기

주제에 대한 3단 콤보 문제를 먼저 파악한 후, 어떤 문제들이 묶여서 출제되는지 살펴보고 앞에서 학습한 스피킹 프레임을 응용해 답변해보세요.

콤보 문제 1 *F 6 >>* 단순/세부 묘사 – 여행 갈 때 가방 챙기기

Let's say you are preparing to take a trip somewhere. What kind of things do you usually bring when you go on a trip? Please name all the things you pack in your bag or suitcase.

콤보 문제 2 *New >>* 단순/세부 묘사 – 가장 좋아하는 도시

What's the best city you've ever visited? Where is it? What is it like? Why do you like it?

콤보 문제 3 *F 34-2 >>* 과거 경험 – 여행 중 어려움을 겪은 경험

Sometimes an extraordinary event happens while one is traveling. I am interested to see if you have ever experienced anything eventful or surprising during a trip of yours. Please tell me the details of that experience. Begin by describing to me when and where you were traveling. Then, explain to me all the particular details of that memory, especially exactly what happened that made the trip so memorable.

콤보 1 Let's say you are preparing to take a trip somewhere. What kind of things do you usually bring when you go on a trip? Please name all the things you pack in your bag or suitcase.

이디론가 여행을 가려고 준비하고 있다고 해봅시다. 여행을 떠날 때 보통 어떤 것들을 챙겨가나요? 가방이나 여행 가방에 챙겨가는 물건들을 모두 나열해보세요.

When I go on a trip, I first Google some information about the city or country where I will go. I check the weather report to find out what the temperature is like. When I find out what the weather is like, I pack the clothes I need. Then I pack my toiletries. I make sure I have my toothbrush, shaving cream, and razor as well. In my carryon bag, I pack my laptop and my camera. I always make sure both my laptop battery and extra battery are charged up. **My laptop and battery are very important because I can't stand staying bored in a hotel without them.** These are all what I take when I go on a trip.

해석

여행을 갈 때 우선, 제가 갈 도시나 나라에 대해 몇 가지 정보를 검색해봅니다. 저는 그곳의 기온을 알아보기 위해 일기 예보를 확인합니다. 날씨가 어떤지 알아본 다음 필요한 옷가지들을 쌉니다. 그런 후 세면도구를 챙깁니다. 칫솔, 면도 크림과 면도기도 챙겼는지 확인합니다. 제가 기내에 가지고 가는 가방에는 노트북과 카메라를 넣습니다. 저는 항상 노트북에 있는 배터리와 여부의 배터리가 모두 충전되어 있는지 확인합니다. 그것들이 없으면 호텔에서 지내기가 지루하기 때문에 매우 중요합니다. 이것들이 제기 여행을 갈 때 챙기는 것들입니다.

콤보 문제 가이드

여행 콤보 중에서 첫 번째 문제로 여행 갈 때 챙기는 물건에 대해 설명하는 것입니다. 여행이나 출장 관련 문제는 대체로 trip, business trip이라는 단어만 잘 바꿔주면 응용해서 답변을 사용하기 좋습니다. 스피킹 프레임 F 7도 출장에 대한 답변이었지만 여기서 출장 관련 내용 한두 문장만 바꿔서 여행에 대한 답변으로 활용했습니다.

New >> 단순/세부 묘사 – 가장 좋아하는 도시   🎧 07-2

콤보 2 What's the best city you've ever visited? Where is it? What is it like? Why do you like it?

방문한 도시 중 가장 좋은 도시는 어디인가요? 어디에 있나요? 어떤가요? 왜 좋아하나요?

My favorite city that I've visited is Singapore. In Singapore, you can get a $1,000 fine for throwing trash on the street, so it's really clean. It's in the tropics too, so it's hot, but because there are palm trees everywhere, and lush jungle, you can chill in the shade. Singapore is multi-cultural, so you can see Chinese people next to Malays, Indians, and Eurasians. Singapore is really small, so you can see most of the tourist spots in three days. If you go there, I recommend going to the Buddhist temples and the monkey park. The only problem with Singapore is the heat. It's extremely humid, and if you go there, be prepared to be hot because it's hot all the time, except in January.

해석

제가 방문한 도시 중 가장 좋아하는 도시는 싱가포르입니다. 싱가포르에서는 길에 쓰레기를 버리면 1,000달러의 벌금을 물 수 있어서 아주 깨끗합니다. 또한 열대지방에 있어서 따뜻합니다. 그런데 야자수나무가 있고 무성한 정글도 있어서 그늘에서 쉴 수 있습니다. 싱가포르는 다문화국가라서 말레이시아 인, 인도 인, 유라시아 인들 옆에 중국 사람들을 볼 수 있습니다. 싱가포르는 정말 작아서 3일 동안 대부분의 관광지를 볼 수 있습니다. 그곳에 가면 절과 원숭이 공원에 가보기를 추천합니다. 싱가포르의 단 한 가지 문제는 덥다는 것입니다. 그리고 매우 습합니다. 그곳에 가면 1월을 제외하고 언제나 더우니 더위에 대한 준비를 하세요.

콤보 문제 가이드

여행 콤보 두 번째 문제로 방문했던 도시 중에 가장 기억에 남는 곳을 설명하라는 문제입니다. 여기서는 외국 도시인 싱가포르를 선정했습니다. 방문한 도시나 국가에 대한 프레임은 Step 2에서 다루지 않았기 때문에 여기에 새로운 답변을 제시했습니다. 여행과 관련해서 출제될 수 있는 문제이므로 이번 답변을 암기하고 국내 여행지로 바꿔서 말해보는 연습을 해보세요.

- classify 분류하다
- fine 벌금
- tropics 열대
- lush 무성한

콤보 3 Sometimes an extraordinary event happens while one is traveling. I am interested to see if you have ever experienced anything eventful or surprising during a trip of yours. Please tell me the details of that experience. Begin by describing to me when and where you were traveling. Then, explain to me all the particular details of that memory, especially exactly what happened that made the trip so memorable.

가끔 사람들이 여행 중에 특별한 일이 생깁니다. 저는 당신이 여행 중에 뭔가 사건이 될 만한거나 놀랄 만한 일을 경험했는지 알고 싶습니다. 그 경험을 제게 자세하게 이야기해주세요. 언제, 그리고 어디서 당신이 여행을 하고 있었는지 설명하는 것으로 시작하세요. 그 다음에, 특히 정확하게 어떤 일이 그 여행을 그렇게 기억에 남도록 만들었는지 그 기억의 특별한 사항을 구체적으로 제게 설명하세요.

Two years ago, I decided to travel to Europe. I booked a flight going to Paris from Seoul. The problem was, when I arrived at the airport, the flight had been cancelled. The airline had not given an explanation to me before. I was so embarrassed because they just said the flight had cancelled without any explanation. That was my first trip to aboard, and I couldn't reschedule my plans. Fortunately, however, they called the airline, found out why they had cancelled the flight, and booked a ticket for me on a different airline. Finally, I could leave for Paris and had a good time there.

해석

2년 전에 저는 유럽으로 여행을 가기로 했습니다. 저는 서울에서 파리로 가는 비행기를 예약했습니다. 문제는 제가 공항에 도착했는데 항공편이 취소가 된 것이었습니다. 항공사에서는 아무런 설명이 없었습니다. 아무 설명도 없이 그냥 항공편이 취소가 되었다고 말했기 때문에 저는 당황스러웠습니다. 이것은 첫 번째 해외 여행이었고 제 계획을 다시 잡을 수가 없습니다. 그러나 다행히 그들은 항공사에 전화해서 왜 취소했는지 알아냈고 다른 항공사로 티켓을 예약해주었습니다. 마침내 저는 파리로 떠날 수 있었고 그곳에서 좋은 시간을 보냈습니다.

콤보 문제 가이드

여행 콤보 세 번째 문제입니다. 여행 시에 발생했던 사건을 설명하라는 문제에 문제 상황을 해결하라고 했던 롤플레이 답변을 응용해서 과거 경험 답변으로 바꿔 보았습니다. 여행과 관련하여 항공편 취소나 연착과 같은 상황은 흔히 발생할 수 있는 것이므로 연습해 두면 좋습니다.

08

오픽 출제 형식

돌발 – 쇼핑

돌발 주제로 자주 출제되는 쇼핑에 대한 콤보로 준비했습니다. 돌발 주제의 경우(이론편 참고) 설문 조사와는 상관 없는 내용이 출제되므로 그야 말로 복불복이라고 할 수 있습니다. 나와 전혀 상관 없는 내용이 나올 수도 있습니다. 예를 들면 날씨, 경찰, 명절과 같은 내용이죠. Step 1, 2에서는 전자제품 관련 내용, 교통 수단 관련 내용을 학습했는데, 관련 문제가 나오면 이를 응용하거나 그대로 사용해 답변할 수 있습니다. 그러나 돌발은 워낙 다양한 주제가 나올 수 있기 때문에 여기서는 쇼핑이라는 새로운 주제를 선택해보았습니다. 3단 콤보로 연결된 문제에 스피킹 프레임을 어떻게 응용해서 답변했는지에 집중해서 연습해보시기 바랍니다.

돌발 콤보 문제 보기

주제에 대한 3단 콤보 문제를 먼저 파악한 후, 어떤 문제들이 묶여서 출제되는지 살펴보고 앞에서 학습한 스피킹 프레임을 응용해 답변해보세요.

콤보 문제 1 *New >>* 단순/세부 묘사 – 쇼핑에 대한 기본 정보

When you go shopping, where do you usually go? How do you get there? What do you buy the most? How much money do you usually spend? Who do you shop with? Tell me all the details.

콤보 문제 2 *New >>* 롤플레이–정보 요청 – 상점에 전화해서 세일에 관한 정보 얻기

You got invited to a sale from your favorite shop. Call the shop and leave a message asking three questions to get information about the sale.

콤보 문제 3 *F 35 >>* 롤플레이–문제 해결 – 구입한 옷에 하자 발견

You bought a shirt and when you got home you found out that there was a stain on the shirt. Call the clothing store and describe the problem and suggest other alternatives to the problem.

콤보 1 When you go shopping, where do you usually go? How do you get there? What do you buy the most? How much money do you usually spend? Who do you shop with? Tell me all the details.

쇼핑하러 갈 때 보통 어디로 가나요? 그곳에는 어떻게 가나요? 무엇을 많이 사나요? 돈은 얼마 정도 쓰나요? 누구랑 같이 가나요? 모든 자세한 사항에 대해 얘기해주세요.

When I go to shop, I like to go to Dongdaemun market. I usually go there by subway. I usually go with my friend, because my husband doesn't like to shop. Whenever we go shopping together, my husband stands around and says, "Are you almost finished?" When I shop, I usually like to look at clothes. I like casual style, but also like dressy clothes. I like to try on blouses, skirts, shoes, etc. Sometimes I look at bags and jewelry. Bathing suits take a lot of time. As far as money, I usually spend around 100,000 won, but sometimes I don't spend anything. Sometimes I only go window shopping.

해석

쇼핑할 때, 저는 동대문에 가는 것을 좋아합니다. 보통 지하철을 타고 갑니다. 대개 친구랑 같이 가는데 저희 남편은 쇼핑하는 것을 좋아하지 않기 때문입니다. 같이 쇼핑을 갈 때마다 저희 남편은 옆에 서서 "거의 다 끝나가?"라고 물어봅니다. 저는 쇼핑할 때 보통 옷을 보는 것을 좋아합니다. 캐주얼한 옷들을 좋아하는데 화려한 옷들도 좋아합니다. 블라우스나 스커트, 신발 등을 착용해보는 것을 좋아합니다. 가끔은 가방이나 보석도 봅니다. 수영복을 고르는 것은 시간이 오래 걸립니다. 돈은 보통 10만원 정도 씁니다. 아시면 가끔은 돈을 아예 쓰지 않습니다. 가끔은 그냥 구경만 합니다.

콤보 문제 가이드

쇼핑 콤보 첫 번째 문제입니다. 쇼핑에 대한 일반적인 설명을 요구하는 문제로 언제, 어디로, 누구와 가는지 등 6하원칙에 맞춰 설명하기 좋은 주제입니다. 주로 구입하는 물건 등에 대한 설명을 덧붙이면 좋습니다. 쇼핑에 대한 프레임은 Step 2에 없으므로 새로운 답변을 제시했습니다. 이 내용을 암기하여 최근의 쇼핑 경험 등에 응용하여 답변할 수 있으니 연습해두세요.

- try on 입어보다
- as far as ~에 있어서는
- window shopping 보기만 하는 쇼핑

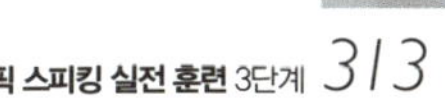

Hi. I got a message about a sale you're having. I'm really interested, but I'd like to ask you some questions. I was actually planning on buying a smartphone next week and your sale is happening at the right time. I am looking for a good brand. Do you have any Samsung smartphones as part of your sale? And if so, how much of a discount is it off the regular price? Do you have any sales on accessories, like hard drives or memory sticks because I need them, too. I guess the main thing I'm wondering is what popular brands you carry, and if the Korean brands are on sale. Thanks! Oh, one last thing, how long does the sale last? Thanks!

해석

안녕하세요, 거기서 하고 있는 세일에 관한 메시지를 받았습니다. 저는 정말 관심이 있는데 몇 가지 질문을 하고 싶습니다. 저는 사실 다음 주에 스마트폰을 사려고 계획하고 있었는데 세일을 제때 하네요. 저는 좋은 브랜드를 찾고 있습니다. 삼성 컴퓨터도 세일을 하나요? 그렇다면 원래 가격에서 얼마나 할인이 되나요? 하드 드라이브나 메모리 카드 같은 부속품도 세일을 하나요? 그것들도 사야 해서요. 제가 주로 궁금한 것은 어떤 유명 브랜드를 파는지, 그리고 그 제품들을 세일하는지입니다. 감사합니다. 아, 그리고 마지막으로 세일이 얼마 동안 지속되나요? 감사합니다.

콤보 문제 가이드

쇼핑 콤보 두 번째 문제로, 세일에 관한 롤플레이입니다. Step 2에서 세일에 관한 문제로 연습해보았던 스피킹 프레임을 이용해보았습니다. 사고자 하는 제품은 앞에서 언급한 제품과 연계해서 바꿔볼 수도 있습니다. 제품이 바뀌면 그에 대한 질문 사항도 수정해야 하므로 응용하기에 다소 까다로울 수 있습니다. 꼼꼼히 준비해둬야 하는 내용입니다.

콤보 3 You bought a shirt and when you got home you found out that there was a stain on the shirt. Call the clothing store and describe the problem and suggest other alternatives to the problem.

당신이 셔츠를 사서 집에 왔는데 셔츠에 얼룩이 있는 것을 발견했습니다. 옷 가게에 전화해서 문제를 설명하고 문제에 대한 다른 대안을 제시하세요.

Hi. I bought a shirt at your store an hour ago, but I realized there's a stain on the shirt after I got home. Unfortunately, this is the shirt I really like because it fits me well. So what should I do? **I believe you didn't mean to sell this defective product to me.** Listen, I have a couple of suggestions. Either you can give me my money back, or you can pay for dry cleaning. Otherwise, can you check your stock and exchange this with a new one? I tell you what, why don't I come down to the store and you can just give me my money back. I think it's for the best.

해석

안녕하세요. 한 시간 전에 거기서 셔츠를 하나 샀는데요. 집에 와서 셔츠에 얼룩을 발견했어요. 공교롭게도 이게 저한테 잘 맞아서 정말 마음에 드는 옷이었는데요. 어떻게 하면 좋을까요? 이런 결함 있는 제품을 제게 팔 의도가 아니었다고 믿습니다. 자, 저한테 두 가지 생각이 있어요. 제 돈을 돌려주시거나, 드라이클리닝 비용을 지불해주시는 건 어때요? 아니면 제고를 확인하시고 이것을 새 것으로 교환해주시겠어요? 그냥 제가 가게로 가서 돈을 환불 받아야겠어요. 그게 제일 좋을 것 같습니다.

콤보 문제 가이드

쇼핑 관련 콤보 세 번째 문제입니다. 물건을 구입했는데 하자가 발생한 상황을 해결하는 롤플레이입니다. 콤보로 과거 경험 문제가 포함될 경우를 대비해서 이 프레임을 쇼핑 관련 문제가 발생했던 과거 경험으로 바꿔서 연습해두는 것도 좋습니다. 문제 발생 롤플레이와 과거 경험 답변은 서로 응용해서 바꿔 말하기가 쉬우므로 시제, 화법 전환에 신경 써서 연습해두세요.

09

오픽 출제 형식

돌발 – 병원

두 번째 돌발 주제로는 병원을 선택해보았습니다. 돌발 주제로 출제 빈도가 상대적으로 낮아 Step 2에서는 다루지 않았지만 돌발 주제로는 어떤 것이 출제될지 예측할 수 없으므로 다양한 주제를 연습해둘 필요가 있습니다. 무엇보다 Step 2에서 다룬 주제의 스피킹 프레임을 가지고 돌발에도 대처할 수 있으면 좋겠지만 병원과 같이 전혀 다른 성격의 주제가 나오는 경우에는 미리 대비해두지 않았다면 설명하기 어려울 수도 있겠죠. 우선은 Step 1, 2에서 다룬 주제들에 집중해서 충분히 연습하고 나서 돌발 주제에도 틈틈이 대비해두는 것이 좋습니다.

돌발 콤보 문제 보기

주제에 대한 3단 콤보 문제를 먼저 파악한 후, 어떤 문제들이 묶여서 출제되는지 살펴보고 앞에서 학습한 스피킹 프레임을 응용해 답변해보세요.

콤보 문제 1 _New >>_ 단순/세부 묘사 – 자주 가는 병원 소개

Discuss the doctor or dentist you go to. What is the doctor or the dentist like? Where is his/her office? What does it look like?

콤보 문제 2 _New >>_ 과거 경험 – 어렸을 때 병원에 간 경험

Seeing a doctor or dentist is not a pleasant thing to do, especially when you are young. Tell me about your experience seeing a doctor or a dentist when you were a child. What was wrong with your body? Who took you? How did you react? Explain in detail about your experience.

콤보 문제 3 _New >>_ 롤플레이–문제 해결 – 병원 예약 변경

You were booked for the dentist, but you have other urgent business to take care of. Call the dentist and change the time.

콤보 1 Discuss the doctor or dentist you go to. What is the doctor or the dentist like? Where is his/her office? What does it look like?

당신이 가는 병원이나 치과에 대해 얘기해보세요. 그 의사나 치과의사는 어떤가요? 병원은 어디에 있나요? 병원은 어떻게 생겼나요?

My dentist's office is near the subway station by my work. I found him one day because I had a toothache and needed a filling quickly. He's a nice man, and very professional. He's been my dentist now for several years, and I've always been impressed with his work. His clinic is on the third floor of an office building. It's not new, but it's doesn't look old. The office has a lot of pictures of clowns on the walls. I guess this is to make children feel more at ease. The furniture is comfortable, and there are a lot of plants around, and a big TV which is always tuned to the news. His staff is nice, too. They always help me relax whenever I go there.

해석

제가 가는 치과는 회사 근처에 있는 지하철 역 가까이에 있습니다. 어느 날 이가 아파서 빨리 때워야 해서 그곳을 찾았습니다. 그 의사는 친절하고 전문적입니다. 그는 몇 년 동안 저를 치료해왔는데 저는 그의 치료에 항상 감동받았습니다. 그 치과는 어떤 회사 건물의 3층에 있습니다. 새 치과는 아니지만 오래되어 보이지도 않습니다. 치과 벽에는 광대들의 사진이 많이 있습니다. 아마 아이들이 더 편안하게 느끼도록 하기 위한 것 같습니다. 가구는 편안하고 식물이 주변에 많이 있습니다. 그리고 항상 뉴스가 나오는 큰 TV도 있습니다. 그의 직원들도 친절합니다. 그들은 제가 그곳에 갈 때마다 긴장을 풀 수 있게 해줍니다.

콤보 문제 가이드

병원 관련 콤보 첫 번째 문제로 치과와 치과 의사에 대한 설명을 요구하는 문제입니다. 병원 관련 내용은 설명하기 어렵다고 느끼는 주제 중의 하나입니다. 새로 제시한 답변이므로 반드시 시간을 내서 연습해두시기 바랍니다.

- filling (치아에 생긴 구멍에 박는) 봉
- clown 어릿광대
- at ease 걱정 없이

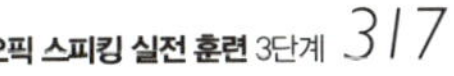

New >> 과거 경험 – 어렸을 때 병원에 간 경험   🎧 09-2

콤보 2 Seeing a doctor or dentist is not a pleasant thing to do, especially when you are young. Tell me about your experience seeing a doctor or a dentist when you were a child. What was wrong with your body? Who took you? How did you react? Explain in detail about your experience.

병원이나 치과에 가는 것은 좋지 않은 경험입니다. 특히 어릴 때는 더욱 그렇습니다. 당신이 어렸을 때 병원이나 치과에 간 경험에 대해 얘기해주세요. 어디가 아팠나요? 누가 데리고 갔나요? 어떻게 반응했나요? 그 경험에 대해 자세히 얘기해주세요.

When I was a child, I used to visit my grandfather in a small town in the country. While visiting him, I would sometimes get sick with a cold and sore throat. He would take me to a doctor for examination and treatment. My grandfather knew several other doctors and chiropractors that were very good in curing their patients without using a lot of medicines. One of the treatments I remember very well was a light that the doctor would shine down my throat. The light was ultra-violet, and would kill germs when exposed to the light. Although the light was deadly to germs, it was harmless to a person's body. Ultra-violet light is still in use today. It is used in blood purifying machines.

해석

제가 어렸을 때 시골에 있는 작은 마을에 사시는 할아버지를 방문하곤 했습니다. 할아버지 댁에 있을 때 가끔 감기나 목 감기에 걸려 아프기도 했습니다. 할아버지는 검사와 치료를 하기 위해 저를 병원에 데리고 가셨습니다. 할아버지께서는 많은 약을 사용하지 않고 환자를 잘 치료하는 의사와 척추 지압사를 많이 알고 계셨습니다. 제가 잘 기억하는 치료법 중 하나는 의사 선생님이 제 목에 쏘인 불빛입니다. 그 불빛은 자외선이었고 세균이 그 불빛에 노출됐을 때 세균을 죽입니다. 그 불은 세균에는 치명적이지만 사람의 몸에는 해가 없었습니다. 자외선은 오늘날 아직도 사용됩니다. 투석기에 사용됩니다.

콤보 문제 가이드

콤보 두 번째 문제로 어렸을 때 병원에서의 경험에 대해 설명하라는 문제입니다. 이 답변 역시 Step 1, 2에서 연습하지 않은 새로운 답변입니다. 치료 내용 등을 되도록 자세하게 설명한 답변이므로 병원 관련 다른 문제에 구체적인 설명들을 응용하여 사용할 수 있습니다.

- sore throat 인후염
- examination 검사
- treatment 치료
- exposed to ~에 노출되다
- chiropractors 척추 지압사
- blood purifying machine 투석기

콤보 3 You were booked for the dentist, but you have other urgent business to take care of. Call the dentist and change the time.

치과에 예약이 되어 있는데 급하게 처리해야 할 일이 생겼습니다. 치과에 전화해서 예약시간을 변경하세요.

Hello, this is Kim Jang-hi. I have an appointment at your office today, but I think I'm going to have to reschedule. I have urgent business to take care of, and I'm not going to be able to make it. Would it be possible to change the date? Oh, thanks. Do you have any appointments available for Monday? What time? Do you have any time in the afternoon? How about Tuesday afternoon? Okay, Thursday will do. I wanted to come earlier, but if I can't, I can't. What time is it available? Three o'clock is fine. I'll see you then.

해석

안녕하세요, 김장희라고 합니다. 오늘 예약이 되어 있는데요, 예약 시간을 변경해야 할 것 같아요. 급하게 처리해야 할 일이 생겨서 못 갈 것 같아요. 날짜를 바꿀 수 있을까요? 아, 감사합니다. 월요일에 가능한 시간이 있나요? 몇 시에 있나요? 오후에 시간이 있나요? 화요일 오후에는요? 네, 목요일이 괜찮겠네요. 더 일찍 가고 싶었지만 안 되면 할 수 없죠. 몇 시에 가능한가요? 3시 괜찮습니다. 그때 뵙겠습니다.

 **콤보 문제 가이드**

콤보의 마지막 문제로 롤플레이입니다. 사정이 생겨서 병원 예약 시간을 변경하는 내용입니다. 이 내용 역시 앞에서 다루지 않은 것이지만 약속을 취소하거나 예약을 미루는 등의 상황은 다른 주제에서도 충분히 활용할 수 있는 내용입니다. 예를 들어 회의 약속을 변경하거나 친구와의 약속을 변경하는 상황에도 충분히 활용할 수 있습니다. 질문과 상대방의 대응을 상상하면서 반응하는 문장을 주의 깊게 봐두세요.

- □ reschedule 일정을 조정하다
- □ urgent business 급한 일
- □ available 가능한